フロイトか ルイスか

The Question of God
C. S. Lewis and Sigmund Freud
Debate God, Love, Sex, and
the Meaning of Life

神と人生をめぐる問い

アーマンド・M・ニコライ・ジュニア
Armand M. Nicholi, Jr.
吉田幸弘［訳］
Yoshida Yukihiro

春秋社

目　次

フロイトかルイスか　神と人生をめぐる問い

◆原注
＊訳注

フロイトかルイスか

神と人生をめぐる問い

プロローグ

一九三九年九月二十六日の朝、ロンドン北西のゴルダーズ・グリーン葬儀場には、友人や家族がジークムント・フロイトの死を悼むために集っていた。遺体が火葬に付された後、アーネスト・ジョーンズは弔辞でこう述べた――「彼は今、地に埋められようとしています……本人が望んでいた〔ように〕……実に簡素で、大げさな式辞や儀式もなく」。作家のシュテファン・ツヴァイクは、こう予言して自分の言葉を締めくくった――「我々がこれから人間の心の迷路の中へ踏み込もうとするときには、彼の知性の光がいつでも我々の行く手を照らしてくれるのです[*1]」。

ニューヨークタイムズ紙日曜版の第一面には、次のような見出しが掲載された「亡命中のジークムント・フロイト博士、八十三歳で死去」。副見出しは「精神分析の創始者……ロンドン近郊の自宅で亡くなる」。記事の本文には、フロイトは最近ナチスから逃れてきたこと、ナチスは彼の著作を焼き捨て、その理論をポルノ並に退けたこと、さらに、自由と引き替えに身代金を要求したことが記《しる》されていた。この記事ではフロイトの「世界的な名声と偉大さ」が語られ、彼を「最も広範に議論された科学者の一人」と呼び、「世界中で精神分析が語られるように仕向けた」と述べた上で、彼の考え方はすでに、私たちの文化や言語に行き渡っていると付け加えた。

　十代の若者であったフロイトは、文句なしの学才を示した。クラスでは七年間にわたって最高位を保ち、高等学校（ギムナジウム）を最優等（スンマ・クム・ラウデ）で卒業した。十七歳でウィーン大学に入学し、数ヶ国語を駆使して幅広い読書を続け、研究を進めて、学んだ科目は物理学から哲学にまで及ぶ。

　今日歴史家は、フロイトの科学上の貢献を、プランクやアインシュタインのそれと同等に位置付けている。彼の名前は、歴史上最も偉大な医学者のリストの大半に登場する。フロイトは最近、二十世紀で最も偉大な科学者を特集したタイム誌の表紙に（アルバート・アインシュタインと共に）掲載され[◆1]、また最も影響力のある科学者百名を扱った書物の中で六番目に位置付けられた[◆2]。六十年以上前に亡くなって以来、フロイトの名声と影響力は今も続いているが、彼を取り巻く批判や論争も同様である。そうしたあらゆる状況にもかかわらず、彼はやり抜いたのだ。フロイトの顔写真はオーストリア国家の紙幣を飾っている。彼の考え方は、私たちの文化や言語に永久に埋め込まれている。

　「自我（エゴ）」や「抑圧（リプレッション）」、「観念複合（コンプレクス）」、「投射（プロジェクション）」、「制止（インヒビション）」、「神経症（ノイローゼ）」、精神病、抵抗、キョウダイ対立、あるいはフロイト的錯誤といった用語を、私たちはその由来に気付かないまま使っている。フロイトの心理モデルは現在でも、あらゆるモデルの中でおそらく最もよく開発されたものと云える。心理療法の問診票は百を超えるが、その多くは今も、フロイトの考え方を何かしら用いている。最も重要なのは、人間の行動の解釈に当たって、彼の理論が影響を及ぼしているということだろう。それは、伝記や文芸批評、社会学、医学、歴史、教育、倫理学にとどまらず、法律にまで及んでいる。人生初期の体験が、大人になった時の考え方、感じ方、行動に強い影響を及ぼすという精神分析の基本的な考え方を、今私たちは当然のように受け入れている。彼の思想による影響は疑いようがないため、学者の中には、二十世紀を〈フロイトの世紀〉と呼ぶ者もいるほどだ。

自らの知的遺産の一部として、フロイトは無神論の人生観を強行に主張する。彼はこの見方を「科学的世界観」と呼ぶ。彼はまた、自ら「宗教的世界観」と呼ぶ霊的な世界観*2に対して、止むことなく激しい攻撃を仕掛けている。フロイトの哲学的な著作は、解説的著作や科学的著作よりも広く読まれ、私たちの文化の世俗化に顕著な役割を果たしている。十七世紀の人々は、科学と信仰との相容れない衝突と思われた事柄を実証しようと、天文学での発見に目を向けた。十八世紀ではニュートン物理学に、十九世紀ではダーウィンに目を向け、二十世紀では今日まで、フロイトは無神論者の基準となっている。

❈

フロイトの死から二十四年後、一九六三年十一月二十六日の朝、英国はロンドン北西のオクスフォード、ヘディントン・クォリーの聖三位一体教会に集った友人や家族が、C・S・ルイスの死を悼んでいた。式は、「イエス言ひ給《たま》ふ『我は復活《よみがへり》なり、生命《いのち》なり』」の引用*3で始まった。式が終わると参列者は、寒く、晴れ上がった陽光の中にゆっくりと歩を進め、棺が埋葬のために会堂から教会墓地へ運ばれていくのをじっと見つめていた。*4

一九六三年十一月二十五日付のニューヨークタイムズ紙には、ジョン・F・ケネディ暗殺のおびただしい記事に囲まれて、〈作家・評論家、C・S・ルイス死去、六十四歳〉との見出しが載った。写真に続く数段に及ぶ記事で、同紙はルイスの多作な生涯を概観し、優れた学者としての名声に触れ、専門書や何百万部も売れた一般向けの著作を数冊思い起こし、最後に、彼が著述家として成功したのは、無神論者から信仰者へと世界観が変わった後だった事実に目を向けている。

ルイスはオクスフォードの著名な特別研究員にして文芸批評家だが、おそらく理性によるキリスト教信仰の擁護者として二十世紀で最も人気ある人物であり、一九六三年に亡くなるはるか以前から国際的な名声を博していた。第二次世界大戦中、BBC放送での彼の肉声は、チャーチル首相に次いで良く知られていた。[*5] 戦後数年を経た『タイム誌』のカバーストーリーは、ルイスを最も影響力ある霊的な世界観の代弁者と表現している。[*6] 彼の著作は驚くほど売れ続け、その影響力は今も拡がりつつある。生誕百年記念の一九九八年には、彼の著作をテーマにした会議が米国と欧州で開催された。飛び抜けて人気のある『ナルニア国物語』は、世界中の子供たちの想像力に火を点《つ》ける。ルイスについての相当な分量に及ぶ個人的な思い出や伝記、文学についての本や論文、またコレッジや大学での膨大な数に及ぶC・S・ルイス協会、さらに、彼の生涯に基づいて制作され、ロンドンとブロードウェイで上演されて賞も受けた演劇と映画『永遠の愛に生きて（シャドーランズ）』[*7]——そのいずれもが、この人物とその著作に対して関心が増し続ける証となっている。

ルイスの輝かしい学問上の経歴は、オクスフォードでの一学部生として始まった。三つの学科において、最高の栄誉である一等賞を重ねて獲得する。これは滅多にない偉業である。学業を終えると、ルイスは学部教授陣の一員としてオクスフォードに残る。それ以来三十年にわたり、まず哲学を、次に英語学と英文学を教えた。一九五五年にはオクスフォードを去り、ケンブリッジ大学マグダレン・コレッジにおいて、中世及びルネッサンス英文学の講座を引き受ける。オクスフォードとケンブリッジの両大学で、彼の講義は途方もない人気を誇り、講義室はしばしば立ち見席のみとなった。

ルイスの前半生は無神論の世界観の中にあり、無神論を擁護するためにフロイトの論法を用いていた。しかしそれから、無神論を捨てて信仰者となる。その後に出版された著作では、霊的な世界観に反駁するフロイトの議論に対して、説得力のある意見を述べている。フロイトが何か議論を提起すると、それがどのような場であっても、ルイスは回答を試みた。二人の著述は際立った対応を示している。フロイトが依然として唯物論の主要な代弁者なら、ルイスはフロイトの攻撃する霊的な物の見方の主要な代弁者であった。

残念ながら、両者が直接議論を闘わせることはなかった。ルイスがオクスフォードで教え始めたのは二十代で、フロイトはすでに七十代半ばに達していた。ルイスはフロイトの理論によく通じていた。新しい心理学は広範に議論されていたからだ。それ以前、ルイスが学部生としてオクスフォードに入学する頃であっても、フロイトはすでに、ルイスが学んだ新しい文学批評の父となっていた。後日フロイトは、ルイスの初期の著述の幾つかに、充分目を通していたかも知れない。たとえば、フロイトが世を去る数年前に出版され、批評家の賞賛を浴びた『愛とアレゴリー』のように。彼は、ルイスの『天路逆程』を読んでいたかも知れない。その中でルイスは、フロイト派の心理学を皮肉っている。登場人物の一人をシギスムンド Sigismund と名付けたが、これはフロイトが二十二歳まで使っていた本名であり、その後ジグムント Sigmund に改名された。[*8]

残念ながら、ルイスはフロイトより一世代後になるので、彼の議論に対するルイスの応答は、フロイトの最晩年にルイスが書いた言葉しか残されていない。フロイトには反論の機会はまったくなかった。しかし、もし両者が並んで議論したなら、その討論は、あたかも同じ部屋の講壇に立ってなされたかのように立ち現れてくる。二人とも、自分の立ち位置の弱点と代替案について注意深く思考を重ね、互いに相手の見方を熟考していた。

三十年前、ハーバード大学が私を、フロイトについての講座の担当者として招聘した。私はそれ以来、一貫して学部生にこれを教え、この十年間はハーバード・メディカル・スクールの学生にも教えている。当初この講座は、フロイトの哲学的な見方にだけ焦点を当てていた。およそ半数の学生はフロイトに賛同を示し、残り半数は強行に反対した。講座がフロイトとルイスの比較へと発展していくと、出席者はさらに惹き付けられ、討論に火が点いた。私はそれ以来、講座をこの方式で進めている。ただ、双方の著作からの声に加えて第三の声が必要だと分かった。二人の伝記である。彼らの論争は、神の存在を証明することもなければ、反証にもならない。ところが彼らの生涯は、真実や信憑性、さらに各自の見方が有用かどうかについて、鮮やかな注釈となってくれる（ただし、人間というものは常に自分の公言する通りに生きている訳ではなく、人生で行っているままを公言している訳ではない。彼らの伝記を分析するに当たって、この点を心に留めておくのが賢明である）。

❖

本書の目的は、二つの対立する観点、すなわち、信仰者と不信仰者（フロイトはすべての者をこの二種類に分けた）の観点から人生を眺めることにある。私たちは対立するこの二つの観点から、人生の基本的な幾つかの問題を吟味することになる。双方の観点を可能な限り客観的で冷静に見つめ、討論そのものに語らせていく（私は、反論を呼び起こしがちなこの問題に対しては、本書の著者自身も含め、誰一人中立でないことは承知している。自分の世界観は誤った前提に基づいていて、人生全体が間違った方向に進んでいるかも知れないなどという考え方は、誰も大目に見ることはできない）。人生への影響が広範に及ぶことから、私たちは自分が受け入れない世界観についての議論を避け、さらに反論を試みる。私は読者一人一人がフロイトとルイスの議論を批判的な目で評価し、フランシス・ベーコン卿の言葉「反論し論破するために読むな。……熟考し熟慮するために読むがよい」に従うよう望んでいる。[*9]

ソクラテスは「魂の探求なき生活は人間にとり生甲斐なきものである」と述べた。[*10] 大学では、学生たちも教授陣も宇宙のあらゆる様相を、何十億という銀河に始まり、原子を構成する素粒子、電子、クォークに至るまで綿密に調べる。ところが彼らは、自分の人生を吟味するのを相も変わらず避けている。より広く世の中に目を向けると、私たちはとにかく忙しく、日頃の空いている時間はことごとく何らかの気晴らしに使われてしまう——仕事やコンピュータ、テレビや映画、ラジオ、雑誌、新聞、スポーツ、アルコールや麻薬、パーティーといったことに。たぶん私たちが自ら気を紛らわせるのは、人生に目を転じてもそこに意義を見出せず、幸福ではなく孤独であり、しかも、困難やはかなさ、さらに人生の信じられないほどの短さに直面するからだ。パスカルがこう気付いたのは正しいかもしれない——「もしわれわれの状態がほんとうに幸福なものだったなら、われわれを幸福にするために、われわれの状態について考えることから気を紛らす必要はなかっただろう」「人間の不幸というものは、みなただ一つのこと、すなわち、部屋の中に静かに休んでいられないことから起こるのだ」[*11]。ハーバードでのクラス討論の最中に一人の学生がこう語った――「人生を送るというのは恐ろしい仕事だ」。黙って腰を下ろして人生を吟味するのが難しいと分かるのは、たぶん、そんなことをしていたら不安になるからだろう。しかし自分の人生を吟味してみるまでは、私たちが、人生をより幸福な、満たされるものにするためになすべきことはほとんどない。フロイトとルイスが一緒に、私たちをそうした吟味に導いてくれることを願っている。

❈

私たちが気付いていようといまいと、誰にも世界観というものがある。生まれて数年経つと、誰でも少しずつではあれ人生観を築いていくものだ。私たちの大方は、二つの基本的な前提の一方を身につける。すなわち、宇宙は成り行き任せの結果であり、この惑星上の生命は偶然の産物であると考えるか、宇宙を超える知性が存在し、この知性が宇宙に秩序を、生命に意味を与えると仮定するか、そのどちらか一方だ。私たちの世界観が個人的、社会的、政治的な歩みを形成する。この世界観は、私たちが自分自身をどう認識するか、他人とどう関係をもつか、逆境にどう対処するか、何を自分の目的と理解するか、に影響を及ぼす。さらに、私たちの価値観や倫理観、幸福と感じる度量を決定する助けとなる。私たちはどこから来たのか――すなわち、私たちが受け継いできたもの――について理解の助けとなる。私たちは何者か――すなわち、私たちの出自――について、なぜこの惑星の上にいるのか――すなわち、どんな目的が与えられているのか――について。何が私たちを動かすのか――すなわち、動機となるもの――について。私たちはどこへ行くのか――すなわち、私たちの宿命――について、それぞれ理解の助けとなる。トーマス・クーンなど数名の科学史家は、科学者であっても、彼らの世界観が研究対象の選択だけではなく、その対象の解釈にまで影響を及ぼす、と指摘している。世界観はおそらく、私たちの個人史の他のどんな側面よりも、私たちについて多くを語ってくれる。

フロイトとルイスの考え方はともに、記録の残る歴史のはじめから存在している。〈霊的な世界観〉は古代イスラエルに起源を持ち、道徳上の真理や正しい行い、また「主斯《か》く言ひ給ふ」[*12]との標語を強調する。一方で〈唯物論的、または科学的な世界観〉は古代ギリシャに起源を持ち、理性や、知識の習得、また「自然はどう語っているか？」との標語を強調する。私たちはすべて、フロイトかルイスの世界観のいずれかの型を選び取っている。フロイトの唯物論を受け入れるなら、私たちは自らを無神論者や不可知論者、あるいは懐疑論者と呼ぶことができる。同じように、ルイスの世界観にも多くの異なる呼び方がある。私たちは、ルイスが受け入れた霊的な世界観の特定の形態を検討していく。最近のギャラップ社の調査によれば、アメリカ国民の八割以上がこの世界観を受け入れている。

なぜフロイトとルイスなのか？　幾つか理由がある。まず二人とも、代表的な特定の世界観について、非常に深く、簡潔明瞭で、広範囲にわたって論述しているためだ。フロイトは心から望んでいたゲーテ賞[*13]を受賞し、ルイスは文学の教授や著名な文芸批評家、そして幅広く読まれる多作の作家になった。さらに二人とも自伝を著し、おびただしい量の手紙を書き残し、彼らが生涯をどう送ったかについてかなり望ましい全体像を示してくれる。フロイトとルイスは、私たちがこの二つの考え方を吟味するに当たり、格別に明晰な検査眼《レンズ》を提供してくれるのだ。

こうした世界観は、正答も誤答もない単なる哲学的な仮説なのだろうか。そうではない。一方は、〈神は存在しない〉という基本的な前提で始まり、他方は、〈神は存在する〉という前提に拠っている。従ってこの両者は互いに排他的であり、一方が正しければ他方は間違いとなる。一方がもう一方を知るのは本当に重要なのだろうか？　フロイトもルイスも重要だと考えた。彼らは生涯のかなりの部分を費やしてこの問題を掘り下げ、「これは本当だろうか？」との問いを何度も繰り返した。

フロイトは、神は存在するかしないか、という問いで心が占められていた。ウィーン大学の学部生だった頃に書かれた手紙を集めた書簡集には、神の存在についての問いかけが途切れることなく登場する。このことは、最後の主要著作である『モーセという男と一神教』に至るまで、彼の哲学的な著作に一貫している。《世界観というものについて[*14]》の中で、フロイトは神の存在に反論する。苦しみの問題を指摘し、心理学上の論争を展開している。それは、神に対する概念全体は、人間がこの世に存在する上での変化や苦しみから親が守ってくれるという、子供じみた願望の投射（プロジェクション）以外の何物でもない、というものだ。彼はまた、霊的な世界観の持ち主が提起した異議にも反論する。その異議とは、「宗教というもの……は神に出自をもつものであって、人間精神などが理解すべくもない霊の啓示を通して私たちに与えられた[*15]」というものだ。フロイトは、この異議は「petitio principia（先決問題要求の虚偽——理由なく前提をたてて論ずる論法、証明すべき論点そのものを無証明のまま自明と見なして論ずる論法のこと）——の典型とも申すべきものだからです[*16]」と述べ、こう注釈を加える――「ここで問われているのは、他でもない、神の霊、ないしそれによる啓示といったものがそもそも存在するのかという問題なのですが、まさにそこにおいて、それは問うことあたわず、なにしろ神は問われてはならないのだから、などと言われたところで、解決にも何にもなりはしないのです」[*17]。

ルイスは、これは本当に最も重要な問いであるという点でフロイトに同意し、こう書いている――「ここに扉があり、その後に、宇宙の秘密があなたを待っていると言われているからです。それは本当かもしれないし本当ではないかも知れません。そして、もし本当でなければ、扉が隠しているものは単に最大の虚偽、記録にある最大の〈ペテン〉にすぎません」[*18]。極めて多くの者がルイスの回答を受け入れている（最近のギャラップ社の報告では、米国の成人の大多数が神を信じている）。ルイスの考えは正しいのである。仮に真実でなければ、霊的な世界観はまやかしであるばかりか、人類に対して為されたこの上なくひどい悪ふざけということになる。唯一つの代替案はフロイトの助言に従うことだ。それは、私たちはもっと大人になって、この宇宙では孤独なのだという過酷な現実に向き合えというものである。慰めはより少ないかも知れないが、真実は実際に過酷であり、究極的には間違った希望や非現実的な期待から私たちを解き放ってくれる、と彼は述べている。だが霊的な世界観が真実であれば、他のどんな真実も重要度において色褪せてしまう。私たちの人生にとって、これほど意義深く、広範にわたって密接に関わりを持つものは他にない。

フロイトとルイスが、神の存在に関する問いを人生で最も重要な問いだと考えていたのであれば、彼らがどのように相反する回答にたどり着いたのかを見てみよう。そして二人の伝記、すなわち、実際に生涯をどう送ったかという記録が、彼らの議論を強めるのか弱めるのか、また彼らの言葉が伝えてくれるより多くの事柄を、どんな風に語ってくれるのかを眺めてみよう。

第 I 部

私たちは何を信じるべきか

第1章 主唱者たち　フロイトとルイスの生涯

ジークムント・フロイトよりちょうど一世代若いC・S・ルイスはフロイトの無神論を標榜して前半生を送ったが、ついにはその考え方を拒絶する。ルイスがオクスフォードで教え始めた頃、すでにフロイトの著作は、ルイスの専門である文学を含めて多くの知的な分野で影響を及ぼしていた。ルイスは、フロイトの論法をいずれも良く知っていた。おそらく、彼自身無神論者だった頃、自分の立場を強めるためにその論法を用いたのだろう。自伝の中ではこう書いている――「新しい心理学が、わたしたち学生のあいだに流行した。少数の例外があったが、だれもそれを鵜呑みにしていたわけではない。しかし当時の学生はだれもがその影響を蒙《こうむ》った。わたしたちは幻想に酔い、放恣《ほうし》な空想に耽った。若い学生というものは当然だれもが詩人であり、批評家であり、コールリッジが言うような多少高級な意味での〈想像力〉に大きな価値を置いていた。だから想像力というものを、コールリッジが指摘したように単なる空想と区別したが、それだけではなく心理学者が考えているような夢想ともはっきり識別する必要があった[◆1]」。

生涯を通じて考え方の変わらない人間は本当に稀だ。そこで、ルイスとフロイトの考え方を比べる前に、二人がどのようにしてそうした考えを持つに至ったのか、少なからず知らなければならない。

フロイトの生い立ち

一八五六年五月六日、モラヴィアのフライベルクの町で、アマーリア・フロイトが息子を生んだ。いつの日か自分の子供が、歴史上最も影響力のある科学者に列せられるとは、彼女にはまるで思いもつかなかった。夫のヤコブは息子をジギスムント・シュロモと名付け、家庭用の聖書にその名を書き入れた。少年は結局、この二つの名を捨てることになる。[*1] 彼は、父方の祖父の名前である「シュロモ」を絶対に使わなかったし、ウィーン大学の学生の時に「ジギスムント」を「ジークムント」に変えた。

生涯最初の二年半は、子守女が幼いフロイトの面倒を見た。敬虔なローマ・カトリック教徒の彼女は、小さな坊やを教会に連れて行った。母親は何年も経ってから、「それで、家に帰ってくると、おまえは全能の神の御業をみんなに説教して聞かせたものよ[*2]」と彼に教えた。子守女はフロイトと一緒にかなりの時間を過ごした。とりわけ、母親が妊娠して妹を生んだ時には。フロイトは子守女を代理母と見なし、彼女にとても良くなついた。彼が二歳になる前、弟のユリウスが亡くなった。その病死のために母親のあらゆる時間が費やされたので、フロイトはほぼ完全に子守女の世話に任されたに違いない。彼は、子守女は「容赦ない言葉を浴びせかけた」ものの「彼女に愛情を感じるようになっていた[◆2]」と書いている。耳鼻咽喉科の専門医で、数年にわたってフロイトの親友だったヴィルヘルム・フリースに宛てた手紙では、「僕の『張本人』は一人の醜い、年配の、しかし利口な女だった。この女は僕に愛すべき神や地獄についてたくさんのことを話して聞かせ、僕に僕自身の才能についての高い評価を教え込みました」[◆3]と述べている。彼が幼かったこの時期、子守女は盗みを働いたことを責められ、突然この家庭を去った。フロイトは大人になってから、彼女を夢に見ることになる[◆4]。

学者たちは、霊的な世界観と、特にカトリック教会に対するフロイトの敵対心が、部分的にせよ、生涯の重要な時期にカトリックの子守女に去られた怒りと失望に起因すると推測している。フロイトは「その老婆がそのように突然いなくなったのなら、そのことの印象が僕の心のなかに残っているはずだ、と考えました。それは今どこにあるのでしょうか」[*3]と認めている。「すると僕は、二十五年前から時折僕の意識的な記憶のなかに浮かんできながら、その意味が理解できなかった、一つの場面を思い出しました。母が見つからず、僕は絶望したように泣き叫んでいます。……母がいないのに気づいたとき、少し前に老婆がいなくなったように母もいなくなるのではないかと恐れたのです」[◆5]。とはいっても、教会に対する彼の思いが、生涯におけるある人物との離別によって形成されたと仮定すること自体、フロイト派の拡大解釈である。

ただ、子守女がフロイトをカトリックの慣習に触れさせることになったのは間違っていない。彼女が幼い坊やをミサに連れて行った時、フロイトは明らかに、礼拝に集う者がひざまずき、祈り、十字を切るのを目撃している。子供時代初期のこの印象が、大人になって学術論文を書いた時に彼の心の中にあったのかもしれない。その論文では、宗教上の慣習を強迫的な症状と比較し、宗教を「普遍的な強迫神経症」[◆6]と称している。こうした印象はまた、フロイトが音楽やローマ、さらに復活祭や五旬節（棕櫚の日曜日としても知られる、聖霊が使徒たちに降臨した出来事を祝う日）に初めて触れる機会だったかも知れない。フロイトは音楽が嫌いだったが、不思議にもローマに惹かれ、この二つの祝祭日を異常なほど気にかけていたようだ。手紙の中では、この二つをしばしば引き合いに出している。「ローマへの僕の憧れ[◆7]」や、「次の復活祭はローマで[◆8]」過ごしたいこと、さらに「やはり僕はローマをまた見たい[◆9]」と記している。

ジークムント・フロイトは、普通ではない複雑な家庭で育った。父親のヤコブがまだ十代のアマーリア・ナータンゾーンと結婚した時、彼は四十歳でもう祖父になっていた。アマーリアはヤコブの三人目の妻だった。ヤコブには最初の妻との間に二人の息子があり、一人はアマーリアより年長で、もう一人は一つ若いだけだった。

フロイトの父親は、正統派のユダヤ教徒として教育を受けた。彼は宗教上のあらゆる慣習を少しずつ捨てていき、家庭ではプリム祭と過越[*4]の祭りだけを祝っていた。それにもかかわらず、家の中では日常的にヘブル語で旧約聖書を読み、「聖なる言語を、ドイツ語……以上に流暢に話した[◆10]」。七十歳の頃に書かれた自伝で、フロイトはこう回想している――「読むことを学ぶとすぐに早くも聖書の物語に没頭したことが、後からわかったように、私の関心の方向を後々まで決めてしまった[◆11]」。ロンドンのフロイトの家に何度か足を運んだ時、私は一人彼の書斎で時を過ごし、本棚を丹念に調べた[*5]。大判のマルティン・ルター訳聖書が目に留まった。フロイトは聖書からおびただしい引用を行っていて、この訳を読んでいたことが伺える。しかし少年時代に読んだ聖書はフィリップソン聖書のようで、これは旧約聖書のみで、改革派ユダヤ教を指導した改革運動の学者の名前にちなんでいる[*6]。フロイトの三十五歳の誕生日に、ヤコプ・フロイトは息子にこのフィリップソン聖書を贈り、次のようにヘブル語の献辞を書き入れた。

親愛なる息子よ
主の魂が勉強するようにお前をうながしたのは、お前が七歳のときだった。主の魂は次のようにお前に話したと思う。「私の本を読みなさい。そうすれば、知識と知性の泉がお前に開かれるだろう」。それは本のなかの本であり、賢者が掘り、立法者が知識の水を汲み出した泉である。お前は全能な神の姿を認め、喜んでその教えに耳を傾け、聖霊の羽にのって高く飛ぼうとした。それ以来、私はこの聖書をしまっておいた。今お前の三十五歳の誕生日に私はそれをしまっておいた場所からとり出し、年とった父の愛のしるしとして、お前に贈る[◆12]。

フロイトは当然ながら、霊的な世界観を父親と結びつける。父親に対する彼の気持ちは、良くても両義的なものだった。フロイトは父親と違い、まったくヘブル語の会話を学ぶことはなく、母親の話すイディッシュ語[*7]の単語を少し知っているに過ぎなかった[◆13]。

ヤコプ・フロイトは、毛織物商として大変な思いで生計を立てようとした。家族全員は、小さな建屋の中の一つの賃貸部屋に住んでいた。フロイト一家が住んでいたのは大家の真上だった。大家は鍛冶屋で、一階をすべて占有していた。フロイトが生まれた頃、フライベルク、近代のチェコスロヴァキアではプシーボルとして知られる街の人口は四千人から五千人だった。フライベルクのカトリック人口はプロテスタントとユダヤ教の人口をはるかに凌駕し、この両者は各々二、三パーセントに過ぎなかった。

一八五九年、フロイトが三歳の頃、家族はライプツィヒに引越し、一年後にはウィーンに移った。彼はその後の生涯をウィーンで送り、八十二歳を迎える一九三八年までそこで働くことになる。ナチスが侵入した後、同僚や米国国務長官、及びフランクリン・ルーズベルト大統領の助力により、彼はロンドンに逃げ延びる。

ウィーンで過ごした青年期に、フロイトはザムエル・ハンマーシュラークの下でユダヤ精神を学んだ。ハンマーシュラークは、信仰生活よりもユダヤ人の倫理や歴史上の体験を強調した。[*8] 彼は長年にわたり、フロイトの友人にして後援者となる。十五歳の時、フロイトはエドゥアルト・ジルバーシュタインという名の友人と文通を始めた。この書簡は十年以上に及び、若きフロイトの神学的、哲学的な考え方や思いに対して、なにがしかの洞察を与えてくれる。とりわけ、宇宙を超えた知性が存在するか否かという問いに対して。ジルバーシュタインは信仰者で、弁護士になって若い女性と結婚したが、その妻を鬱病の治療のためにフロイトのもとに送る。フロイトの診療所に着いてから、彼女は女中に階下で待つように言いつけた。ところがフロイトの待つ部屋には向かわず、四階まで上がり、地面に飛び降りて死んでしまった。[◆14]

一八七三年、フロイトはウィーン大学に入学し、著名な哲学者にして、教皇の無謬性を受け入れなかったために司祭職を捨てたフランツ・ブレンターノの下で学ぶことになるが、彼はそのことをジルバーシュタインに書き送っている。ブレンターノは若いフロイトに深い印象を与えた。十八歳の時、フロイトはこの友への手紙の中で、語気を強めてこう述べている――「神なき医学者にして経験主義者のぼくは、哲学で二つのクラスに出席している……その一つでは、聞き給え！　神の存在を扱っているが、講義を担当しているブレンターノ教授は素晴らしい人物で、博学の哲学者だ。もっとも、とらえどころのない神の存在を、彼は自分の説明で支える必要があると考えている。議論の一つが勘所に辿り着いたら（ぼくたちはまだ、準備段階の問題を乗り越えるところまで来ていない）すぐ君に知らせる。君の信仰における、救いの道が断たれないように[15]」。

フロイトは数ヶ月後、ブレンターノの印象についてさらに注釈を施している――「君と会う時に、この驚くべき人物についてもっと話そう（信仰者にして目的論者……忌々しいほど頭の良い男で、実際に天才）。多くの点で理想的な人物だ[16]」。ブレンターノの影響の下でフロイトの心は揺れ、信仰者になろうかと考える。フロイトはジルバーシュタインに、ブレンターノの強大な影響について打ち明ける――「……ぼくは彼の影響から逃れていない……彼の思案の王冠を構成している単純な有神論的議論を打ち破れないのだ……彼は神の存在について語る。それも、他の人間が電磁波の放射理論に対して波動の利点を議論するのと同じくらい、先入観抜きで緻密に行うのだ[17]」。フロイトはまた、ジルバーシュタインがブレンターノの講義に出席するように勧めている――「哲学者ブレンターノは、ぼくの手紙で分かるように、朝八時から九時まで倫理学か実践哲学の講義をしているが、出席すれば君にも得るところがある。彼は、高潔で想像力豊かな人物だから。皆、彼がイエズス会の修道士だと言っているが、ぼくには信じられない……[18]」。

その後で、フロイトは驚くべき擬承認を行う――「言うまでもなく、ぼくは必然的な有神論者に過ぎず、彼の議論を目の前にして自分の無力さを正直に告白する。しかしぼくはそれほどあっさり、またそれほど完全に降伏するつもりはない」。手紙の同じ段落で、彼は逆のことを口にしている――「一時的に〔自分が〕もはや唯物論者ではないが、さりとて有神論者でもない」[19]。無神論に荷担する断固たる意見を数多く述べていたにもかかわらず、こうした混乱と相反する思いは彼の中に留まる。

数週間後に書かれた別の手紙では、依然として自分の苦闘を分かち合っている――「ぼくにとって特に困るのは、あらゆる物事の知識体系が神の存在を求めているように思えることなのだ……」[20]。

フロイトは「必然的な有神論者」になろうとする体験を抑え込んでいたのかもしれない。七十歳の時、ブナイ・ブリース〔神の契約の子〕協会の会員に宛てた挨拶文では、次のように述べている――「私をユダヤなるものに結びつけているのは――私はこのことを告白しなければなりません――宗教ではなく、民族的誇りでもありません。というのも、私は常日頃から不信心でした……」[21]。フロイトが、神の存在に対するブレンターノの論法に従わざるを得ないと考えていたのであれば、その論法を受け入れ、自分が「否定」できない論理に「降参」したくない理由は何だったのだろう。この疑問への答として、長年にわたり医学教育を受けていた頃、若いフロイトに対して他の影響があったのかも知れない。

まず第一に、フロイトはジルバーシュタイン宛の手紙の中で、もう一人の哲学者、ルートヴィヒ・フォイエルバッハを読んでいるところだ、と述べている。「フォイエルバッハは、他のどの哲学者にも増して、僕の尊敬し、高く評価する人物だ」[22]――友人に宛てた一八七五年の手紙でこう記している。一八〇四年生まれのルートヴィヒ・フォイエルバッハは、ハイデルベルク大学で神学を学んだ。

彼はヘーゲルの研究者で、神学に対して批判的な著作を残していて、人と他者との関係、すなわち「我と汝」との関係には、人と神との関係以上に興味を引かれる、と述べている。自分は信仰者だと主張しているものの、彼の著述はマルクスとフロイトの無神論を強めた。その著書『キリスト教の本質』の主な論点は、宗教とは単に人間の必要を投射したもので、根強い願望の成就に過ぎないというものだ。[*9]

　フォイエルバッハは、この本は「幻想の破壊[*10]」が目的だと書いた。結論ではこう総括している――「われわれは、宗教の内容と対象とが徹頭徹尾人間的なものであることを証明し、神学の秘密は人間学であり神の本質の秘密は人間の本質であるということを証明した[◆23]」。フロイトは成人を迎えた後、長年にわたり、フォイエルバッハの主張を実行に移しながら過ごす。

　フロイトが霊的な世界観を拒否するのに重要な役割を果たしたであろう他の影響として、十九世紀後半から二十世紀初頭の欧州での文化的な状況と、フロイトが訓練を受けた医学校に特有の環境が挙げられる。十九世紀後半では多くの出版物が、当然のことと思われる科学と宗教の衝突について論じていた。よく知られた二冊、ジョン・ウィリアム・ドレイパーの『科学と宗教の闘いの歴史』と、アンドリュー・ディクソン・ホワイトによる『科学とキリスト教神学の戦争の歴史[*11]』は、当時行き渡っていた認識を例証するものとなっている。歴史家のピーター・ゲイは、フロイトが医学校に在籍していた当時、欧州の文化に充満していた「このような〔教会と政治との〕分業の妥当性を示唆し……世俗主義者がすべての宗教を軽蔑するということも、方々で見られた[◆24]」と述べている。こうした「方々」には医学界も含まれ、医学界がこの種の考え方を受け入れるようにフロイトは強く望んでいた――その経歴の初期では本職で進展があるため、そして後期では自分の理論が受け入れられるために。

フロイトは、生理学者の集まりの一つであるエルンスト・ブリュッケの研究室で働いた。ブリュッケは、徹頭徹尾唯物論的な立場から生物学を築こうとした人物である。フロイトは自伝の中で、ブリュッケを「尊敬おくあたわざるわが師[25]」として描いている。フロイトは医学部の教授陣を称えていたが、ブリュッケは他の教授とともに霊的な世界観に強く反対する立場を取り、科学と宗教の間には相容れない相違があって、科学的な方法を通して得られたもの以外に真理は存在しない、と主張していた。フロイトは生涯の遅い時期に、「世界についての知の源泉は、……研究と呼び習わされているもの以外にはありえず[26]」と書くことになる。

フロイトは、ウィーン大学での栄えある教授職を熱望していた。ところが何年にもわたり、彼の選任は却下され続けた。彼と同じ期間教員を務めていた同僚は教授職を手に入れたのに、フロイトは毎年のように、昇進通知が傍らを通り過ぎて行くのを眺めるしかなかった。これ以上受け身で待つのを拒み、彼は友人やかつての患者を通して政治的な影響を及ぼすように働きかけ、ついにその職位を手に入れる。彼の経験では、教授陣の一員となるのに普通なら四年かかる。彼は十七年間待ち続けた。フロイトは年配の生理学の教授から、公的な集まりでは彼に偏見を持っている者がいると警告を受けていた。加えて、彼の昇進を提案した教授二人は、当時オーストリアに広まっていた反ユダヤ主義について念を押し、彼は抵抗に出遭うことになると言外にほのめかした[27]。

フロイトが医学の訓練を受けていた頃、オーストリアの政界や一般大衆に見られる強烈な反ユダヤ主義は、医学界にも影響を及ぼした。十九世紀の終わり、ウィーンに住んでいたユダヤ人にとって、この状況は一種の心理的ホロコースト（大虐殺）を生み出していた。一世代後にナチスの下で起きた出来事の前兆である。当時の医学論文は、強烈な人種差別と反ユダヤ主義を反映していた。歴史家のサンダー・ギルマンが指摘しているように、欧州の医学雑誌には十八世紀の考え方が反映されていた――「ユダヤ人には大きな欠陥があり……多くの病に罹りやすい」[◆28]。フロイトの公式の伝記作家であるアーネスト・ジョーンズは、フロイトが「いささかの反ユダヤ人感情にも気づくユダヤ人独得の感受性をそなえ、……学生時代以来ずっと、またことに大学において、ウィーンにひろがっていた反ユダヤ人感情のために明らかにひどい苦しみを受けたのであった」[◆29]と表現している。

フロイトが早い時期に反ユダヤ主義を体験したことは、霊的な世界観に対する彼の姿勢に決定的な影響を及ぼす。オーストリアでは、人口の九割以上がカトリック教徒として登録されていた。フロイトは、こうした環境は「ユダヤ人である以上、国民には属さない劣等な存在であることを自覚せよという不当な要求だ」[◆30]と述べている。フロイトが「宗教的な世界観」と呼ぶものを疑い、破壊したり、宗教を「敵」と見なそうとする理由は、誰もが理解できる。この「敵」さえいなければ、彼はちっぽけな少数民族には属さず、自分が国民には属さず「劣等なものだと考え」[*12]させられることもなかった。

フロイトは生涯を通じて、十歳の頃に父親が語ってくれた話を思い出した。反ユダヤ主義の無頼漢が父親に近づいて来て、「わしの帽子を、ぬかるみの中にたたき落として、……ユダヤ人野郎、歩道から降りやがれ！」と叫んだ。フロイトは、父親がどうしたかを尋ねた。父親は答えた――「車道へ降りて、帽子を拾ったさ」。フロイトにとって、その答は「この堂々たる偉丈夫に似つかわしくない卑屈なことのように思われ……」◆31 一撃を食わされたと述べている。フロイトは反ユダヤ主義に対して、父親のように受け身ではなく、全力で闘う強い欲求を抱いて立ち向かった。

一八八二年四月、フロイトはマルタ・ベルナイスに出会い、二ヶ月後、二人は婚約する。彼女の祖父はハンブルグのラビの長で、父親は祖父の正統的なユダヤ教を守っていた。

二十七歳の時、フロイトは婚約者に宛てて列車の中での体験を描いている――「君も知っているように、ぼくはいつでも新鮮な空気を渇望しているものだから、ことに車両の中では必ず窓を開けたい気持になる。だからその時もぼくは窓を開けて、気分をよくしようと思って頭をそこからつき出した。すると、何人かの旅客が、窓を閉めろ、そっちは風上だぞ、と叫んだ。……ぼくはもし反対側の窓をひとつ開けて下さったら、この窓は喜んで閉めましょうと答えた。その長い車両の中で、開いていた窓はぼくの横の窓ひとつだったのだ。ぼくたちがそんなことを言いあって、相手の人も、窓の代わりに通風口を開けようなどと言っているうちに、うしろの方から叫び声がきこえてきた。『ふん、ユダヤ人めが』と。この罵り声で事態は全く違ったように展開してしまった。*13 フロイトは、言い争いに加わった一人がどんな風に殴り合いで決着をつけようとしたかを描写している。フロイトはこう言っている――「ぼくはもう大衆に対して何の恐れも抱いていないから、一方の男には、空虚な一般論は自分ひとりのためにとっておいて欲しい、なぜかというにぼくはその説に何の注意もひかれないから、とお願い申し上げ、もう一人の男には、しかるべき返答をしたいから、ぼくのところまで御足労願えないかと言ってやった。ぼくは彼を撲り殺してやる覚悟でいた……」◆32。

一八八六年の復活祭の日曜日、三十歳の時のこと、フロイトは神経病理学の個人開業を始めた。それ以来、復活祭になると、彼はこの出来事を思い出す。半世紀経った頃、手紙にこう書いている――「この復活祭の日曜日は私にとって、医者の仕事をはじめて五十年経ったということだ」[33]。多くの学者は、復活祭は彼にとって特別な意味があることに注目し、それは、カトリックの乳母が彼を教会に連れて行った日まで遡る。復活祭の日曜日に開業を始めたので、フロイトは復活祭のこの日を特に重んじているとする学者もいる[34]。それ以外の者はこの関連を無視しているか、重きを置いていない[35]。

フロイトは個人開業を始めたことで、結婚して家族を養っていくのに十分な収入が得られた。一八八六年九月十三日、彼はマルタと結婚する。フロイトはユダヤ式の結婚式を望まなかった。その宗教的な面を快く思っていなかったからである。ユダヤ教の宗教的な儀式を避けようと、ほんの束の間プロテスタントになることも検討したが、友人で助言者でもあるヨーゼフ・ブロイアーが思いとどまらせた。結局このカップルはドイツで結婚式を挙げる。まず市役所で民事婚を、翌日には花嫁の実家で、家族数名が同席しただけの簡素なユダヤ教の結婚式を[36]。

十年後の一八九六年十月、フロイトの父親が亡くなった。フリース宛の手紙にはこう書かれている――「ぼくは老父の死にひどく感動しました。……心の中には恐らく昔のすべてのことが目ざめたことでしょう。……ぼくは今や根こそぎにされたような感じがしています[*14]」。彼は、父親の死というものは「人生で最も重要な出来事、この上なく身を切られるような喪失だ」と強調する。ヤコプは家の経済を支えようと闘ったが、息子の長期間に及ぶ医学教育は全面的に支援できず、妻の家族から金銭の援助を受けるという屈辱的な体験をした。フロイトは自分の父親を落伍者とみなした。だがその死は彼を叩きのめす。実際、私自身の臨床経験において、親に対する否定的な思いが未解決のまま残っている場合、その親を失った時の気持ちを解決するには、さらに多くの困難が伴う。父親の死がきっかけでフロイトは自己分析を行うことになり、自ら最も意義ある著作と認める『夢解釈』を著して、エディプスコンプレックス理論の体系立てを始める。精神分析界内外の双方で多くの論争が起こったが、その対象では究極の権威という概念に対してフロイトの個人的な思いが述べられ、霊的な世界観を攻撃し続ける助けとなったかもしれない。

　エディプス理論はあまりにも安易に、頻繁に戯画化され、言い換えられて伝わっている。フロイトは臨床上、こう観察している。子供たちは性心理の発達の一段階を経験するが、その中で自分と異なる性の親に対しては肯定的な思いを、同性の親に対しては対抗心を抱く。「息子は、小さい子どものときに、母親を自分専用と見なして、特別な情愛深さを向けるようになり、父親を、母親の専有権をめぐって争う競争者として受け取るようになります[*15]」――フロイトは一九一五年に行われた講演でこう説明している。「同様に、小さい娘は、母親の中に、父親に向かう自分の情愛深い関係を邪魔する人物を見て、自分が占めてもよかったはずの場所を、この人物が占有しているのだと見なします。こういった態度がどれほど早い年月にまで遡るか、人はそれを、観察からきっと学び知ることになります。この態度を、私たちはエディプスコンプレックスと名づけるのです。というのも、あの伝説は、父を殺し母を妻に娶るという、息子の状況から発生した二つの極端な欲望を、ほんのかすかな減弱を加えるだけで、実現化させているからです[◆37]」。

　フロイトは彼自身を分析し、この感情のコンプレックス（観念複合[*16]）を観察している。彼はフリース宛の手紙の中でこう認めている――「僕は母親への惚れ込みと父親への嫉妬を僕の場合にも見つけました。そして今や僕はそれらを……早期幼児期の一般的な出来事とみなしています。……もしそうなら、……エディプス王[*17]の持つ人の心をとらえる力が理解できます。そして、彼の運命劇がなぜあれほど惨めに失敗しなければならなかったか理解できます[◆38]」。(フロイトがエディプスコンプレクス理論の根拠を彼の自己分析だけに置いていたのなら、それが「一般的な出来事」なのかどうか、誰もが疑いを差し挟むのは間違いない。フロイトの家族は、年老いた父親に魅力的な十代の母親、兄弟の半分は母親とほぼ同年代[*18]という具合で、典型的家庭とはほど遠かった)。

フロイトは、この理論に初めて接する者がそれを馬鹿げていると考えるのを認めていた——「大人たちは、精神分析が本人の幼年期から健忘のヴェールを剥ぎ取ろうとするものだから逆上し始めた[*19]」。しかし彼は、この理論に真理が含まれているなら、それがどれほど厭わしいものであっても私たちは受け入れざるを得ない、と提唱する。「個々の恣意的な強制のすべてに対して僕たちの感情は抵抗しますが、このギリシャの伝説は、誰もがその存在を自分のなかに感じたことがあるので誰もが承認する一つの強制を取り上げます[◆39]」。

なぜフロイトはこの概念をそれほど重要なものと考えたのか。それは、子供の頃に誰にでも見られるこうした感情を解決し損ねた場合、後々の生涯に感情面で多くの疾患のもとになると考えたからである。一九二四年、『精神分析梗概』の中でフロイトはこう書いている——「いわゆるエディプスコンプレクス、すなわち子供とその両親との情動的関係が、人間の心の生活において途方もなく重要な役割を演じていることが……認められるようになった[◆40]」。子供時代の初期に芽生えるこうした両親に対する感情は、宇宙を超えた知性の存在に反対するフロイトの議論の基礎《もとい》ともなっている。フロイトは、両親の権威に対する相反する感情、特にその前向きな感情は、神に対する根強い願望の基礎になっていると主張する。

今日精神分析学界では、エディプスコンプレクスは依然として議論の只中にある。とはいえ、この理論の普遍性に疑問を抱く者にとってさえ、初期の両親との関係が後日、心理面の健全性に大きな影響を及ぼすという考え方は、広く合意を得ている。おそらく、この初期の家族関係が、神に対する信仰に向かわせるか、あるいは遠ざけることになるのだ。

ルイスの生い立ち

一八九八年十一月二十九日、アイルランドはベルファストの町外れで、フローレンス・ハミルトン・ルイスが息子を生んだ。彼女と夫アルバート・ジェイムズ・ルイスは、生まれたばかりの幼子をクライヴ・ステイプルと名付ける。彼らはその子が、いつの日か立派な学者になるなどとは思いもしなかった。著名な作家になって何百万人もの読者を獲得し、それだけではなく数多くの名声の中には(ルイスは断ったが)大英帝国爵位の授与も含まれることになろうとは。

C・S・ルイスは自伝『喜びのおとずれ』の中で、自分の家族を簡潔に描いている。アイルランドで生まれたものの、父親はウェールズ人、母親はスコットランド人だった。両親の家系は「素性もちがえば気質もちが」っていた。父親の家系は「生粋のウェールズ人であり、感傷的で雄弁な熱血漢が多く、怒りっぽくもあれば涙もろくもあり、幸福というものを追求する才能に欠けている人たちだった」。一方で母親の家系は「冷静で落ち着いた批評好きな皮肉屋たちで、幸福を手にする才能に富んでいた」[20]。ルイスは「快活で穏やかな母親の情愛と、感情に動かされやすく起伏の多い父の性格」の故に、「感情というものを不快で厄介な、時には危険な存在として不信感を抱き、嫌悪する」ように育ったと考えている[21]。

ルイスの父アルバートと結婚する前に、フローレンス・ハミルトンはベルファストのクイーンズ・コレッジに通い、論理学と数学で優等の学位を得た。アルバート・ルイスはイングランドの寄宿学校に入り、W・T・カークパトリックという、非常に厳格ではあるが優れた校長の下で学んだ。この人物は後日、若きルイスを指導することになる。アルバートは寄宿学校を終えると、ある事務弁護士に弟子入りした。英国社会では、下級裁判所の案件のみを扱える弁護士である。アルバートはついに弟子家業を終えてベルファストで開業し、残りの生涯をその地で働いて過ごす。一八九四年八月二十九日、彼はフローレンスと結婚する。

ルイスの祖父は地域教会の教区牧師を務め、ルイスの家族はその教会に出席していた。祖父の説教は極めて感情がこもったもので、講壇で涙を見せることもしばしばだった。ルイスはとても幼なかった頃、彼と兄のウォーレンにとって、教会の礼拝が不愉快でバツが悪かったのを覚えている。忍び笑いを堪《こら》えようとするのが大変だったほどに。こうした初期の型通りの宗教体験は、後日、ルイスが少年時代の名ばかりの信仰を拒否し、霊的な世界観を「無用な」[22]ものと見なして唯物論者の世界観を選び取るのに、少なからぬ役割を果たした。

四歳の時、ルイスは両親に向かって自分の名前を「ジャックシー」にすると言い出したが、それは最終的に「ジャック」と縮まり、彼を知る者はいつもその呼称を使うことになる。[*23]

ルイスは自伝を書いている時に、初期の体験で霊的な意味を感じさせるものがあったことを思い出す。そんな出来事の一つが六歳になる前に起こった。『喜びのおとずれ』にはこう描かれている――「ある日兄は、ビスケットの罐のふたを苔で覆い、小枝と花で飾り、それを箱庭かおもちゃの森のつもりで子ども部屋にもってきた。それがわたしの知った最初の美というものだった。……生きているかぎり、わたしが『楽園』を想像する時には兄の箱庭のことを思い出すだろう」。[*24] この思い出は「子ども部屋から見える」「緑の丘」の光景と共に、ルイスに「憧れ」というものを教えてくれた。[◆41] 無神論を拒否した後、彼は過去を振り返って、こうした経験がことある毎に起こっていたのを実感する。彼はこの経験を〈喜び〉と表現し、それは「幸福やただの楽しみとははっきり区別しなければならない」[*25] と言い切った。彼は後になって、この憧れが、最初の頃は「場所」に対するものだと思っていたが、「人」に対するものだったと結論づける。

ルイスが七歳の時、家族は新しい家に引っ越す。それまでより大きな田舎家で、〈リトル・リー〉と呼ばれた。ルイスは自伝の中でこう述べている――「『新しい家』が、わたしの生活の中心になった」。彼はこの家で、最も人格が形成される時期の多くを過ごす――「長い廊下、がらんとした陽当りのよい部屋、二階の部屋の沈黙、一人で探検する屋根裏部屋、水槽やパイプのごぼごぼと鳴るかすかな音、瓦の下を通る風の音」の只中で読書にふけりながら。[*26] アイルランドのベルファスト地区では湿気の多い気候が続くことが多く、ルイスと兄は何時間も、絵を描いたりお話を創ったりしながら、この新しい家の中で過ごした。「……私たち二人はいつも鉛筆と紙とチョーク、それに絵の具箱を抱えていた。こんな風にしばしば監禁状態になったおかげで、私たちには、独創的な想像を思い巡らす習慣を身につける機会と刺激が与えられた……二人は一緒に〈柘植材《つげ》の〉想像の国を創り上げた。それは大きく育ち、それから何年にもわたり私たちの慰めと喜びになった」[*27]。ルイスは、成人してからの生涯の特徴である、想像する力と物書きの才を伸ばし始めていた。その時、兄のウォーレンが「イングランドの寄宿学校に入れられ」[*28]、ルイスはかなりの時間を一人で過ごすことになった。彼はこう思い出す――「六歳から八歳までの時期は、もっぱら自分の想像の世界に生きていた」[*29]。

ルイスが九歳の時、心地よいその世界は激変の結末を迎える。まず、父代わりの祖父が世を去った。それから母親が重い病に罹る。多くの医学専門家と相談の上、医者たちは癌と診断し、外科手術を勧めた。手術は家で行われたが、アイルランドの中流家庭では、これは珍しいことではなかった。ルイスは手術の間、人々が母の部屋に駆け込んだり出て来たりする喧噪と匂いを覚えている。ほぼ半世紀経って、彼は父親がどんな風に「それまで考えてもみなかったことを、怯えきっているわたしに伝え」[*30]ようとしたかを、生々しく思い出す。母親の病気、ぞっとするような手術、そして死は、幼い少年を途方に暮れさせた。彼は寝室に連れられて行き、母親の亡骸を眺め、「悲しみなどは恐しさのために消えてしまった」[*31]ことを思い出す。

この喪失の衝撃、すなわち、父親の態度の変わり様、それに続く二人の息子との関係の変化、長年に及ぶルイスの憂鬱と悲観的な思い、そして母親の回復を願って空しく祈りを献げた「最初の宗教的な経験」[*32]、そのいずれもが極めて重大なものであった。

アルバート・ルイスは妻の死で悲嘆に暮れ、息子たちを適切に扱うことが出来ないと腹を固め、二人をイングランドの寄宿学校に送り出した。寄宿学校は（パブリック・スクールと呼ばれ）当時も今も、私立の独立した学校である。たぶん彼がとても幼く（九歳）て、家を去ることを最愛の母の死と結びつけて考えていたせいか、ルイスは「たちまちのうちに憎悪をこめて」イングランドに反発する。彼の嫌いだった「イングランド訛りは、まるで悪魔の唸り声のようだった。……しまりのない平坦さ、……かわりばえのしない何マイルもの空間、人間たちを海から遮断し、幽閉し、窒息させる土地。何もかも不快だった。石の塀や垣根の代りに木でつくった囲いがあり、白い田舎家の代りに赤い煉瓦の農家があり、畠は広大で、……その時わたしはイングランドに対する嫌悪の情はなかなか消えないだろうと思った[◆42]」。若いルイスは悲しみと孤独による痛ましい思いで満たされ、快適で安心な家や自分の面倒を見てくれた人々から離れた場所は、それがどこであれ嫌悪感を抱かせたのかも知れない。

アルバート・ルイスが息子たちのために選んだ最初の学校は、悲惨な場所だったと分かる。ルイスの経験では、そこは一種の地獄だった。生徒はおよそ二十人しかいない。〈爺さん〉というあだ名が付けられた校長は体罰用の鞭で生徒を打ちすえ、残酷な振る舞いで有名だった。教師陣は、主には校長とその息子と娘だった。ルイスは、彼の「折檻が発作的で、いつあるかわからない[*33]」と記している。兄のウォーレンは校長について手紙に書いている――「〝じいさん〟は十二歳の少年の首根っこをつかんで軽がると持ち上げて、まるで犬ころにするように〔もう片方の〕腕を伸ばして……杖でふくらはぎを打ちたたい[*34]」た。ある少年の父親は高等裁判所に対して、校長の常軌を逸した残忍性を訴えた。その学校はついに、生徒が減って閉校に追い込まれる。校長は精神病と診断され、二年後に亡くなった。〈爺さん〉は英国国教会の聖職者だったが、ルイスに消えることのない印象を与えた。半世紀経っても、ルイスは彼を許すのが難しかった。校長が暴力的な行為で性的な喜びを得ていたのでは、と思い巡らす者がいるかも知れないが、ルイスはそれに対しては疑問をはさむ――「今日ではだれもがサディズムのことを話題にするけれども、爺さんの残酷な行為にエロティックなものはなかったと思う」[*35]。校長が聖職者だったということが、若いルイスの敏感な心に残らないはずはなかった。

しかしここでの体験すべてが否定的ではないことも確認されている。振り返ってみると、彼がついに抱くことになる信仰の備えを助けてくれる者もいた。自伝の中では次のように思い起こしている――「劣悪な寄宿学校の生活は、希望を抱いて生きることを教える……ある意味では信仰をもって生きることを教えるとさえ言える。……学期の始めには家や休暇がはるか遠く離れたところにあるので、それを手に入れるのは天国に達するほどむずかしいように思える」[*36]。ルイスはこの頃、教会に行って「真剣に祈りを唱え、聖書を読み、自分の良心に従おうと」[*37]し始めたのを覚えている。どうして彼はこんな振る舞いをしたのだろう――「わたしは無性に恐しかった。蒼く輝く月明りの夜、カーテンのない寄宿舎」[◆43]にいると。

最初の寄宿学校が閉校になった後、アルバート・ルイスは息子を、モールヴァンの街にあるシャーバーグという寄宿学校に送り込んだ。ここで彼は、寮母であり、彼にとって初めての代理母となるミス・カウリーの影響を受ける。彼女には、ルイスが並外れて感受性が強く、孤立して独りぼっちだと感じているのがはっきりと見て取れた。ルイスは彼女の心遣いに反応する。校長はある時、彼女が両腕でルイスを抱擁しているのを見て、彼女が他の男の子に対しても、誰もが母親らしい愛情と分かるように抱擁していたにもかかわらず、即座に彼女を首にした。ルイスはミス・カウリーがいないのを寂しがり、五十年ほど経ってから彼女についてこう書いている――「どこの学校にも、C先生ほど、病気の子には手ぎわよく好意にみちた世話をし、健康な子には快活で人づきあいのよい態度で接する寮母はいなかったろう。わたしがこれまで会った人間のなかで、C先生は一番私心のない人だった。だれもがC先生のことが好きだった」[◆44]。

ミス・カウリーはもう一つ、より深い影響をルイスに与える。彼女は「精神的にはまだ未熟で」、様々なたくさんの神秘主義思想（カルト）の中で「あがき苦しんで」いて、ルイスにもそのことを話していた[*38]。これは十三歳の少年にとって相当な混乱を生み、名ばかりの彼の信仰は揺らぎ始め、ついには消え失せてしまう。「C先生はいつとはなく徐々にわたしの信仰の骨格そのものをゆるめ、鋭利な刃をなまくらなものにしてしまった。オカルトの異様さ、空しい思弁といったものが、信仰の峻厳な真理に滲透しはじめた」[◆45]。

信仰の骨格が崩壊するのは、古典を読み始めた頃も続いていた。ルイスはこう回想する――「特にウェルギリウスを読むと、そこにおびただしい宗教的な思索が記されていたが、どの編纂者も教育者も、その思索をただの虚妄だと最初から決めてかかっていた。……しかし宗教というものは、たとえまやかしであっても、大方は自然発生的なもので、人間はこの迷妄にすがらずにはいられないのだ、とわたしは思っていた」[◆46]。

ルイスは寄宿学校で過ごした年月を、孤独と不幸せの時代として描いている。その頃を振り返ると、寄宿学校の及ぼした否定的な影響に痛切に気付き始める。「今後、世の親たちが、常日頃自分の息子の学校で現に何がおこなわれているかということに関心をもつようになれば、教育の歴史は今までは打って変ったものになるだろう」[◆47]。彼は、ある教師が生徒たちに「人目に立ち、自分を誇示し、目立ちたいという欲望、世間の裏話に通じたいという欲望」を教え込み、「懸命にしゃれ者に、気障な人間に、俗物に」なるよう彼に影響を及ぼしていたことを思い出す[*39]。

ルイスは、自分がなりつつあった姿も、周りの幼い少年たちに起きつつあると気付いた姿も、共に好きではなかった——「かくも競争が激しく俗物根性と追従にみちた社会、かくも利己的で階級意識の強い支配階級、かくもおもねりに終始し、団結心と集団の名誉心に欠けたプロレタリアートを、わたしはまだ見たことがない」[◆48]。この環境は、自尊心や尊大さ、他人を見下す傾向を助長した。彼は、ずっと後になって次のように書いている——「ここ三十年ばかりのあいだ、イギリスには残酷にして無情、懐疑冷笑を事として唇を歪めてばかりいる皮肉な知識人がみちみちている。その多くはパブリック・スクールの出身者だが、そこを懐かしんでいる人間はあまりいないとわたしは信ずるのである」[*40]。あの学校を擁護する者たちは、「そうした気取り屋は、この制度によって矯正されることがなかった患者たちであり、充分に打ちのめされ、なぶられ……鞭打たれ、辱しめを受けたりしなかったことになる」と言うだろう、とルイスは付け加えている[◆49]。

彼の父親はついに、息子は寄宿学校よりも個人的な家庭教師と一緒に勉強する方が良いと腹を決めた。父親がルイスの兄に宛てた手紙に書いている——「一言でいえば、すべては失敗であり、止めなければならない。彼の手紙を読むと私は不幸になる……思うに……私にできる最善のことは、次の学期に息子を〈カーク〉のもとに遣ることだ」[*41]。

ウィリアム・T・カークパトリックは引退した校長で、かつてはルイスの父親を教えたが、今は個人的に生徒たちを教え、大学に入る準備をさせていた。ルイスはその後二年半の間、彼の呼び方によれば〈ノック御大〉のもとで勉強して過ごす。この年月は彼の生涯で最も人格形成がなされ、幸せな時となった。彼は毎日多くの時間を、自分で選んだ本を思う存分読み耽って過ごす。午後は「読んだり書いたり」しても良いし、「秋の午後、樹齢を重ねた大きな木立の下の静まりかえった窪地」でぼんやりと時を過ごしても良かった[◆50]。

　こうした自由な時間の合間に、ルイスはジョージ・マクドナルドに出会う。ルイスとその著作に深く影響を及ぼした作家である。「私は、彼が自分の仕えるべき存在だとみなしていることを隠すつもりはない。実際、マクドナルドを引用しない書物を、わたしは書いたことがない」――彼は三十年ほどしてこう述べている[*42]。ルイスにマクドナルドを引き合わせた書物『ファンタスティス』[*43]は「一種の冷え冷えした朝の清純さを保っていた……この本が現実に私に為したのは……私の想像力を……回心させ、洗礼にさえあずからせることであった[◆51]」。この時ルイスは、十五年ほどして彼が抱くことになる霊的な世界観について、マクドナルドが書いていることに気付かなかった。

　好戦的な無神論者にして論法家のカークパトリックはルイスに対して、批判的に、しかも厳格な論理の規則の中で考えるように教え込んだ。〈ノック御大〉のもとで、ルイスは物事への取り組み方を工夫し、生涯を通じてそれを保った[*44]。しかしルイスは、彼が生徒に無神論を押しつけることはなかったと主張している――「無神論と厭世主義がブッカム[*45]に来る前にわたしの身についてしまったことは、読者の記憶にあるだろうと思う。ブッカムで得たものは、すでに自分で選んだ立場を守るために補給した新たな弾薬にすぎなかった。それはノックの考え方から間接的に、あるいは直接ノックの蔵書から補ったものである[◆52]」。ルイスはカークパトリックを自分の最高の教師の一人とみなし、彼についてはいつも情愛深く語っていた――「ノックの恩義は大きい。今日に至るまで、わたしの彼に対する尊敬の念は変わらない[◆53]」。

ルイスもノック御大も、自分たちの無神論の礎を、フレイザーの『金枝篇[*46]』のような文化人類学の研究に置いていた。ルイスは、「あらゆる宗教は、相応しい名前を与えるならどれも神話の集まりであり、人間自身による創案だ[*47]」と考えていた。ルイスは、新約聖書とは、神が地上に降りて来て、死んで、再び蘇るという、異教徒の他の神話のようなものだと信じていた[*48]。彼はこの時期、友人のアーサー・グリーヴズ[*49]宛の手紙の中で、自分の見方を詳しく説明している――「偉人は、死後神と見なされる。ヘラクレスやオーディン[*50]やヨシュア（我々は誤って〝イエス〟と呼んでいるが）[*51]はすべて死後に神と呼ばれるようになった人間だ。もちろん迷信はどの時代においても、庶民の心を捉えてきた。しかしまたどの時代においても、教育を受けた人々、ものを考える能力を身に着けている人々は、宗教の支配の圏外にあった[◆54]」。

ルイスは一九一六年十二月四日、古典学の奨学生試験を受けようとオクスフォードに向かう。ユニバーシティ・コレッジ[*52]から承認通知が届いた。ところが入学が許可される前には、学位取得小試験と呼ばれるもう一組の試験に受かる必要があり、数学の試験に失敗する。幸運にも彼は、学徒兵訓練部隊経由で陸軍に入隊するため、オクスフォードから入学を許された（数学の試験には受からなかったが、戦役に就いた後でオクスフォードに戻ることを許された。退役軍人は、数学の試験を免除されていたのである[*53]）。学徒兵訓練課程にいた時同室だったのは、エドワード・〈パディー〉・ムーアという青年だった。

ルイスとパディーは親友同士となり、どちらかが戦争で死んだら、もう一人が亡くなった方の親の面倒を見ようと互いに約束し合う。

ルイスは、十九歳の誕生日に塹壕に配備された。味方が虐殺されるのを目の当たりにしたり、榴散弾で怪我をして入院するという恐怖のおかげで、彼は何年にもわたって、夢でその光景を追体験することになる。それにもかかわらず、彼は戦争体験についてほとんど何も書き残していない。おそらくこの体験が、あまりに多く不安な気持ちを引き起こしたからだろう。彼は時々、体験したことの幾つかを軽くとらえがちだった――「わたしが六十人ほどの捕虜をどうやって捕えたか、つまり突然どこからともなく灰緑色の軍服を着たドイツ兵の一群があらわれて、全員が両手を上げていた……。一度は驚いたが、やがてほっと胸をなでおろした次第は、冗談としてならともかく、今ここで語るに価しない◆[55]」。

ところが、パディーは交戦中に亡くなる。ルイスは約束を思い出して誠実に対処し、ムーア夫人と娘を引っ越させた。二人が家計を切り盛りするのを助け、つまらない仕事を際限なく引き受けてやり、賃貸料の支払いを助けた。ルイスより三十歳ほど年上のムーア夫人は、彼の代理母になった。伝記作家の中にはルイスとムーア夫人が恋仲だったと当て推量する者もいるが、残されている証言はその意見に賛意を示していない*[54]。書簡を見る限り、間違いなく母親と息子の関係が明らかになっている――「僕が母と呼んで一緒に住んでいるのは老婦人です」「彼女は実際に友人の母親なのです◆[56]」「僕の病弱な母は◆[57]」「僕の年老いた母は◆[58]」という具合に。

ムーア夫人が亡くなった後も、ルイスはこんな風に彼女のことに触れている――「僕の生活には大きな変化がありました。僕の母と呼んでいた老婦人が亡くなったからです。何ヶ月も半ば意識が薄れ、明らかな苦痛もないまま彼女は召されたので、深い悲しみであるかのように振る舞うのは見せかけというものでしょう」[59]。ルイスの生徒であり、後日彼の親友にして伝記作家となるジョージ・セイヤーは、パディーの母親とルイスの関係を、彼が眺めた通りにこう記している――「ムーア夫人とジャックの関係に見られるのは……彼女の母親らしい優しさと物惜しみしないもてなし、戦時中一番親しかった友人の母親である彼女に対する同情、そしてパディーが死んだら自分が彼女の世話をすると請け負った約束であった[60]」。

一九一九年、ルイスはオクスフォードに戻り、三十五年という年月を過ごすことになる。入学した年、彼は初めての著作となる詩集『囚われの魂[*55]』を出版するが、売れ行きは惨めなほどだった。学部生としての学業を終えると一年間哲学を教え、一九二五年にはマグダレン・コレッジで英文学の特別研究員(フェローシップ)に選ばれた。その後の歩みは、歴史の教える通りである。

❈

フロイトとルイスの初期の生涯における体験は、驚くほどの対応を示している。フロイトもルイスも少年の頃に知的な才能を授けられ、それは、成人した後に世に及ぼすことになる深い影響の前触れとなっている。二人とも、生涯の初期に重大な死別に遭遇した。二人とも、父親とは難しい関係にあり、対立に苦しんだ。二人とも、早期に家庭の信仰について手ほどきを受け、形だけそれを受け入れた。二人とも、幼い頃理解した信仰の仕組みを放棄し、十代には無神論者となった。二人とも、何人かの著作によって、子供時代の形だけの信仰を、確信を持って拒否した。フロイトは、フォイエルバッハや医学生の頃に学んだ多くの科学者に強く影響を受け、ルイスは、「宗教というものは、たとえまやかしではあっても、大方は自然発生的なもので、人間はこの迷妄にすがらずにはいられないのだ[*56]」という印象を植えつけた教師を通して。

ところが、ルイスは最終的に無神論を捨て去り、以前は無意味なものと考えていたまさにその見方を受け入れる。彼は、この劇的な変化をどう説明しているだろう。フロイトはなぜ、家庭の持つ豊かな霊的伝統を拒否し、無神論者であり続けたのか。

第2章 創造主 宇宙を超えた知性は存在するのか

無神論者であるルイスは、宇宙とは存在しているものがすべてだ、というフロイトの見方に同意していた——宇宙はただ、偶然に生じたのだという見方である。しかし彼は最終的に、この宇宙の信じ難いほどの広大さ、精密で整った秩序、途方もない複雑さが、何らかの知性を反映したものではないかと途惑うようになる。宇宙を超えた何者かの手によって創造されたのではないか、と。

フロイトはこの〈最重要の問い〉に対して、響き渡る声で「違う！」と答える。まさに天上に存在する、フロイトの表現に従えば《理想化された超人》[*1]という概念は、「明らかに子供じみて、あまりにも現実離れしており……圧倒的多数の人間が、こうした人生観をまったく克服できないと思われるのは痛ましい」。だが彼は、大半の者がもっと教育を受けるなら、「宗教的なお伽噺」に対しては「馬鹿にしたような顔をして向こうへ行く」だろう、と予言した。[◆1]彼は「世界が子供部屋ではない」[*2]と念を押し、私たちは宇宙にあって孤独だという厳しい現実に直面するよう、強く勧める。手っ取り早く言えば、「大人になれ！」と声を張り上げるのだ。

世界観が変わったルイスは、同じ問いに対して、響き渡る声で「その通り！」と答える。彼は宇宙が、インマヌエル・カントの表現に従えば「星々をちりばめた天空とわれらが内なる道徳律[*3]」のような〈道標〉で満ちており、すべてが紛う方なき明瞭さを伴ってあの知性を指さしている、と断言する。ルイスは私たちに、目を開けてまわりを見回し、目に入ったものを理解するように勧める。手っ取り早く言えば、「目を覚ませ！」と声を張り上げるのだ。フロイトもルイスも、大胆にして明瞭、明確で、お互いに相容れない回答を行っている。

❉

フロイトは学術的な著作や自伝、さらに生涯を通じて書き続けられた書簡の中で、彼自身を〈唯物論者〉〈無神論者〉〈神なき医学者〉〈不信心者〉〈不信仰者〉と称している。八十二歳の時、亡くなる一年前に、歴史家のチャールズ・シンガーに宛てた手紙ではこう述べている――「私は交際においても著作においても、自分が全く無信仰な人間であることを隠してはいません[◆2]」。フロイトは、ジルバーシュタイン宛のあの手紙で一度だけ揺れ動いたことを忘れているかのように見えるが、それは、あっという間に通り過ぎた学生時代のささやかな出来事に過ぎない。

彼は哲学的な著作の中で、あらゆる人間を、精神医学の分類ではなく〈信仰者〉か〈不信仰者〉で分類している。不信仰者には、自分を唯物論者や探求者[*4]、懐疑論者、不可知論者、無神論者と称する者すべてが含まれる。信仰者には、何らかの《超自然的な存在》に対して知的に賛意を示すだけの者から、ルイスのように、自らを変質させる霊的な体験を口にする者までが含まれる。この体験は人生に急激な変化をもたらし、文字通り〈新生〉を呼び起こすものだ。

フロイトは彼の世界観を〈科学的〉と呼ぶ。研究を通してのみ知識が得られるという前提によるからだ。もちろん、この基本的な前提そのものは、科学的な研究に基づくとは言えない。それはむしろ、証明することのできない哲学的な仮定である。誰であっても、あらゆる知識は〈研究〉から得られ〈啓示〉からは得られない、と想定することしかできない。

　フロイトは、論理的には誰も否定を証明することはできない、と気づいていたようだ。神が存在しないことは、誰にも証明できない。彼が自分の世界観を本気で擁護しようと思うなら、それに代わるものに疑いを差し挟むしかない。こうしてフロイトは、霊的な世界観に対して、継続して体系的な攻撃を行った。鉄槌の一撃をもって攻撃を加えたのである。彼はこう書いている――「これらの奇跡譚は、冷静な観察によって得られたことがらにことごとく矛盾しておりましたし、またそこには、人間の空想《ファンタジー》活動の影響がじつに明白に見てとれたからです[◆3]」。彼は、聖書には「矛盾が多く、後から改竄されていたり、捏造であったりもする[*5]」と主張している。知性の備わっている者なら、信仰者の〈不条理なもの〉や〈お伽噺〉は受け入れられない、と述べている[*6]。

　フロイトはこうも書いている。宗教の教えには「それが生まれた時代の刻印、人類の無知な子供時代の刻印がこびりついております[◆4]」、また「世界が創造されたのは、人間に似てはいるものの、……あらゆる点で人間よりもはるかに大きな存在、つまり理想化された超人なるものによる[*7]」という特定の教えには「古き時代の刻印を打たれた無知……が、はっきりと確認できたからです[*8]」という具合に。

　彼は霊的な世界観を、「人生の価値を引き下げ、現実世界の像を妄想で歪めることにある[◆5]」と描写している。また「宗教はこのように……集団妄想に引き入れたりする」[*9]とも書いており、宗教を「普遍的な強迫神経症」[◆6]と呼んでいる。フロイトは、「イエス・キリストという人物が……神話に属するというのでなければ」[◆7]、あるいは、単なる「妄想にとらわれた普通の人間」[*10]なのだろうかと思い巡らす。友人で聖職者のオスカル・プフィスターに宛てた手紙では、フロイトはイエスの教えについて「心理的に受け入れ難く、私たちの生活には役立ちません」と言及し、「私は、『キリストに倣いて』には何の価値もないと思います」[◆8]と結論付けた。ここでフロイトは、多大な影響を与えた名高い著作『キリストに倣いて』に触れている。この本はトマス・ア・ケンピスが一三九〇年から一四四〇年の間に著したと信じられており、自己を否定し他者を愛するに当たって、イエス・キリストの事例に倣うよう読者に勧めている。

❈

生涯の最初の三十年間、ルイスはフロイトの無神論を信奉していた。彼の唯物論は、十代に入って間もなく決定的な形をとる。それまでは、伝統的な宗教的慣習に従っていた。家庭や寄宿学校の決まりにならって。必修の礼拝は「白昼夢の好機」だった。自伝ではこう回想している――「宗教的な経験に至っては皆無と言ってよかった。……わたしは教えられるままにごく普通のことを学び、祈りを唱え、然るべき時に教会に行った」[*11]。だがルイスは、退屈で興味がなかった。彼は信心深さを表現するこの形式に対して「特にそのことに関心を寄せたという覚えはない」まま、習慣的に従っていた。[◆9]

寄宿学校での体験は、少年時代の信心深さの痕跡をすべて、少しずつ消し去っていった。「僕は神を信じていない」――ルイスは友人のアーサー・グリーヴズ宛の手紙にそう書いている。二人とも十代後半の頃のことだ。そうした初期の頃でさえ、ルイスは簡潔かつ明快に自分自身を表現していた。

十年後、オクスフォードの教授陣の一人として、ルイスは根本的な変化を体験する。無神論から、旧約、新約の両聖書に基づく信仰への変化である。その知性について彼が大いに敬意を払う教授たちとの一連の討論を通して、また長年にわたり何名かの作家の著作を通して、ルイスは堅固な信仰にたどり着く。それは、宇宙の創造主に対する信仰に留まらず、人類の歴史に足を踏み入れた創造主への信仰でもあった。

その最も読まれている著作の序で、ルイスは自らの世界観を十一の英単語で表している――「ひとりの神がいまし、イエス・キリストはその独り子である」。この著作の後半で、彼はより詳細に表現している。すべての人間は「なんらかの神もしくは神々を信ずる多数者と、そのようなものを信じない少数者とに分類することができる」と書いている。[*12]

ルイスは、信ずる者に対してさらなる分類を加えた。一方のグループはヒンドゥー教徒で、「神は善悪を超越している」と信じている。[*13] もう一方のグループはユダヤ教徒やイスラム教徒、およびクリスチャンで、「神は決定的に〈善〉あるいは〈義〉なる神であり、敵味方のいずれかにくみし、愛を愛し、憎しみを憎[*14]」むと信じている。聖書の世界観はこう述べている――「神は世界を造った――空間と時間、熱と寒冷、あらゆる色と味、すべての動物と植物、……」、だが他方で「神が造ったその世界では多くの過ちが犯されてきた、そこで神は、われわれにそれらの過ちを正すよう求めている、然り、声を大にして求めている」とも述べている。[*15]

しかし神は、唯一つの超自然的存在ではない。「宇宙にある闇の力について——死と病と罪の背後にある力……を神によって創造されたものと考え、創造された時は善いものだったが、その後間違った方向に進んでしまったと考える」。ルイスは、この闇の力は〈魔王〉であり、今や私たちは「反逆者によって占領された宇宙の一部分に住んでいる」と断言している。[*16]

どうして善き全能者である創造主は、世界がこれほど悪くなってしまえるように、また実際に悪いものにしてしまったのか。「神は自由意志を持ったものを創造した。……自由意志は確かに悪を可能にするが、それはまた、抱くに値する愛や善や喜びを可能にしてくれる唯一のものだからである」[*17]。しかしこの自由の乱用は、人類に神を畏れさせると同時に、人類そのものをも恐れさせるように仕向けた。その結果が、人類の歴史である。そこには奴隷制度があり、戦争があり、売春があり、貧困があり、「それは、神以外に自分を幸福にしてくれるものを見出そうとする人間の、長くも恐ろしい物語である[*18]」。

ルイスは、神がどんな風に、私たちの人生に繰り返し介在してきたかを描いている。「何よりもまず、神はわれわれに良心、つまり正邪の感覚を授けて下さった。だから、歴史を通じてどの時代にも、それに従って生きようと努める人びとが必ずいた。……しかし、完全に従うことのできた者は一人もいない」。次に神は「善い夢」を人類に送った。この夢とは「もろもろの異教に見られるあの奇妙な物語——神が死んで生き返り、その死によって、人間に新生命を与える、というあのおかしな物語のことである」。第三に神は、ご自分がどういう神であるかを人々に教えるため、ある特別の民族、ユダヤ人を選び出した。それは、「ご自分がただ独《ひと》りの神であり、正しい行為に強い関心を持つものである」という教えだ。ヘブル語による旧約聖書は、この教えの時代について記している。[*19]

それから、ある衝撃的な出来事が起こる。「ユダヤ人の中から突然ひとりの男が現われて、まるで自分が神ででもあるかのような口ぶりでしゃべりながら、人びとの間を歩きまわり始めたのである」。ルイスは、この男がヒンドゥー教徒や他の多神教徒の中から現れたとしても、しばしば、自分は神と共にいるとか、神の一部だと口にするので、その男の主張は理解できると書いている。ところがこの男はユダヤ人であり、彼らにとって「神とは、世界の創造者であって世界の外《そと》にある存在……なのである」。この文脈においてルイスは、神であるというこの男の主張は、「かつて人間の口から出た言葉の中で最もショッキングなものであった」と論じている。[*20]

❉

フロイトの衝撃はさほどではなかった。彼は、宇宙を超えた知性の存在に対して、主な議論を二つ提示する。一つは、欲望の成就についての心理学的な議論であり、二つ目は人間の苦しみについての議論である。どちらの議論も、今日私たちの文化に行き渡っているものだ。心理学的な議論はフロイトよりはるかに昔から用いられているものだが、彼はこれに対して革新的なこじつけを行っている。人間の苦しみについても、ほとんど目新しい議論とは言えない。実際、この議論は何世紀にもわたり、信仰者と不信仰者の双方にとって、信仰に対する最も深刻な障害となってきた。フロイトも、この議論は十分に利用している。

霊的な世界観に対してフロイトの心理学的な議論が基礎を置いているのは、いかなる宗教的観念も根深い欲望に起源を持っているため、それは錯覚、すなわち誤った信仰なのだ、という見解である。[*21] 広く読まれている『ある錯覚の未来』の中で、彼は次のように書いている――「われわれとて、仮に宇宙の創造主にして慈愛に満ちた摂理としての神、道徳的な世界秩序、死後の生命などがあればさだめし素晴らしかろう、などと言う。ただ気になるのは、これらはすべてわれわれが欲望として抱いているとおりのものばかりだ、という点である[◆10]」。従ってフロイトは、神への信仰とは、単に強力な欲望や内なる必要の投射なのだ、と結論付ける。彼はこう書いている――「自ら教義を騙《かた》るそれらの表象は、……錯覚であり、人類の最古にして最強の、そしてもっとも差し迫った欲望の成就である。宗教的な表象の強さの秘密は、これらの欲望の強さにある[◆11]」。

フロイトは、彼以前に多くの者がこの議論を認識し、著作を残していることを認めている。特に、ドイツの哲学者ルートヴィヒ・フォイエルバッハである。「私自身、自分以前にもっと偉い他の人たちが、遥かに見事に、かつ力強く印象的に語ったこととしか述べていない[*22]」。フロイトは控え目にそう認め、こう告白する――「これら先達の名前は周知のとおりである上に、まるで私が自らその列の中に並ぼうなどという了見を起こしていると取られるのも不本意であるから、ここではその人たちの名前を挙げない[◆12]」。

多くの学者は、フロイトの議論が啓蒙主義の著述家たちの考え方を反映しているのを認めている。フォイエルバッハに加えて、主にはヴォルテール、ディドロ、それにダーウィンである。[◆13] フロイト宛の手紙の中で、スイスの牧師であるオスカル・プフィスターは、唯物論とは単にもう一つの宗教であって、「君の代理宗教は基本的に、尊大で近代的に装った十八世紀の啓蒙主義的観念だ[◆14]」と論じている。

『ある錯覚の未来』の中で、フロイトはさほど控え目にせず、だがより正確に、こう主張している――「私はただ、偉大な先駆者による批判に心理学的な根拠による説明を多少付け加えただけである。私の叙述に何か新味があるとすれば唯一この点である」[15]。フロイト以前の多くの著述家は、神とは人類の必要と願望を投射したものだと書いている。フロイトが成し遂げたのは、こうした願望をかなり具体的に明らかにすることであった。

フロイトは、私たちが神の観念に投射している根深い欲望は子供時代の初期に起因する、と主張している。その第一は無力感であり、これは大人になっても引き継がれる。彼はこう書いている――「宗教心とは、生物学的には、幼い人間の子供がその身の寄る辺なさ、助けを必要とする状態に長くとどまらなければならないことに起因する」[16]。私たちは誰もが、それほど意識していないものの非常に強い願望を共有しており、それは自分の両親、特に父親の保護を求めるものだ、と彼は論じている。大人になり人生の大きな力に出会うと、自分は依然として無力であることが分かる。そこで私たちは、自分を子供として保護してくれそうな人物を呼び起こす。フロイトは、レオナルド・ダ・ヴィンチについて書いた一九一〇年の論文でこう述べている――「精神分析は……人格神というのが心理学的には父を高みに祭り上げただけのものでしかないことを明らかにしてきた。そして、青少年において父親の権威が失墜するや、彼らがたちどころに信仰心を失っていくのを日々、われわれの眼前に提示している」[17]。

三年後、彼は『トーテムとタブー』の中でこう書いている――「個々の人間についての精神分析の研究は特に力を込めて、各人にとって神は父親にそってイメージされ、神に対する人格的関係は生身の父との関係に依存しており、それに従って動揺し変化するのであり、神とは根本において高められた父にほかならない、と教える」[◆18]。それから二十年経ち、『文化の中の居心地悪さ』の中ではこう書いている——「宗教的な欲求は、寄る辺ないという幼児の思いとそれが呼び覚ます父親への憧れから説明されるべきであり、……一般の人は、こうした摂理を、高座に祭り上げられた父という擬人化したかたちでしか思い描くことができない」[*23]。彼は「この創造神が直接父と呼ばれることになる」[*24]点に注意を向け、「精神分析の推測するところでは、これはまさに、実際の父親、かつて子供にとってそうであったあの堂々たる父親にほかなりません」[◆19]と断言している。

フロイトは、神との人格的な関係は、完全にその者の父親との関係に依存していると主張する。彼の説明はこうだ——「子供に生をめぐみ与えた人物、すなわち父親（より正しくは、父親と母親から成る両親審級（代理者））はまた、外界にひそんでいるあらゆる危険にさらされている弱々しく無力な子供を保護し見守ってきたからですし、子供は父の庇護のもとで自らの身の安全を感じることができたからです」[◆20]。

フロイトはこう説明する——「人間は、大人になりますと、以前よりも大きな力を所有していると自覚するようにはなりますが、同時にまた、生の危険を洞察する力も大きくなっており、当然のことですが、自分は根本的にはまだ依然として子供時代と同じように無力で無防備のままであり、世界に対しては今なお寄る辺なき子供であるにすぎないと結論してしまいがちです」。無力感に悩む「人間は、大人になった今でも、子供の頃に恵まれていた保護をきっぱり諦めきれないだろうということです」。大人には「子供時代に過大に評価していた父親の想い出像」が刻み込まれている。大人は「これを神の位置まで高め上げ、現在の現実のなかへ据え置くわけです」。彼はこう結論付ける――「この想い出像にまつわる情動の強さと、大人になってもなお残り続ける保護の欠如、これら二つが手を取りあって、大人の神に対する信仰を支えることになるのです[◆21]」。

『ある錯覚の未来』の中で、フロイトはこう指摘する。母親は子供にとって「子供を脅かす外界のあらゆる不特定の危険に対する最初の守り手となります。不安の最初の守り手と言ってよいでしょう[◆22]」。しかし、その後で変化が訪れる――「この機能に関しては、母親は間もなくもっと強い父親に取って代わられ、幼年期のあいだはずっと父親がこの機能を果たし続けます。しかし父親への関係には独特の両価性《アンビヴァレンツ》が付きまといます。以前の母親への関係ゆえか、父親自身がひとつの危険でした。父親は憧れと讃嘆の的であるだけでなく、それに劣らず恐れの的でもあるのです[*25]」。そして彼はこう主張する――「父親への関係に備わる両価性を示す徴候は、あらゆる宗教の中に深く刻み込まれています。やがて、成長するにしたがって人は、自分があくまでひとりの子供にとどまるように定められていて、外から来る圧倒的な諸力から自分を守ってくれるものなしでは到底やっていけないことに気がつきます。そうすると人は、それら外界の諸力に父親の姿が備える独特の風貌を付与し[*26]」ます。こうして神は、愛されると共に、しばしば畏れられる存在として描かれることになる。

フロイトは、人は自分自身のために「恐れるとともに、その機嫌を取ろうとし、……自らの守りと保護を託する[*27]」神を創出する、と書いている。要約すると、「子供である自分が寄る辺ないのを認めまいとする防衛は、大人になった人が自分はやはり寄る辺ないと認めざるをえないのに対する反応、これが宗教形成にほかならないわけですが、この反応に独特の風貌を与えているのです◆23」。
そこでフロイトは、私たちは、神の観念と神への信仰の基礎を形成する、強烈で根深い欲望を持っていると主張する。神は私たちを、神自身の姿形《イメージ》に造ってはいない。ところが私たちは、神を自分の両親の姿形《イメージ》に造り上げる。より正確には、子供の頃の父親の記憶像《イメージ》に。神は、私たちの心の中にのみ存在する。フロイトは私たちに向かって、大人になり「宗教的なお伽噺*28」はあきらめるよう勧めずにはいられない。

C・S・ルイスは、欲望の成就というフロイトの論法に反撃を加え、聖書の世界観は途方もない絶望と苦痛を伴っていて、明らかに誰かが願うようなものではない、と主張する。ルイスは、この世界観を理解することで、人間が奥深い問題を抱えていることを実感し、さらに、人間は道徳律を破り、赦しと和解を必要としていると論じている。彼は、「真の道徳的法則があり、その法則の背後に或る力が存在する、自分はこの法則を破り、その力に敵対する者となってしまった――こういうことをすべてあなたが認めたのち」、この世界観は「はじめて……あなたに向かって語り出す◆24」と書いている。私たちは、自分たちの立場が「ほとんど絶望状態に陥っている」と悟ることで、初めて聖書を理解し始める。聖書に対するこの信仰は「筆舌につくしがたい慰め」なのだが、ルイスは「キリスト教は慰安から出発するものではない。それは、わたしが今まで述べてきたような衝撃から始まる」と書き、さらにこう続ける――「この衝撃をまず通過することなしに、その慰めに到達しようとしても、全く無駄である」[*29]。

自分が創造主の基準にどれほど足りないか、いかに自分を変える必要があるか、を実感するという衝撃を体験するまで、人は決して信仰の慰めは体験できない。ルイスは、信仰においても「戦争その他すべての場合にそうであるように、宗教においても、慰安ばかりは、求めたからといって得られるものではない。真実を求めるなら、究極的に、慰めを見出すことができるだろう。しかし、慰安を求めるなら、慰安も真実も得られず――手に入るものと言えば、まずおべんちゃらと希望的観測、それから最後に絶望、ただこれだけである」[◆25]と記している。

ルイスは、この特定の世界観でどう生きようとしても苦しみが伴い、それは明らかに誰もが望むものではない、と付け加える。『痛みの問題』で彼はこう言及している――「わたしたちが長いこと自分のものと主張してきた意志を神に返すことは、どこで、またどのようにして返すにしろ、それ自体耐えがたい苦痛を伴うということでしょう。……自己の所有物でもないのに長年にわたって横領してきたことによって炎症を起こし、腫れあがっている意志を放棄することは、人間にとって一種の死です[◆26]」。

さらに、ルイスは抜け目なくこう語る。フロイトの議論では、父親に対する幼い子供の感情は、常に「特定の相反する要素」、大いに肯定的な感情と大いに否定的な感情で特徴付けられるという臨床的な観察による。しかしフロイトの観察が正しいなら、こうした相反する願望は両方向に働き得る。そうであれば、この相反する要素の否定的な部分は、神は存在し<u>ない</u>という願望が、存在するという願望と同じだけ強いことを示してはいないのではないか。

ルイスは、この考え方が彼自身の生涯に当てはまることに気が付いた。彼は自伝の中で、無神論者として最も強い願望は、神は存在しないというものだったと述べている。ルイスは、自分の人生を誰にも干渉させないで欲しかった。「わたしには干渉ということばほど、激しい憎悪をあらわすことばは他に見当たらなかった」——『喜びのおとずれ』の中でそう書いている。彼自身、「人知を超える干渉者が」旧約聖書と新約聖書の「中心に存在する」と十分気付いていることが分かっていた。[27]無神論は、放っておいて欲しいという根強い願望を満たしてくれるので、ルイスは気に入っていた。ルイスは、フロイトの臨床上の観察は私たちの考えや感情について何がしかを語っているが、この感情は神の存在を求める願望か求めない願望を含んでいる、と述べている。フロイトは、自身の観察で押し通し損ねている。

ルイスは、彼の議論をもう一歩先に進める。何かを願い求めることは、願い求める対象が存在することを除外しないばかりか、何かを願い求めること自体、この対象が存在する証拠なのかも知れない。彼はその生涯で、自ら〈喜び〉と呼ぶ根強い願望をことある毎に経験し、ついに到達した結論は、自らの創造主との関係を求める願望であった。私たちは普通、実際に存在しているものを求める願望を抱いているとルイスは指摘し、こう主張する——「人間がさまざまな欲求をもって生まれてきたのは、それらの欲求を満足させるものが存在しているからだ。赤ん坊は空腹を感ずる、よろしい、食べ物というものがちゃんとある。あひるは泳ぐことを欲する、よろしい、水というものがある。人びとは性欲を感ずる、よろしい、セックスというものがある」[28]。そこで彼は次のような示唆を与える。私たちには誰でも、創造主との関係やこの世を超えた存在を求める根強い欲求、あるいは願望がある。ただ私たちは、それをしばしば他のものと取り違えてしまう。神経科学者の最近の研究によると、ここに一つの展開が加わる。人間の脳は、何かを信じるように「神経網が組み込まれている」(遺伝学的にプログラムされている)証拠があるというのだ。[◆29] これが正しいなら、この神経網の仕組みが宇宙を超えた《知性》の反映かどうかについては、各自の世界観による。ルイスが述べているように、証拠から学ぶことは、「私たち自身が……当てはめる哲学のいかんによって変わってくる」[◆30] からだ。

ルイスはこう書いている——「もしわたしが自己の内部に、この世のいかなる経験も満たしえない欲求があるのを自覚しているとするなら、それを最もよく説明してくれるのは、わたしはもう一つの世界のために造られたのだ、という考え方である」。そしてこう続ける——「地上のいかなる快楽もこの欲求を満足させることができないとしても、だからと言って、この宇宙が食わせ物だという証拠にはならない。おそらくこの世の快楽は、その欲求を満足させるためにあるのではなく、ただそれを喚起せしめ、かつ本物のありかを暗示するためにあるのであろう。もしそうだとしたら、わたしはこの世のさまざまな祝福を軽蔑したり、それに対して感謝を忘れたりすることのないように注意すると同時に、他方、それらの祝福を他の物(つまり本物)と取り違えないように注意しなければならない——なぜなら、この世の祝福は、本物に対する一種の写し、反響、蜃気楼にすぎないのだから」[*30]。

ルイスは、人生の目的に対するこの欲求について、さらにこう述べる——「わたしは自分の心の内に、わたしのほんとうの国——それは死んでから見出すのだが——に対する欲求を生かしつづけなければならない。それを窒息させたり、わきへ押しやったりしてはならない。そのほんとうの国を目ざして押し進み、他者もそうするように助けてあげるということが、わたしの人生の第一の目的とならなければならない[◆31]」。

　手短に言えば、「一生涯の間、捉えがたい甘美なものがあなたの意識のごく近くにあったのです。ある日、あなたは目を覚まして、それを手に入れたという望外の喜びを知ります。もしくは、いったん手に入れかけたのに永遠に失ってしまったという嘆きを知るでしょう[◆32]」。

　フロイトは彼自身の中に、似たような欲求があるのを認めていた。彼は、ルイスがこの欲求を表現するのに使っているのと同じ言葉、ドイツ語のSehnsucht《ゼーンズーフト》（憧れ）を用いた[◆33]。一八九九年に出版された論文で、フロイトは生涯を通じて自分につきまとっている〈憧れ〉について描いている。フロイトはこの憧れを、子供の時そうだったように、森の中を父親と一緒に歩きたいという欲求と結びつけた。彼はこう書いている――「今思うと、故郷の美しい森への憧憬がけっして私を離れることはなかったのです。その森のなかで、……私は歩けるようになるやいなや、もう父のもとから走り出していました[◆34]」。

❈

　私が臨床上観察してきたところに拠ると、誰もが両親と何らかの衝突をし、そのため権威に対して幾分相反する感情を抱く。それぞれの違いは程度の問題であり、本質に関わるものではない。フロイトが、父親に対する子供の態度について語ったことを思い出して欲しい――「父親は憧れと讃嘆の的であるだけでなく、それに劣らず恐れの的でもあるのです[*31]」。親の権威に対するこうした初期の感情が、神の観念や神への態度に影響を及ぼすということについて、フロイトは正しいのかも知れない。私たちが大人になった時、究極的な権威という可能性に対しても、この感情によって、受け入れるか反発して心を閉ざすかを決めるのかも知れない。フロイトの無神論やルイスが前半生に抱いていた無神論は、父親に対する彼らの初期の否定的な感情を基にして、部分的には説明できるかもしれない。相当な数の証拠が、この見解を支えている。フロイトもルイスも、子供の頃父親に対して抱いていた強い否定的な気持ちを描き、大人になってからもその気持ちについて頻繁に書いていて、さらに二人とも、若い頃に拒否した霊的な世界観を父親と結びつけている。

フロイトの父親は、三人目の妻であるフロイトの母親と結婚した時、すでに祖父になっていた。フロイトはいつも、はるかに年を取った父親よりも若い母親に対して、かなりの親近感を抱いていた。彼は自分の精神分析を行った時、父親に対して強烈な嫉妬心と対抗意識があるのを発見した。父親が経済的に逆の立場になっても、この状況は変わらなかった。ついに息子は大成功を収めるが、父親を落伍者と見なす。ほぼ六十歳の頃、フロイトは学校の生徒だった頃を振り返ってある論文を書いている。そこで彼は、明らかに自分自身の体験を反映させながら、ある少年の父親との関係を描いている――「幼年期の後半になりますと、父親に対するこの関係にひとつの変化が兆しはじめます。……父親に対してもとから抱いていた尊敬の念を瓦解させ、……もはや父親がこの世でいちばん力があり、賢くて、豊かな存在ではないことを見出し、父親に満足しなくなります。父親を批判し、父親の社会的位置を測るようになり、やがては通例、父親が自分に味わわせた幻滅をしこたま償わせようとするようになります」。「男の子にとって父親は、……たんに模倣の対象としての手本であるばかりでなく、自らがその地位を奪い取るために排除したいと思う原型となるわけです。かくして、父親に対する情愛深い心の蠢《うごめ》きと敵意に満ちた心の疼きが、互いに相殺し合うことなく、しばしば全生涯を通じて並存し続けることになります◆35」。

フロイトは生涯を通して、十歳の少年だった時に感じた憎悪と苦い落胆の思いを覚えていた。それは父親が、自分を歩道から追い出した反ユダヤ主義の暴漢に抗議しなかったと聞かされた時のことである。彼はまた、宗教的な信仰を、正統派のユダヤ教信仰を持つ父親と結びつけていた。父親は旧約聖書を読み、ヘブル語を流暢に話していたからだ。

C・S・ルイスも、父親とは衝突することの多い間柄だった。九歳で母親を亡くした後、父親がどんなに自制を保つのが大変で、どれほど「乱暴な喋り方をしたり、腑に落ちない行動をしたりした*32」かを、彼は描いている。絶望的なほど感情面で支えて欲しかった時に自分を遠くへ追いやる父親を、彼は絶対に許せなかった。その後数年にわたり、ルイスは次第に、さらに父親と疎遠になっていく。自伝では、父親との険悪な関係が描かれている。父親が彼をどんな風にいらつかせるのか、父親と何かを話そうとしただけで、どんな具合に言い争いになってしまうのか、戦争で受けた傷を癒やしている時、会いに来て欲しいと懇願したにもかかわらず、父親はなぜ来訪してくれなかったのか。

ルイスは父親を「哀れで滑稽」に描いている。父親が亡くなってからかなり経った頃、彼は父親のせいというよりも、自分のせいによる衝突の方が多かったことに気付く。自伝で次のように認めている――「若さの持つ残酷さでわたしは、他人であれば年輩の人たちの愛すべき弱点として許せるような父の性格にいつも腹を立てていた◆36」。

ルイスもフロイトと同様に、霊的な世界観を父親と結びつけていた。父親はルイスが教会に行き、信仰者になるように促した。ルイスは一度、十代前半の頃無神論者になったが、そのことを父親に知らせなかったばかりか、少なくともある時には、信仰者であるかのように振る舞っていた。自伝でこう告白している――「父との関係は、……わたしの生涯のうちで最悪の恥ずべき行為を説明することになると思う」。無神論者だったのに彼は堅信礼の準備をし、「信仰なくして……初めて聖餐式に列席した」。そしてこう述べる――「わたしは臆病なために偽善者になり、偽善者であるために神に不敬をはたらくことになった。……最も厳粛な儀式を冒涜しているということが、わたしなりによくわかっていた。父に自分の本心を言うのはおよそ不可能に思えた*33」。

ルイスは、彼の無神論と父親への否定的な感情との間に、何か関係があることに気付いていたようだ。彼は霊的な世界観と父親を結びつけただけではなく、自分が無神論を抱くことで父親に反抗し、混乱させるのを知っていた。父親が亡くなった時、ルイスは父親とあれほど不和になり、怒りをぶつけ、我慢できなかった気持ちに対して、良心の呵責を表明している。

フロイトもルイスも大人になると、権威に対して大きな困難を経験する。究極の権威はもちろん、あらゆる権威に対しても。フロイトは自伝の中で、「私がまだ囚われていた、権威にたいする素朴な信頼」の最後の断片を除去しようと、いかに苦労したかに言及している*34。彼は「私より下の者」とはうまくやっていけるが、「私より上の者か何らかの点で私よりすぐれた者」とは難しい、と述べている◆37。ルイスも、無神論者として「権威に対するわたしの根深い憎悪*35」を感じたと書いている。従って、フロイトとルイスが生涯で最初の権威に対して、子供として激しい反感を抱いたことは、おそらく、まさに究極の権威という観念に抗う要因となった。
とはいえフロイトの議論は、世界観の変化をそれほど簡単には説明してくれない。ルイスはどうやって、信仰に抵抗しようとする気持ちに打ち克ったのだろう。彼は打ち克ち、フロイトはそうならなかった。フロイトはその理由を説明できない。

フロイトの教えの多くがそうであるように、この偉大な精神科医が提供しているものは部分的な真理であり、それは彼の人生哲学を支えてはいても、彼の結論に疑問を投げかける決定的な側面についてはなおざりにしている。フロイトの議論は、好戦的なまでに神の存在に対して敵意を示す。ところが彼の論理からは両面性が予見される。この両面性により、彼自身、生涯を通じて神の存在という問いに心を奪われることになる。彼は本当に、神は存在するという〈子供じみた〉〈お伽噺〉に心を奪われていた。[*36] フロイトの読者の中にはこのことに驚く者がいるかもしれないが、事実である。その証拠は彼の書簡にある。

フロイトの娘アンナは彼の仕事を継いだ唯一の子供だが、かつて私にこう語った――「私の父を知りたいと思うなら、伝記作家の書いたものは読まないで、書簡を読みなさい」。彼の書簡を注意深く読んでみると、当惑はしないまでも、かなり驚く素材に出会うことになる。フロイトはまず、頻繁に旧約、新約の両聖書から引用している。彼は自伝でこう書いている――「読むことを学ぶとすぐに早くも聖書の物語に没頭したことが、後からわかったように、私の関心の方向を後々まで決めてしまった」[◆38]。次に、生涯を通じて書かれた手紙は、次のような言葉や言い回しに満ちている――「僕は神の助けで試験に受かった」「神がそう望まれるなら」「善き主は」「主をとがめる」「主を抱き続けるようにと」「復活の後まで」「科学は神の存在を求めているように思える」「神の審き」「神の意志」「神の恵み」「上なる神」「いつか私たちが天で出会うなら」「来世では」「我が密やかな祈り」[*37]。オスカル・プフィスター宛の手紙で、フロイトはプフィスターが「神の真の下僕」であり、「(他人に)魂の道の上における何かいいことを証明してやりたいという願いを持っている」と書いている[*38]。これは何を意味するのか。私たちはこのすべてを、ドイツ語にも英語にも共通の、単なる言葉のあやとして退けられるだろうか。フロイト以外の誰かなら退けることはできるだろう。だがフロイトは、舌が滑っただけでも何か意味がある、と主張する人間だ。

この心を奪われている状況は、彼の最後の著作である『モーセという男と一神教』まで続く。半世紀以上経って、八十代で書かれたものだ。なぜだろう? どうして彼は、こんな問いなどせずに放っておけなかったのか。あらゆる答を知っていたのなら、なぜ神の存在に関わる問いが彼の心を占め続けたのか。たぶんルイスなら、私たちは絶対に、神などどうということはないと云って片付けることはできない、と言うだろう。私たちは(フロイトもルイスも共に体験した)あの根強い願望が満たされるまで、安息を見出すことができないのだ。

私の生徒の中には、神の存在を独断的に否定する者がいる。だが彼らは同時に、自分の乗った飛行機が乱気流に巻き込まれたら、自分が祈る姿を目にすることになるだろうと認めている。フロイトの生涯にも、彼の無神論とは矛盾しているような面が多く見られる。ルイスは、彼が無神論者だった頃、自分の人生もまた矛盾だらけだったと述べ、こう書いている――「この頃のわたしは、世の無神論者……のように、矛盾の渦巻のなかに生きていた。神は存在しないとわたしは主張したが、神が存在しないことに腹を立ててもいた。同時に、神が世界を創造したことにも腹を立てていた」、「みずから承認した覚えもないのに、どうして生きとし生けるものは、生存の重荷を負わなければならないのだろうか」[39]。無神論者としても、ルイスは神に対する自分の両面性に気付いていた。彼の一部は神が存在しないことを絶望的なまでに望み、残る部分は神の存在を強く願っているのだった。

❉

ルイスの初期の生涯は、幾つか重要な点でフロイトのそれと似ている。フロイトもルイスも、子供の頃信仰について指導を受けた。それにもかかわらず、二人とも十代の若者の頃、自分が無神論者だと公言するようになる。非常に知的な青年であったフロイトとルイスの心に何かが起こり、自分たちの受けた信仰面のしつけを否定し、無神論的な世界観を抱くことになった。二人は、自分たちの信仰の形跡を注意深く吟味した上で、知的には受け入れられないと判断したのだろうか。二人とも、学術的な環境にあって意識せざるを得ない特定の影響に直面し、その分、自分の父親と一般的な権威とに対する両面性についてはあまり意識しないことになる。

ここで起きていることを理解するには、ゴードン・W・オルポートが開発した方式に従った宗教的信仰の分類が助けになるかも知れない。彼は、外在的に宗教的か、内在的に宗教的かという、二つの分類を用いている[40]。外在的に宗教的な人間とは、社会的な地位を得たい、あるいは他人から受け入れられたいという動機から信仰的な表現をとる者を云う。普通子供の信仰は、両親を喜ばせたいという動機から、これに分類される。内在的に宗教的な人間とは、自分の信仰を内面化し、この信仰が、生涯における動機付けの主な影響力となるような者を云う。この人たちの多くは、自分が信仰に至った具体的な時期について語る。このような体験を新生と呼ぶ者もいる。現代の医学研究によれば、外在的な信心深さは、身体及び情緒の健全性に負の影響を及ぼし、一方で内在的な信仰は、しばしば科学的に実証可能な好ましい影響を与えるという「本書の最後に置かれた「原注」[◆41]を参照のこと」。

フロイトもルイスも、子供時代の信心深さは両親を喜ばせたいという欲求に動機付けられていたので外在的と考えられ、外からの影響によって簡単に崩されてしまう。これまで見てきたように、この名ばかりの、外在的な子供時代の信仰を彼らが拒絶したことも、外的な要因に動機付けられていた。二人は各々、自分の父親に反抗していた。二人とも自分の家を出た後、名ばかりの信仰を拒絶する。ルイスは寄宿学校に入り、フロイトは大学に進む。彼らはもはや父親の権威の下にはいなかった。フロイトは患者の精神分析（それに、おそらく彼自身の自己分析）を通して、青少年は「父親の権威が失墜するや、彼らがたちどころに信仰心を失っていく」と述べている。[◆42]

フロイトの哲学的著作は、臨床医や科学者の手による客観的で冷静な論調で特徴付けられてはいない。代わりに、激しく、感情的で理屈っぽく、時には向こう見ずで訴えるような論調を示している。フロイトは明らかに、この問題について強烈に感じ取っているのだ。霊的な世界観を受け入れるに当たっての、考え得るあらゆる理由を抹殺しようと決意しているかに見える。

フロイトの攻撃は、時には行き過ぎて矛盾を示すようになる。たとえば彼は、信仰者はあまりにも知性に欠けており、「心的幼稚症」[*39]に罹っている、といった大雑把な物の言い方をする。フロイトは、「ひとたび宗教上の教義が語って聞かせる与太話をすべて無批判に受け容れ、それらの話と話のあいだにある矛盾すら見落とすまでになった人について、私たちはその人が愚昧だからといって特に驚くまでもありません[43]」と主張している。彼は間違いなく人々を全般的に低く見て、彼らは怠け者であり、理性ではなく感情に左右されると考えた。彼はこう書いている――「大衆は怠惰で洞察を欠き、……人間は自発的に労働しようという気がなく、彼らの情熱に対しては論を説いても無益である[44]」。八十歳の頃にはこう書いている――「人間性に関する……私の判断を変えるべき理由はほとんどありませんでした[45]」。しかしフロイトは、彼が賞賛した偉人の多くが信仰者だったことには気付いている。アイザック・ニュートン卿を天才と見なし、しばしば彼の言葉を引用している。聖パウロは「あらゆる歴史を通して並ぶ者がない」と記している。スイスの牧師で精神分析家だったオスカル・プフィスターからは「(児童の精神分析手法について)内容豊かな手紙を一通受け取[46]」ったが、フロイトが社会に出てから、プフィスターは彼の親友であり続けた。こうした人物は例外である。一般に、フロイトは信仰者をあざ笑った。

ルイスはまるで正反対の主張をした。彼は、聖書の世界観には自然界の宇宙に倣う確かな特質がある――この宇宙は極めて複雑で、私たちが予期しているものとは異なっている、と述べている。たとえば、食卓はただの食卓ではない――原子や電子などから構成されている、等と指摘する。さらに、宇宙は単なる物理的な部品の寄せ集めではない。ルイスは、この世界観を理解し日常生活で実践しようとする者は「自分の知性が鋭くなったのを発見するに違いない。……バニヤンのような無教育な信者が、全世界を驚かすような本を書くことができたのも、そのためなのである[*40]」と考える。

フロイトは、霊的な世界観を抱いている者を、知性に欠けるだけではなく、「普遍的な強迫神経症[*41]」

を患っているように描いている。教会に連れて行かれた幼い坊やだった頃、人々がひっきりなしに跪き、十字架を切る仕草をするのを目にした。フロイトはまた、正統派のユダヤ教徒が祈る時、身体を揺り動かす様子を目撃していたのかも知れない。後日、臨床の診察現場で強迫神経症（ＯＣＤ）[*42]の患者を扱った時、こうした初期の頃に観察した情景を思い起こさせる症状に気付く。ＯＣＤ患者は一定の行為――祈ったり、数えたり、手を洗うような行為――を繰り返す必要を覚えるが、それは強迫的な思いから来る不安を減らそうとするためであり、そうした思いには、何かに固執することや繰り返し起こる永続的な衝動、また心の中に入り込んで著しい不安の原因となるイメージが含まれる。[◆47]

宗教的な世界観についての最初の論文である『強迫行為と宗教儀礼』の中で、フロイトは「神経質症者の行ういわゆる強迫行為と、信仰者が自らの信心深さを証すために行うお勤めとが類似していること[◆48]」に言及している。彼は、人類は幾つもの発展段階を経験してきたが、それは個人が経験する各段階に対応していると考えた。一般的な強迫神経症が、大人へと成長する過程で誰もが経験すると思われる子供の頃の神経症に対応していると考えたのだ。フロイトは、人類はいつの日か信仰を必要とする状態から脱却すると信じていた。とりわけ、一般大衆がより多くの教育を受けるなら、と。実際には、最近のギャラップ社の世論調査によると、今日では多くの米国人が以前に比べて多くの教育を受けているものの、より多くの者が、神が自分たちの人生に対して直接的な役割を果たしていると信じている。[◆49]

精神科医は臨床上の用語を用いているが、その多くはフロイトに由来する。フロイトは、霊的な世界観を抱く者は神経症を患っており、時にはほとんど精神病に近いと考えていた。彼は自分自身、こう考えているのを明らかにしている――「宗教上の教義に戻ると……中にはおよそ信憑性に欠け、われわれが苦心して世界の現実として経験してきた事柄全般とははなはだしく矛盾するものもあり、……妄想観念に比べられもする」[*43]。精神医学では妄想を、誤った、微動だにしない信仰と定義する。すると私たちは皆、誤った信仰を持っていることになる。ルイスが指摘しているように、私たちがある主題についてほとんど何も知らない場合、正しい概念はほとんど持ち合わせず、逆に誤った概念を多く抱いているものだ。ところが知識が増し、信仰がどこで現実と一致しないかを示してくれると、こうした誤った概念や信仰は、そのままではなく変化していく。これに対して妄想を抱く者は、逆の証拠が提示されても自分の見方を変えない。それが精神病の患者である。

ある米国の医者が、フロイトに自分の回心談を書き送った時、フロイトはその体験を〈幻覚性精神障害〉として退けた。『文化の中の居心地悪さ』の中でこう主張している――「人類が奉じる数々の宗教も、そうした集団妄想に数えねばならない。自ら妄想に与するかぎり、人はそれをけっして妄想であると認識しないのは言うまでもない[◆50]」。

フロイトは本当に、霊的な世界観を抱く者がすべて、感情的に病んでいると信じていたのだろうか。最近公表されたギャラップ社の世論調査によると、米国人の九六％が神を信じ、八〇％が神と個人的な関係を持っているという[◆51]。本当にそれほど多くの米国人が、感情的に病んでいるのだろうか。

霊性についてのフロイトの大げさな表現を批判したとしても、彼の科学上の貢献を減じることにはならない。ルイスは、「精神分析学の医学的理論と技術」は霊的な世界観とは対立しないと念を押している。対立は、「フロイトやその他の学者がこれに付け加えてきた一般的な哲学的世界観」との間にのみ生じる。ルイスはこう補足している――「フロイトが神経病患者の治療方法について語る場合は、専門家として自分の専門分野について語っているわけだが、一般的哲学にまで話を拡げるときは、彼はしろうととして語っているのである。……フロイトが自分の専門を離れて、わたしが多少知っている問題（つまり言語）について語る時、彼がいかに無知であるかをわたしは発見した」[52]。

要するに、フロイトとルイスの議論は、証拠と妥当性というテストに委ねることができる。私たちはまず彼らの議論を理解し、その議論がどれほど証拠に基づいているか、さらに現実を歪めさせる感情にどれほど基づいているかを推し量る必要がある。フロイトは、大人へと成長する過程で体験した強烈な反ユダヤ主義を霊的な世界観に関連付けているが、間違いなくそのために、彼はこの世界観を疑い、破壊しようとする強烈な欲求を抱くに至った。加えて、フロイトは明らかに、神経症の必要に基づく信仰を持った患者や、精神病の症状に宗教的な内容が含まれる患者――すなわち、信仰が病理を反映している患者を、多く扱っていた。オスカル・プフィスターはフロイトに対して、君は宗教的な信仰の病理的な形態のみを見てきたのだ、と念を押している。彼はフロイトにこう書き送っている――「私たちの違いは主に、あなたが宗教の病理的な形態を身近にして育ち、それを〈宗教〉と見なしているという事実から来ています」[53]。フロイトとルイスの提供する議論に視線を集中し続けながら、私たちは、自分たちが経験してきたように、二人のどちらが最も現実に相応しいかを問う必要がある。そしてこの二人の生涯が、どれだけ彼ら自身の議論を強め、あるいは弱めているかを観察し続ける必要がある。

第3章　良　心

普遍的な道徳律は存在するのか

大方の信仰者が抱く基本的な前提として、いかなる個人にも善悪の「区別がつく」というものがある。どんな文化にも常に絶対的な道徳律が存在しているからだ。私が他人の金を盗み、その男の妻と情事にふけっても問題を感じなければ――仮に、その男が金持ちで、彼の妻が同意しているなら――それは悪いことなのだろうか。あなたが私に同意しないとしたら、どちらが正しいのだろう。道徳の評価規準を持っていなければ、あなたが考えていることは私が考えていることよりも良いか悪いかは断定できない。今日私たちの文化には、この道徳の相対主義が広まっているが、これは、フロイトとルイスの両者が投げかけている重要な問いを促している――普遍的な道徳律は存在するのか、と。

私たちは、自らの善悪の意識に従って人生を送っている。自分がどう「すべき」かについては、ある程度は気付いている。「すべき」ことをし損なうと、〈良心〉と呼ばれる心の一部が〈罪悪感〉と呼ばれる不快な気持ちを呼び覚ます。ほとんど誰にもあるあの気持ちは、神がこの世に道徳律を与えたことを暗示するものなのか。それとも、両親に教えられてきたことの反映に過ぎないのだろうか。

良心は、私たちが日々下す決定に影響を及ぼす。何百ドルも入った財布を見つけた時、財布を持ち主に返すか、あるいは自分のものにしてしまうかは、自らの道徳体系による。この体系はどこから来るのだろう。それは、私たちの行いに影響を及ぼすだけではなく、自らの行いをどう感じるかということにも影響を及ぼす。この体系は、単に私たちが作っているのだろうか。フロイトは、交通法規と同じように私たちが作っているのであり、道徳体系は文化によって変わり得ると考える。ルイスは、数学の法則を見出すように私たちはこの体系を見出し、しかも、この普遍的な道徳律は時代と文化を超えていると言う。

フロイトとルイスの考え方における重要な違いは、認識論、すなわち知の源泉に関わっている。フロイトはこう書いている――「世界についての知の源泉は、入念に検証された諸観察の知的処理、つまり研究と呼び習わされているもの以外にはありえず、そこには、啓示……にもとづく知などの入り込む余地がないということです[◆1]」。旧約聖書の十戒と二大戒律（神を愛すること、隣人を自分自身のように愛すること[*1]）は、フロイトによれば、啓示によってではなく人間の経験から来ているという。科学的な方法こそが唯一の知の源泉だ、と彼は記している。

ルイスは強硬に異議を唱える。科学的な方法はすべての疑問に単純に回答を与えることはできず、とても、あらゆる知の源泉にはなり得ない。彼は、科学の仕事というのはとても重要で必要なものであり、物事がどう振る舞い反応するかについて実験し、観察し、報告することだ、と述べる。その上でこう書いている――「しかし、ある物がなぜ存在するに至ったのか、また、科学の観察する事物の背後には何かが……あるのか、こういった問題は科学的な問題ではない[◆2]」。

ルイスは、宇宙を超えた知性が存在するかどうかという問いには、科学的な方法では決して答えられない、と論じる。この問いに答えようとするなら、それは科学的な主張ではなく、哲学的、もしくは形而上学的な仮説となる。同じく、道徳律の存在に関わる問いに科学が答えるのは期待できない。

ルイスはこう続ける――「宇宙は、何のいわれもなく、全くの偶然によって、今あるごときものとして存在しているのか、それとも、宇宙を宇宙たらしめている力がその背後にあるのか――そこのところをわれわれとしては知りたいわけである[*2]」。彼の考えでは、この力そのものが姿を現わすと期待できるなら、その一つは、わたし自身の中に「指導者、案内者がいることを、わたしは発見するのではないかと思う。……今までのところは、宇宙を導く何物か、正しいことをするように促す法則としてわたしの内に現われ、わたしが間違ったことをすると、責任感と不快感とを感じせしめる何物か、にまでやっと到達したにすぎない[◆3]」。

ルイスによれば、普遍的な道徳律は旧約、新約の両聖書だけではなく、私たちの良心の中にも現れている。ルイスはこの道徳律が、創造主を指し示す数多くの道標の一つと考える。彼によると、創造主の存在を示す証拠の源泉は二つある――「一つは彼が造った宇宙である。……もう一つの証拠品は、彼がわれわれの心に注ぎ込んだあの道徳的法則である[*3]」。道徳律は証拠としてより望ましく、なぜかというと「内側からの情報だからである。宇宙全体によるよりも道徳的法則による方が、神についていっそう多くのことを知ることができる。それは、ある人を知るには、その人が建てた家を見るよりもその人の会話を聞いた方がいいのと同じである[◆4]」。

ルイスは、ドイツの哲学者インマヌエル・カントが〈内なる道徳律〉は神の偉大さの力強い証拠だ、と指摘していることに同意する。おそらくルイスとカントは、創造主が「わたしの律法を彼らの胸の中に授け、彼らの心に書き記す」と語っている聖書の一節〔エレミヤ書31章33節〕を心に留めているのだ。

フロイトは、カントが道徳律に言及していることに当惑を示す――「星々をちりばめた天空とわれらが内なる道徳律を二つ同時に並べているカントのよく知られた言葉を思い出していただきたいと思います[*4]」。しかしフロイトは、「じっさい星々が、他人を愛すべきか殺すべきかという問題と何のかかわりがあるでしょう[*5]」と疑問を抱く。彼は、カントが上なる天と内なる道徳律を神が存在する証拠としていることは「奇妙だ」と考える。

ところがフロイトは、カントの金言は「重大な心理学的真理に触れていることも事実です[*6]」と考え直す。彼の世界観では、神は親の権威の投影でしかない。この見方を受け入れると、カントの主張は意味を持つ。私たちは両親を、自分を生んでくれたこと、善悪を教えてくれたことに関連付ける。フロイトはこう主張する――「子供に生を与え、子供を生の危険から守ってきたのと同じ父親（両親審級〔代理者〕）が、じっさいまた、何をしてよいか、何をすべきでないかを子供に教え、……子供は、愛を恵み処罰を課すというシステムを通して、社会的義務を知るよう教育され[◆5]」る。

フロイトの主張では、子供は大人になるにつれて、善悪の意識はただ両親から教えられたことに由来し、「両親による禁止と要求は、道徳的良心となって人間の胸のうちに生きつづけ」る。子供はついに、この「愛を恵み処罰を課すというシステム」全体を「そっくり宗教のなかへ持ち込む[*7]」。

ルイスは、道徳律は部分的には両親や教師から教わり、これによって私たちは良心を育んでいることに同意する。だがこのことで、道徳律は単に「人間が作り上げたもの[*8]」とはならない。ルイスの説明では、両親や教師は子供たちを教えるために九九演算表を作ったが、それと同じように道徳律を作った訳ではない。両親や教師が何を教えるかについて、彼はこう指摘している――「しかし、われわれがそのようにして学ぶ事柄には二種類あるのであって、一つは、たとえば左側通行のように単なるしきたりにすぎず、右側通行でもいっこう差支えないといったもの、今一つは、そのように勝手に変えることのできない不動の真実で、たとえば数学がそれである」[◆6]。さらに多くのしきたりや慣習は時と共に変わるが、道徳や道徳律はしっかり保たれる。

一方でフロイトは、倫理や道徳は人間の必要や経験に由来するものだと主張する。哲学者の提案する普遍的な道徳律という考え方は「理性とは相容れない」[*9]。彼は「倫理的要求は人間社会になくてはならないものでして、その要求の厳守を宗教的敬虔というものに任せきるのは危険だからです」[*10]と書いている。言葉を換えれば、私たちの道徳体系は、人類にとって有益で都合の良いものに由来している。ルイスが倫理を交通法規と対比させたのは皮肉だ。フロイトは「倫理とは、人間が往来するための高速道路用の交通法規の類」[*11]と表現している。すなわち、倫理は時代と文化で変わることになる。

ルイスは、これは経験上の証拠が存在する一つの要点だと論じている。彼は、道徳律は基本的にどの文化でも同じだと言う。文化によって何らかの違いはあるが、「その違いは、実は、それほど大きなものではない……それに、同じ法則がそれらすべてを貫いているのを、われわれは見ることができる」[◆7]と述べる。彼は、記録の残る歴史の始めから、人々は自分たちが従うべきだと感じる法則に気付いていた、と主張する――「歴史の上に表われている限り、すべての人間は何らかの道徳の規準を認めています。すなわち一定の行為に対して『……すべし』、もしくは『……すべからず』という言葉で表現される感情経験をもっているのです」[8]。しかも人間は普通、この法則に従って生きてはいない。ルイスはこう書いている――「第一に、地上に住むすべての人間は、ある特定の仕方で行動すべきであるという奇妙な考えを持っており、この考えを全く取り除いてしまうことはできないということ。第二に、彼らは、実際には、そのように行動していないということ。……この二つの事実こそ、われわれが自己自身と、われわれがその中に住む宇宙とについて透徹した思考を展開するための、唯一の土台となるものなのである」[9]。

ルイスは古代エジプトやバビロニア、インドや中国、ギリシャやローマの道徳の教えを比較して、こんな事実を見出す――「それらがお互いに、またわれわれ自身の道徳に、はなはだよく似ているのに一驚を喫せられることだろう。……たとえば、戦いのさなかに逃げ出すことが名誉とされ、自分に対して親切の限りをつくしてくれた人たちをすべて裏切ることが誇りと考えられるような、そんな国がどこかにある、と想像してみていただきたい。……だれに対して没我的でなければならないか――自分の家族に対してだけか、それとも同胞に対してか、あるいはすべての人に対してか――という点では、なるほど違いはあった。しかし、自分のことをまっ先に考えてはならぬ、という点では、すべての民族がつねに一致してきたのである。利己主義が称賛されたことは、かつて一度もない」[10]。

この道徳律は長いこと認められており、「道《タオ》と呼んできたもの、他の人が自然の法とか、伝統的道徳とか、実践理性の第一原則とか」[11]呼んでいるものだ。ルイスは、歴史を通して、誰もが自然により道徳律を知るのを人々は当然と考えた、と述べている。彼はナチスは先の世界大戦を通して、自分たちの行為が間違っていると知ったことを私たちは当然と考えている、と念を押す。ナチスは道徳律はもちろん、自分たちがそれを破っていることも知っていた。私たちはナチスを裁き、彼らが有罪であることを知った。ルイスはこのように問う――「正しさというものが真実に存在するものであり、ナチの連中も心底では、われわれ同様、それを知っており、したがって彼らもそれを実践すべきであった、という前提がもしなかったら、敵は間違ったことをやっているなどと言ってみたところで、いったい何の意味があっただろうか」◆[12]。

ルイスは、道徳律が時とともに、また文化によって変わることはなくても、道徳律に対する感受性や、それを文化や個人がどう表現するかは変わるかも知れない、と指摘している。たとえば、ナチス政権下のドイツ国家は明らかに道徳律を無視し、ドイツ以外の国が嫌悪感を覚えるような道徳性を実践した。ルイスは、ある文化の道徳的概念を他の文化のそれよりも望ましいと主張する時、私たちは道徳律をその判断のために用いているのだと主張する。彼はこう書いている――「だが、一連の道徳的観念が他のものよりもすぐれていると言う時、われわれは、事実上、ある基準によって両者を測っているのであって、つまり、一方が他方よりもいっそうその基準に近いと言っていることになるわけである。しかし、二つのものを測る基準は、その両者のいずれとも違ったものである。事実、われわれはその両者を真の道徳とでもいうべきものによって比較しているのであり、……ある人たちの観念は他の人びとのそれよりもその正しさにいっそう近いということを認めているのである」。そして、こう結論を下す――「もしあなたがたの道徳的観念がより真実であり、ナチスのそれがあまり真実ではないとするなら、それに対して真実だとか真実でないとか言えるような何か――真の道徳といったもの――がなければならない」◆[13]。

おそらくは生い立ちや受けた教育のために、他の者よりも良心が育まれ、道徳律をより一層理解した者はいる。ルイスは世界観が変わる前、自分が知っている他の若者に比べて、彼の良心は十分育まれていなかったと述べている。『痛みの問題』の中で、ルイスはこう回想している――「大学に入ったとき、わたしは道徳的良心といったものをほとんどもちあわせていませんでした。残忍さや吝嗇《けち》を通りいっぺん忌み嫌う気持ちがせいぜいで、純潔、信義、自己犠牲などの美徳は、狒々《ひひ》が古典音楽に対する耳をもたないのと同様、全く理解していなかったのです」[14]。彼はクラスメートの中に、自分より道徳律を重んじ、それに従う思いが自分より強い者がいることに気付く。

フロイトも、良心の育まれ方は人によると認めている。彼は、神が星のきらめく上なる天と内なる道徳律を本当に備えたのなら、道徳律についてはとりわけおそまつな仕事をしたことになる、と指摘する。こう述べているのだ――「なるほど星々はすばらしいのですが、しかし、こと良心に関して言わせていただければ、神はここでは不平等でずさんな仕事をしたとしか言えません。大多数の人間は、良心をごくわずか、ほとんど言うに足りないほどしか、身につけてこなかったからです」[15]。

フロイトは自分自身を、その「大多数」には含めなかった。明らかに普遍的な道徳律の観念を抱いていたボストンのジェイムズ・ジャクソン・パットナム博士に宛てた手紙の中で、彼はこう書いている――「おそらく私が、あなたの理想とする世界観を、私の世界観とは違うために無意味だと考えているとあなたが思っていらっしゃることを、私は悲しみます。私は、自分の性分の不完全なものから法を作りたいと願うほど狭量ではありません。私は、自分に音楽に対する耳がないのと同じように、道徳のより高次な統合の必要を感じないのです。しかし私は、あなたとその世界観に敬意を払っておりますので、自分をよりましな人間だなどとは思っておりません。……私は、神から見放された惨めなユダヤ人だという事実を甘んじて受け入れておりますが、その事実を誇らしいものと思ってはおりませんし、他人を見下すことも致しません。ファウストと一緒にこう言えるだけです――『そんなおかしな奴もいるに違いない』と[◆16]」。八年後、フロイトは友人のプフィスターに宛ててこう書いている――「倫理は私から離れた所にある……私は、善悪についてそんなに頭を悩ますことはない」。彼は、大方の人々が「これやあれやの倫理的な教えにおおっぴらに同意するか、それともまったく同意しないかに拘わらず[◆17]」彼らがそんなことに価値を置くとは思わない、と述べている。

フロイトは、教育と「理性の絶対性」の確立こそが、人類の歴史を特徴付けている残酷さと不道徳な行為を解決する唯一の方法だと信じていた。彼はこう述べている――「私たちが未来に託しております一番の希望は、知性――科学的精神ないし理性――が、やがては人間の心の生活において独裁権を獲得するようになってくれることです[◆18]」。アルバート・アインシュタインがフロイトに手紙を送り、「戦争という災厄から人間を守るために何ができるのか[*12]」を尋ねた時、フロイトはこう答えた――「理想的な状況は、もちろん、自らの欲動生活を理性の独裁に服従させた人間たちの共同体でありましょう[◆19]」。

しかしフロイトは、世界で最も教育の普及した国の一つであるドイツでナチスが勃興するのを見て、歴史上最も高度に訓練された戦力の一つであるヒトラー親衛隊に恐怖を覚えた。彼はまた、精神分析医の知識が増しても、彼らは全般的に他の職業の者よりも道徳的になった訳ではないことに気付く。「精神分析が分析医自身をより好ましく、気高く、強固な性格にしなかったことで、私は落胆しております」。フロイトは、パットナム宛の別の手紙で「たぶん、私がそう望むのが間違っていたのです[◆20]」と告白している。

信仰の起源について、フロイトは、良心がどう育まれるかという理論を定式化している。彼はこう考えた——子供の発育時期である「五歳頃[*13]」、重要な変化が起こる。子供はして良いことと避けるべきことを教える両親の一部を内面化し、この内面化された両親の一部が自分の良心となる。これが、フロイトが超自我と呼ぶものの一部だ。解説的な著作の最後となった『精神分析概説』の中で、彼はこう書いている——「外界の一部が、対象としては少なくとも部分的に放棄され、その代わりに（同一化を介して）自我に取り入れられ、内界の一構成要素となる」。さらにこう説明を加える——「この新しい心的審級〔代理者〕は、……自我がその立場を取り入れた両親とまったく同じ様に、自我を観察し、自我に命令し、それを裁き、罰で脅す。われわれはこの審級を、超自我と呼ぶが、われわれはそれを、われわれの良心と感じる[◆21]」。

フロイトはこの過程を次のように要約している——「外的な強制が、心の特別な審級〔代理者〕である人間の超自我によってその命令圏内に取り込まれることで次第に内面化されてゆくのは、われわれの発展の方向に沿うものである。この種の変化の過程はすべての子供についても観察されるところであり、どの子供もこの変化を通して初めて道徳的かつ社会的となってゆく[◆22]」。

フロイトは、罪責感が疾病で時に重要な役割を果たすことを、臨床上観察している。罪責感は意識されないこともある。「患者がまるで重罪を犯したかのように罪責感に苦しんでいる時、私たちは、間違いなく無実であることを強調して、この良心の呵責を克服するように患者に促したりしません。

これは患者自身が既に試みて失敗していることとです。そうではなく、私たちは患者に、そんなに強く、そして持続する感情なら、何か実際にあったことに基づいているはずであり、もしかしたらそれを探し出せるかもしれないと教えるのです◆23」。

ところが、そうした賢明で実用的な考え方だったにも拘らず、罪責感や超自我、内面化に関するフロイトの議論は批判を呼び起こした。ルイスが唯一の批判者であった。彼は、歴史を通じてどの文化においても、それが異教徒の文化であっても、道徳律の存在とそれに従っては生きられないことに人々は気付いていた、と述べている。二人は各々の著述において、永遠の刑罰を恐れている。「使徒たちが福音を説いたときには、彼らは聞き手が異教徒である場合でさえ、『自分は神の怒りを当然受くべき人間だ』という自覚が相手にあることを前提として語ることができたのです*14」――ルイスは考えた。失った原因の一つは「精神分析、とくに抑制（インヒビッション）、抑圧（リプレッション）に関する考えが一般人に及ぼした影響です。……それは多くの人々に〈恥〉という感覚は危険かつ有害なものだという印象を与えました」。さらにこう続ける――「今やわたしたちはすべてを明るみに出すことを勧められています。へりくだるためではなく、『そんなこと』はあたりまえで、何ら恥じる必要がないというのです◆24」。

『痛みの問題』の中でこう書いている。彼は、私たちの文化はそうした感性を失ってしまっていると考えた*15。

その結果私たちは、礼儀に反する行為、「臆病とか、虚偽、嫉妬*16」を、過去に存在した多くの文化よりもたやすく受け入れる傾向がある。この文脈では、償《つぐな》いと贖《あがな》い*17が普遍的に必要とされるという聖書的な概念はほとんど意味をなさない、とルイスは指摘する。すなわち、「真の道徳的法則があり、その法則の背後に或る力が存在する、自分はこの法則を破り、その力に敵対する者となってしまった――こういうことをすべてあなたが認め」るまで、聖書の物語は意味をなさないのである。[◆25]

　フロイトは彼自身の振る舞いを、別の基準で考え直す必要があった。実際に彼の行動は、自ら論ずるところと若干矛盾している。彼は自らの行為を、普遍的な道徳律ではなく、他の者の道徳的な行為と比較した。フロイトはこの比較を好んだ。五十代後半にパットナム博士宛の手紙でフロイトはこう書いている――「私は自分のことを非常に道徳的人間であると思っており、Th・フィシャーの『何が道徳的であるかは自明である』という立派な言葉に賛意を表することのできるくらいの人間だと思っているのです。私は正義感や他人への思いやりを信じています。他の人びとを苦しめたり欺したりするということを不愉快だと思うことにかけては、私が知合いになった最上の人びとに決してひけをとりません。私は元来、卑怯なことや悪辣なことをしたことは決してありませんし、そんなことをしてみたいという誘惑も感じません」[◆26]。そのすぐ後で、彼は「私が他人よりも善良だと自分で判断したところで、はっきりした満足感があるわけでもありません」[*18]と付け加えている。さらにこう指摘する――「私は較べもののないくらい自由な性的生活を主張する者です。私自身はそんな自由をほとんど行使してはおりませんけれども」と。彼は性に対して、伝統的な聖書の規定を固守していた[◆27]。

　これは注目すべき手紙である。フロイトが「何が道徳的であるかは自明である」という「立派な言葉」[*19]を信じていると言うなら、ルイスは、彼は道徳律への支持をうっかり口にしたのだと論じるだろう。フロイトが自らの論じたことと違った行動をとる時、より開けっぴろげで自由な性を主張する一夫一婦主義者として、彼は自らの公言する自由な性と、実践している厳格な規定との間に、明らかに何の矛盾も感じていないのである。

ルイスにとって、道徳性は「自明」だというフロイトの主張は、こう語っていることになる——「つまり私は、他のすべての道徳的原理がそれに依存しているところの第一義的道徳的原理は理性的に認識されると信じるのである。私たちは、隣人の幸福を自分の幸福の犠牲にしてはならないことを〈おのずと知る〉のと同様である。それはちょうど、同一物に等しい物はすべて相互にも等しいことを〈おのずと知る〉のと同様である。これらの公理のいずれをも証明しえないとすれば、それは、それらが不合理であるためではなく、かえってそれが自明であり、すべての証明がそれに依存しているからである。それらの本質的合理性は、それ自体の光によって輝いている。あらゆる道徳がこのような自明の原理にもとづいているからこそ、私たちは人を正しい行為に呼び戻そうとするときに、〈道徳を考えなさい〉と言うのである[◆28]」。

ルイスは別の文脈で、フロイトが自分の振る舞いを他者の振る舞いと比較していることについて意見を述べている。フロイトが「私は自分のことを非常に道徳的人間であると思っており、……私が知合いになった最上の人びとに決してひけをとりません。……私が他人よりも善良だ[*20]」という言い方をする場合、彼は、『悪魔の手紙』でルイスが描いている範疇に分類されることになる。訓練中の若い悪魔のために設けられた夕食の席での挨拶で、大変経験豊かな悪魔であるスクルーテイプは、路上の人間（彼らの患者）をどうやって地獄へ落とすかについて助言を与えている。彼は、人間が自分を他人と比べて「君も私と同じだ[*21]」という態度を取る時、彼ら（悪魔）がどれほど優位な立場にいるかを説いている。

スクルーテイプはこう述べる――「まず第一の最も明らかな利点は、このようにして彼の生活の中心の座に、したたかで堅固で朗朗たる嘘言を据えさせるということであります[*22]」。この嘘は実のところただの嘘にとどまらない。誰一人として、親切さや正直、良識の点で他の者とまったく同じということはない。それは、身長や体重が同じという以上のものだ。ルイスはスクルーテイプという登場人物を通して、真の嘘は患者自身に向けられるものだという――「彼自身それを信じておらぬということであります。『君もわたしと同じだ』と言う人は、誰ひとりそれを信じておりません。信じていたら言わないでしょう[*23]」。スクルーテイプは、ある分野で自分が秀でていると分かっている者は、決して他人にそのことを知らせる必要がない、と指摘する。彼はただその事実を受け容れるに留める。

スクルーテイプは「平等の主張というものは、厳密に政治的分野は別とすれば、何らかの点で自ら劣っていると感じている人のみがするものと決まっております」と語る。他人に向かって自分が秀でていると「表明しているものは、患者が受け容れるのを拒んでいる劣等感のうずくような、ちくちく刺すような、身もだえするような意識なのであります[◆29]」。

フロイトが「私が他人よりも善良だ[*24]」と手紙で他人に伝えさせたものは何か。フロイトは劣等感や自尊心の低さに悩まされていたのだろうか。精神科医は長い間、鬱病の古典的な一症状は自分が無価値だという感覚であることに気付いていた[◆30]。フロイトが生涯のほとんどを、臨床上の鬱症状と闘っていたという強力な証拠がある。彼は手紙でこれについて頻繁に言及し、救いを見出そうと何年にもわたってコカインを服用していた[*25]。

フロイトはまた、極めて重度の鬱病患者を臨床で観察し、それを普遍的な道徳律に反論する材料にした。彼は、鬱を病んでいる間に度を超した罪責感を覚えるという経験をした患者の中に、回復と共に罪責感が軽減するか消え失せた者がいるのを観察している。誰でも鬱状態になると「超自我が、超厳格になり、哀れな自我を罵倒し、辱め、虐待し、厳罰で脅し、当時は軽く受け流されたとっくの昔の行為をあげつらっては非難するのです。そのさまはまるで、超自我は、発作休止期のあいだはずっと弾劾のための材料集めをし、発作時に力が強くなるのをひとえに待ちつづけ、そして今いよいよその材料をたずさえて姿を現し、それをもとに断罪しようとでもいうかのように見えます。超自我は、完全に自らの軍門に下った自我に、このうえなく厳格な道徳的尺度を押し当て、じっさい道徳的要求の権化としか言いようのないものと化すわけでして、このさまを見ていますと、私たちの道徳的罪責感なるものが、自我と超自我のあいだのこうした緊張をあらわすものであることは一目瞭然です[*26]」。

さらにこうも言っている——「数ヶ月もしますと、この道徳的幽霊は跡形もなく消え失せ、超自我の批判は黙り込み、自我は回復して、次の発作が起こるまで、あらゆる人権を取り戻すことになるからです[*27]」。彼の観察は際立っている——「神から与えられ、私たちの奥深くに植えつけられたと言われている道徳性なるものを、周期的な現象として目の前に突きつけられるとは、これまた奇妙な経験と言わねばならないでしょう[◆31]」。実際に、フロイトは間違ってはいなかった。今では私たちは、鬱病の患者はしばしば病的な罪責感に苦しみ、それも時には、実際に犯していない想像上の行為のために苦しむことを知っている。たとえば、弟や妹と死別した患者がいるかも知れない。その患者は、死別した者に対して否定的な感情を抱いていたかも知れない。罪責感は、患者がその死の原因であったかのように、感情的な疾病が起きている間は姿を現し、患者が回復すると消え失せる。

フロイトは、観察の対象を疾病から健康な状態へと広げた。彼はルイスが述べたように、「罪責感」は誰にもあるようだと述べている。ただ、彼は普遍的な道徳律を信じていなかったので、組織を持つ宗教や倫理的な教訓の起源を説明することで、罪責感を解明する代替理論を練り上げた。フロイトは人類学者の発見を熟知していて、それには原始人が大家族で暮らし、動物を飼って表象や象徴（いわゆるトーテム）の役割を果たさせていたことが示されている。こうした原始的な種族には「トーテムを殺さず……同一のトーテムに属する者は性的な関係を持ってはならない[*28]」という一定の禁制があった。フロイトは、「人間はもともと群族をなして生活していたが、それぞれの群族にはただひとり強く、暴力的で、嫉妬深い男性の支配が打ち立てられていたというダーウィンの推定[*29]」についても知っていた。

『トーテムとタブー』の有名な一節で、フロイトは、次のような〈観点〉を抱いたことがある、と説明している――「すべての女を独り占めしながら、成長する息子たちを追放する暴力的で嫉妬深い父がいるだけである。……ある日のこと、追放されていた兄弟たちが共謀して、父を殴り殺し食べ尽くし、そうしてこの父の群族に終焉をもたらした。……兄弟たちは……父を憎んでいたが、その父を愛し、また賛美してもいたのである[*30]」。フロイトの想像では、この父親殺しが「罪責意識」（あるいは〈原罪〉）の起源となった行為であり[*31]、その過程を「宗教と倫理規定の中に求め[*32]」た。〈ヨハネの福音書〉を言い換えたファウストを引用して、こう書いている――「はじめに行いありき[*33]」。

フロイトは次のような推測を行って、自らの理論をさらに発展させた。大家族の構成員はトーテム（通常は動物）を最も重要な父親の代わりとし、ついには「恐れられかつ憎まれ、崇められかつ嫉まれていた原父親じたいが、神の先行型となった」[*34]。彼はこう主張する――「トーテム饗宴とは、……あのとほうもない行動の記憶をたしかめる祝祭だった」のであり、聖餐式の儀礼に光を当てる。この儀礼は「トーテム饗宴の儀礼をほとんど歪曲することなく……維持している」[◆32]。この親殺しの行為に対する罪は世代から世代へと受け継がれ、誰にも見られる「罪責感」を説明している。フロイトによれば、人々は道徳律を破ったからではなく、最も重要な父親を殺すという継承された罪の故に、罪責感を覚えるという。

　読む者の世界観によって、この著作は人類の歴史を書き直す異例なほど大胆な試みか、あるいは単なる空想話となる。ところがフロイトは、自分なりにある問題に気付いた。最も重要である父親を殺すことがあらゆる倫理的な制約の始まりであり、この制約の内面化が良心であるという彼の定義が正しいなら、父親を殺した息子たちは罪責感を覚えなかったのだろう。とすると、彼らは良心が発達していなかったことになる。

　ルイスも、フロイトの仮説のこの欠点に気付いた。彼はこう指摘する――「道徳的経験を他の何らかのものに分析してみようという試みはここでもつねに、それが説明しようとしている当のものを前提としているのです。ある著名な精神分析学者は、道徳の理念を説明するにあたってそれを先史時代の尊属殺人に帰しました。しかし、尊属殺人が人間の心の中に罪の意識を生じさせるとすれば、それは人が、そうすべきではなかったという自責の念に駆られるからでしょう。そうでないとしたら、罪の意識などというものは全く生じなかったでしょうから[◆33]」。

　フロイトは、意味を取り換える逃げ口上で反論する。父親を殺した息子たちは、罪ではなく〈後悔〉の念を覚えるというのだ。『文化の中の居心地悪さ』の中で、彼はこう説明している——「人が何かあるまじき行為をした後、そのために罪の意識を持つなら、この感情はむしろ後悔と呼ばれるべきだろう。それはひとつの行為に関わるだけのものであって、当然、良心、すなわち自分に罪があると感じる心の用意が、すでにその行為に先だって存在していたことを前提としている。それゆえ、そうした後悔は、良心や罪責感全般の起源を見いだすのには何の助けにもならない[◆34]」。それからこう尋ねる——「先の前提からして、この行い〔父親殺し〕の前には良心と罪責感が存在していなかったはずではないのか。この事例の場合、後悔はいったいどこからやって来るのか[*35]」。彼の答はこうだ——「この後悔は、父に対する原初的な感情の両価性の結果であった。息子たちは父を憎んでいたが、また愛してもいた。憎しみが攻撃性によって満足されると、行為に対する後悔というかたちで愛が前面に現れ[*36]」る。そしてこう付け加える——「この事例は罪責感の秘密を解明し、われわれの困惑に決着をつけてくれるに違いない。実際、そうしてくれていると私は考えている[◆35]」。

　フロイトによるこの理由付けにまだ困難を覚えるなら、私たちはフロイトの多くの伝記作家やフロイト自身に聞くことになる。彼は『トーテムとタブー』を執筆し終えて間もなく、自分の結論に疑問を表明する。「私はこの著作を、当初高く評価していたが、そこから大幅に立ち戻り、本書に対しては概して批判的だ」——彼は数名の同僚に宛ててこう書き送っている[◆36]。フロイトは、この著作に否定的な反応が起こるのを恐れた。彼は正しかった。この作品に与えられたのは「フロイトの手によるもう一つの私的お伽噺という、信頼のかけらもない態度だった……人類学者たちは一致団結してフロイトの結論を相手にせず、彼は証拠を誤解していると主張した[◆37]」。

さらに悪いことに、フロイトの仮説全体、あるいは、彼がそう表現した〈観点〉は、原始的な先史時代の人々は一夫多妻で暴力的、独裁的な男の支配する群で生活していたという、ダーウィンの推論に基づいていた。その後に行われた研究は、この仮説を支持していない。加えてフロイトの理論は、後天的な特質はある世代から次の世代へと引き継がれる（ある世代が罪責感を次の世代に引き渡す）という見解に拠っている。現代の遺伝学は、この見解を信用に値しないとしている。

フロイトはなぜ、自分がそこまで疑っていることについて本を書いたのだろう。ただ推測あるのみだ。ピーター・ゲイはこう書いている――「『トーテムとタブー』において彼の議論を導いている衝動のいくつかが彼の隠された生活から生じたものであることはまず間違いない。この本はいくつかの点で、ヤコブ・フロイトとの永遠に終わらない闘いの一コマだった」[*37]。ゲイは、フロイトが「自分の発表したものが学問を装った空想であることを自覚していた」とも述べている[◆38]。もし本当に、フロイトが生涯最初の権威と相変わらず「闘っている」なら、究極の権威という見解とも闘っているのだろうか。彼は反抗の必要と、法の制定者などいないと証明する必要に追いやられたのだろうか。フロイトはある同僚に宛てて、自分の小論は「私たちと、あらゆる……狂信的な態度……との区別を鮮明にするのに役立つだろう」[◆39]と書いている。

フロイトは、道徳的な真理は人間的な源泉に由来するだけではなく、この真理を神に帰することは賢明ではなく「危険だ」と論じている。彼はこう書いている――「宗教は倫理的要求にアクセントを置こうとしておりますが、倫理的要求というものには、むしろ宗教以外からの根拠づけが必要です。と申しますのも、倫理的要求は人間社会になくてはならないものでして、その要求の厳守を宗教的敬処というものに任せきるのは危険だからです[◆40]」。

なぜ危険なのか。それは、人々は知識が増せば、ついには宗教の信仰にそっぽを向くだろうとフロイトが信じていたからだ。彼は、「われわれの知の資産が次第に多くの人の手に届くようになるにつれ、宗教的な信仰からの離脱も広がってゆく[*38]」と書いている。大衆がもはや神を信じないのであれば、彼らに道徳的な生活を送るように仕向けるのは何か。「ただ、神様が禁じておられる上に、この世かあの世のいずれかで重い報いが待っていそうだという、ただそれだけの理由から隣人を叩き殺してはいけないと考える者が、もし、神様などいない、神様の罰を恐れる必要もないと聞いたら、間違いなく隣人を何の躊躇もなく打ち殺すことだろう。それは、地上の権力をもってしか抑止できない[◆41]」。

フロイトは、社会秩序の基盤として、賢明な利己主義のための議論を提案した。彼は「教養人や精神労働者に関しては、文化の存続についてさほど案じるまでもない[*39]」と主張する。理性が彼らに、そうした生活を送ることが最も益になると語るからである(フロイトは、教育国ドイツでナチが興隆する前の一九二七年にこの論文『ある錯覚の未来』を書いた)。だが彼は、「無学無教養で下層の大集団となると話は別である[*40]」と警告している。大衆には、基本的な道徳規範に従うべき理由を授ける必要があった。たとえばフロイトは、大衆が「人間同士の共同生活を成り立たせるため[*41]」に殺してはいけないと言われたら、彼らは殺さないだろうと考えた。しかしこのことは、大衆は理性よりも感情に支配されるという彼の強い確信と矛盾するように思える。

彼はこう主張する――「神にはそもそもご退場いただき、文化の仕組みや指図はすべて純粋に人間に由来するものであると素直に認めるのが紛れもなく得策ではあるまいか[*42]」。「神聖を名乗る自負が倒れたら、これらの命令や法律の持つ頑迷や意固地も崩れ落ちるのではなかろうか」。人々がより多くの教育を受けるなら、彼らはこうした規則が「自分たちの利益に資するためだということに納得し、それらに対してこれまで以上に友好的な関係を取り結［ぶ］……ようになるだろう[◆42]」。

だがルイスは、道徳律を無視すると、人々は律法の制定者を知るのが難しくなると考えた。無神論を退けた後で、ルイスは友人宛の手紙にこう書いている――「キリストは罪の赦しを約束しています。でも、自然法を知らないがために罪を犯したことが分からない者にとって、赦しは何を意味するのでしょう。病気に罹っているのを知らなければ、誰が薬を飲むでしょうか。道徳の相対化は、無神論と取り組む前に克服しなければならない敵です[◆43]」。

ルイスは、文化が道徳律を無視するなら、償いや贖いといった旧約、新約聖書の霊的な概念は、ほとんど何も意味を持たない、と語る[*43]。違反する律法もなく、釈明を強いる律法の制定者もいなければ、私たちはいかにその律法を守り損ねているかにほとんど気付くこともなく、従って、赦しや贖いの必要などはほとんどない。道徳律を認めず、それを守り損ねているのに気付かないなら、私たちはただ自分を他人と、それも、自分よりもっと守り損ねている者と比べるだけだ。これはその後で、自尊心やうぬぼれにつながる。ルイスが「究極的な悪」にして「最大の罪[*44]」と呼んでいるものだ。フロイトが「理性という独裁者」を立てることが必要だと語る一方で、ルイスは「プライド（傲慢・自負心）という独裁者」を立てることに警告を発する[◆44]。

フロイトは自分を他の者と比較して、「私は他人より善良だ[*45]」と結論を下した。ただし彼が自分自身を、旧約、新約聖書の二大戒律に適っている程度で比較していたら、そうはいかなかったかも知れない。彼は「隣人を汝自身のように愛せよ」を、馬鹿げていて「不当でさえある」[*46]とおおっぴらに言い放っている。

フロイトもルイスも、道徳律を最も厳密に信奉している人々、たとえば聖パウロ自身が、どれほどこの道徳律を守り損ねているかに最も良く気付いているようだと認める。しかしフロイトはこの見解に対して、ルイスとは完全に異なる解釈を与えている。フロイトはこう述べている――「有徳の人であればあるほど、良心はいよいよ厳格で疑い深くなり、挙句の果てには聖徳の極みに達した人に限って、自分のことを全く下劣な罪深い人間と責めさいなむことになる」[*47]。フロイトはこの説明として、こうした人々は衝動に対する満足感が欠如しているため、満足感を求める気持ちをさらに意識し、その結果、一層罪を覚えるのだと述べている。「聖人が自らを罪深いと称するのも、彼らが、衝動を満足させたいという誘惑に特に強くさらされていることを考えれば、一概に不当だとも言えない。周知のように、誘惑は、折にふれて満足させられると、少なくとも当座のあいだは鎮まるのに対し、絶えず禁じられるか断念してばかりいると、いよいよつのってくるからだ……」[◆45]。

ルイスの解釈は異なる。彼はこう述べている――「人は善良になるに従って、まだ自分の内に残っている悪を、いっそうはっきり知るようになる。また、逆に、悪に深入りするにつれて、自分の悪がますます見えなくなる。そうひどく悪くない人は、自分があまり善良でないことを知っている。が、徹底的に悪い人は、自分は立派なもんだと考えている。……善良な人たちは善と悪の両方を知っている、が悪人はそのどちらも知らないのである」[*48]。ルイスは、私たちは自分の悪しき衝動と闘えば闘うほど、それが良く分かると言う。衝動に屈服すればするほど、それを理解しないのだ。彼は、「徳は

――それに向かって努力するだけでも――光をもたらす。が、放縦のもたらすものは霧以外の何ものでもない」[46]と書いている。

フロイトは彼自身の振舞いを吟味して、自分の持つ善悪の概念の源泉は何かと悩まされた。彼は、自分の中にある何らかの力が道徳的に振る舞わせるのを認めている。彼の超自我の理論は明らかに、適切な回答を与えてくれなかった。フロイトの公式の伝記作家にして同僚でもあったアーネスト・ジョーンズは、次のように書いている――「フロイト自身はたえずまさにその問題に頭を悩ましていたのだが――道徳的な態度が、非常に深いところに根ざしていて、彼の本来の性質であるかのように思われたほどであった。彼は、何が正しい振舞いであるかについて決して疑いをもたなかった」[47]。

パットナム博士宛の手紙で、フロイトはこう書いている――「なぜ私は誠実であろう、他人への思いやりを失うまい、できれば親切であろうといつも努めてきたのか、他人が残酷で当てにならないものであるゆえに自分が傷ついたり打ちのめされたりするものであると気が付いた時でも、なぜ私はそれをあきらめなかったのか、とみずからに訊ねてみても、むろん答は分りません。むろんそれは道理にかなったことではありませんでした」[49]。それから自分の内面に目をやると、道徳律の証拠があるらしいのを確認する。彼はパットナムにこう認めている――「そのような理念の衝動はわれわれの素質の本質的部分を形成するというあなたの主張に対する証左として、まさに私の例を引合いに出すことができるかもしれません」[50]。

しかしフロイトは、ある条件の下であれば、人々を道徳的に振舞わせるものについて「かなり自然な心理学的な説明に出くわすことができ」[51]るだろう、と付け加えている。彼はこう結論を下す――

「しかしすでに申し上げた通り、私はそれについては何も知らないのです。なぜ私が——因みに言えば、私の六人の成人に達した子供たちも同様ですが——全く真面目な人間でなければならないのか、ということは私にはさっぱり理解できないのです」[◆48]。

たぶんフロイトの生涯の方が、彼の言葉よりも大きな声で語ってくれるだろう。おそらく彼自身の内面にある〈推し進める力〉が「全く真面目」[*52]であるという認識は、聖パウロを引用すれば、「律法の命じる行いがその心に記されている」[*53]ことを明らかに指し示すものなのかも知れない。あるいは、何人かの科学者が最近論じたように、「真面目であれ」というこの〈推し進める力〉は、聖なる助けを借りずに遺伝子の溜まり場にもぐり込んだ、適合力のあるメカニズムなのかも知れない[◆49]。ルイスもフロイトも道徳律に従おうとしたが、フロイトだけが自分を他の者と比較して自らの行為を評価し、「私が他人より善良だ」[*54]と結論を下した。ルイスは自分の行為を、道徳律が求めるものと比較した。彼は「そこで見たものにぞっとしてしまった」[*55]。彼はこのことで外部に助けを求める必要に気付き、それは、無神論の拒絶と霊的な世界観への変化における一連の過程の一つとなった。

第4章　大いなる変化

どちらが真実への道か

ルイスもフロイトも、霊的な世界観に関わる最も重要な問いについての意見は一致していた。この世界観は本当なのか？　フロイトは、宗教的な信仰という〈お伽噺〉を受け入れると慰めがもたらされるかも知れないことは認める。だが彼は、それでは結局のところ困難が増すだけだと主張する――「宗教のもたらす慰めは、なんら信頼に値するものではありません。世界が子供部屋ではないことは、経験が教えるところです」[◆1]。この結果もう一つ、核心となる問いが生じる。この世界観は機能するのか？　霊的な世界観は妨げにならないのか、それともさらにうまく機能するのか？　この惑星で過ごすわずかな日々により大きな意味を与える手だてを提供するのか？　フロイトは、この世界観は本当ではないので機能しないと論じる。人生の基盤を幻想に、誤った前提の上に置くと、人生を送ることはさらに難しくなる。ただ本当のことだけが、人生の厳しい現実に直面するのを助けてくれる、と。ところがルイスは、現実で最も重要なことは、私たちを造った位格との関係なのだ、と論じる。この関係が構築されなければ、何をなし遂げても、どんな名声や富を得ても、私たちは満たされないという。どちらが正しいのだろう？　著名なこの二人の知識人の議論や生涯をさらに眺めていく前に、ルイスの世界観の変化を検討してみよう。この変化から何か学ぶことがあるだろうか。

それが起こったのは、彼が三十一歳の時だった。この変化は彼の人生に革命を起こし、その心に目的と意味を吹き込み、創作意欲を劇的なまでに活発にした。それは彼の価値を、彼自身が周りにどう映るかを、そして他人との関係をも徹底的に変えた。この経験はルイスの態度を一変させるに留まらず、外に向くようにし向けた。自分自身にではなく、他人に関心を向けさせるようにしたのである。

彼の気質も変わった。回心前後のルイスを知る人々は、彼が落ち着きを増し、内面の静けさや冷静さが見られるようになったと書き残している。悲観論や絶望感は、楽天的な快活さに取って代わられた。亡くなる前の最後の日々にルイスと会った者は、彼の「快活さ」と「落ち着き」について語っている。

ルイスはこの体験を「わが回心」と呼んでいる。ウェブスターの辞書は、回心を「宗教的な信仰を、確信を抱き決然と受け容れることに関わる体験」と定義している。回心という言葉は、聖書には頻繁には登場しない。旧約聖書では、この言葉はイスラエルの人々が偶像崇拝から真の神、すなわち「アブラハム、イサク、ヤコブの父」に向き直ることを指す。新約聖書では、この言葉は「新たに生まれ変わる」ことと同義だ。〈ヨハネによる福音書〉第3章では、イエスがニコデモというユダヤ人の指導者に、「人は、新たに生まれなければ、神の国を見ることはできない」[*1]と語っている。当惑したニコデモが、人は新生を体験するために、どうしたらもう一度母の胎に入ることができるのかと尋ねると、イエスは、二度目の誕生は肉体的なものではなく「御霊による」と説明する。肉体の誕生で両親との関係が始まるように、御霊による誕生で創造主との関係が始まる。

最近のギャラップ社の調査では、米国の成人のおよそ八割が個人的な神への信仰を告白し、そのおよそ半数が回心の体験を報告している[◆2]。使徒パウロやアウグスティヌス、ブレーズ・パスカル、ジョナサン・エドワーズ、デイヴィド・リヴィングストン、ドロシー・デイ、レフ・トルストイのような数多くの著名人から、マルコム・マゲリッジ、エルドリッジ・クレヴァー、チャールズ・コルソンのようなもっと近代の作家まで[*2]、誰もが自著の中で、人生を劇的に変えた霊的な体験について描いている。私たち国民のこうしたかなりの人々を理解するには、回心過程を洞察してみる必要がある。回心はどのようにして起こるのか。その人物に、実際のところ何が起こるのか。私は精神科医として、この体験に、何年にもわたって臨床上の関心を抱いてきた。

　フロイトは回心の体験について、特に、それが霊的な世界観への洞察の基礎を成したという主張に対して、疑いを表明する。「われ知る、かつては目見えざりしが、目を開かれ、今はかくも[*3]」——ジョン・ニュートンは回心した後、あの有名な賛美歌《アメイジング・グレイス》にこう記している。以前は英国の奴隷貿易商だったニュートンは、ウィリアム・ウィルバーフォースと共に、大英帝国での奴隷制度廃止において大きな影響力を与えた人物となったが、この賛美歌を書いたのはフロイトの生まれる五十年ほど前だったので、フロイトも知っていたかも知れない[*4]。回心の体験が霊的に「見え」なければならないとしたら、フロイトはこの体験のない者すべてを不思議に思う。彼は、「宗教上の教義の真実性が、この真実性の証となる内的な体験に依拠するというなら、そのような偶《たま》さかの体験に恵まれない多くの人間についてはどうしたらよいのか[◆3]」と尋ねる。言い換えれば、フロイトは「私の場合はどうなのか」と自問している。

彼は、自分が称えている知人がこうした内なる体験をした場合、それを受け容れていたようだ。たとえば、親友のオスカル・プフィスターに対しては、自己欺瞞や幻想を抱いている可能性について、決して問い質したりしてはいない。しかもフロイトは、聖パウロの有名な回心体験についてほとんど何も語っていない。彼は聖パウロを頻繁に引用し、「偉大な思想家」に分類している――「私は、聖パウロに対してはいつも、純粋なユダヤ的人物として特別に共感を覚えています。彼は、歴史の光の中にしっかりと立っている唯一の人物ではないでしょうか◆4」。

パウロは自らの体験――おそらく、あらゆる回心の中で最も劇的で有名なものを〈使徒言行録〉二二章の中で、次のように描いている――「真昼頃、突然、天から強い光が私の周りを照らしました。私は地面に倒れ……声を聞いたのです*5」。神は存在しないというフロイトの仮定で解釈するなら、パウロの体験は病理の表現であり、視覚と聴覚の幻覚の症例として説明されるのみだ。実際に現代の神経学者の中には、パウロの回心体験を、側頭葉癲癇として知られる発作障害に帰す者もいる。

一九二七年に出版された対談で、フロイトは自分には信仰がなく、来世には関心がないと表明している。これに対してある米国の医者が、自分の最近の体験を書き送った――「神は私の魂に、聖書が神の言葉であること、イエス・キリストについて教えられていることすべては真実であること、イエスは私たちの唯一の希望であることを明らかになさいました。このとても明瞭な啓示の後、私は聖書が神の言葉であり、イエス・キリストが私自身の救世主であることを受け入れました。それ以来、神はなお私にたくさんの明々白々たる徴によってお姿を示されたのです。好意ある同僚（≪医者仲間「＝兄弟」《ブラザー・フュジシャン》≫）として私は貴兄に、この重要な事柄を考えるようお願い致します。そして、もし貴方が開かれた精神でそれに取り組むなら、神は、……あなたの魂にも真理を啓示して下さることを貴方に保証します……」[*6]。フロイトは次のように返信をしたためた――「私のために神はそんなに多くのことはなさってくれず、私にはそうした内的な声を聞かせてもくれませんでした、もし神が――私の年齢を考慮に入れて――あまりお急ぎにならず、もし私が最後まで今のまま――つまり《不信心なユダヤ人》のまま――だとしても、それは私の責任ではありません」[*7]。

その後間もなく、フロイトは『ある宗教体験』と題する論文を著し[◆5]、その中で件の米国の医者の精神分析を行って、この医者は「幻覚精神病」に罹っていると結論を下した。フロイトは、「この事例の理解によって宗教的改宗一般の心理学のために何がしかが得られたのではないかと問わずにはいられない」と途惑う。しかし彼は、これで「改宗の事例すべてにわたって……その本質が見抜けるわけではない」[*8]と認める。たぶん、聖パウロのような人物に対するフロイトの異なった態度は、こうした体験の中には本物もあれば病理的なものもあるという、暗黙の認識を反映しているのだろう。あるいは、それは単に、霊的な世界観に対するフロイトの根深い相反する思いに由来する矛盾の一つなのかも知れない。

精神医学の分野はフロイトから強い影響を受け、比較的最近までは、人の霊的な次元を無視し、あらゆる信仰を「神経症に限定されている」「幻想」「子供時代の願望の投影」「幻覚性の精神病」等として退ける傾向があった[◆6]。しかし過去数年の内に、医者たちはますます、自分の患者の霊的な次元を理解することが重要だと認識してきている。二〇〇〇年五月に開催された米国精神医学学会の年次総会では、十三を下らない会報が霊的な問題に焦点を当てていたが、この種の出来事としては、当学会の歴史上最多となった。

数年前、私はハーバード大学の学生を対象に、ある調査プロジェクトを実施した。学部生の時に「宗教的な回心」と呼ぶものを体験した学生たちである。私は彼らだけではなく、回心前後の彼らを知る人々とも対談を行った。この体験は孤立させ破壊的な病理的表現なのか、それとも適応性があり建設的なものなのか？　この体験は身体の機能を弱めるのか、それとも強めるのか？〈米国精神医学誌〉に発表された調査結果には、次のような事項が並ぶ――「自我の働きの顕著な改善、これは、麻薬やアルコール、タバコの使用を突然止めるという、生活様式の劇的な変化を含む。衝動の制御の改善、これは純潔、あるいは貞節を伴う結婚を求める厳格な性の規律を取り入れることを含む。学術面の業績の向上。自己イメージの強化、及び内なる感情に一層接近すること。〈親密で満たされる関係〉を築く能力の向上。両親との意思疎通の改善、ただしほとんどの両親は、学生たちの、どちらかといえば強烈で突然の宗教的関心に対して、当初はある程度の警告を発していた。情緒面での前向きな変化、これには〈実存主義的絶望〉の減少を伴う。さらに、時の経過への没頭や、死に対する懸念の減少」[◆7]。

ただし、こうした体験がどのように生じるのかという問いが残る。この劇的な変化を一人ひとりに引き起こすものは何か。C・S・ルイスは才能豊かでとても知性に富み、批判的で好戦的な無神論者であり、たぶん世界で最も名高い大学において敬意を受ける教授陣の一人だったが、無神論とは相反する世界観を抱くことになった。何が彼の人生を、気質や動機付け、人間関係や活動の豊富さ、そしてまさに彼の目的をそれほど劇的に変えるあの体験に導いたのだろう。何が彼に霊的な世界観を抱かせるだけではなく、残りの人生を、この世界観に定義を与え、擁護し、その「最も影響力ある代弁者」として過ごすように導いたのだろう。彼は何によって、宇宙を超える知性が存在するだけではなく、まさにその神が人類の歴史に足を踏み入れたという堅固な確信に導かれたのだろう。

それ以前のルイスは、自分自身の無神論に対して、フロイト以上に確信を抱いていた。フロイトはウィーン大学の学部生の頃、自らの無神論に迷いが生じた。一方オクスフォードに在籍したルイスは、決して迷いが生じることはなかった。彼は聖職者らと顔を合わせ、彼らを好んではいたが、「わたしは、熊と同じくらいに牧師が好きだったが、動物園に行くほど教会に行きたいとは思わなかった」[*9]と書いている。人生に対して干渉しかねない究極の権威という概念に、彼は吐き気を催した――「鉄条網を張りめぐらし、〈立入無用〉の立札を立てて守るべき領域が、魂の一番深いところにもなかったからである。わたしはそれが欲しいと思った。たとえささやかなものであっても、『他人の知ったことではない。口出し無用』と言いうる領域を求めていた」[*10]。彼は自分の中に、神は存在しないという根深い欲望があるのを認めていた。

ルイスはある手紙で、変容を伴うような人生での変化は「とてもゆるやかで知的であり……単純ではなかった」[*11]と書いている。生涯を通じて、まずベルファストにいた少年の頃から三十代前半で回心を経験するまで、彼は時折、何処かの場所か誰かに対して、激しい切望の思いを体験していた。彼は何年にもわたり、それが何かを理解しようと苦闘した。ルイスは八歳の時のことを思い出す。強烈な願望が「何の予告もなしに、しかも数年ではなく数世紀前の彼方からやって来たかのように、心のなかに湧いたのである。……もちろん何かに対する渇望から発した昂奮だった。しかし何を渇望したのだろう[◆8]」。そして、それが現れた時のように突然「渇望それ自体が消え去り、……世界はありふれた日常生活にもどってしまった。あるいは今消えたばかりの憧れに対する憧れに心がゆれうごいただけだったのだろうか。いずれにせよ束の間の経験にすぎなかったが、それまでわたしの心のなかに生じた他の一切は、これに較べれば取るに足りぬ事柄になってしまった[*12]」。ルイスはこの渇望を「それは、どんな満足感よりも願わしいものだが、決してみたされることのない渇望」と描写し、「わたしはそれを〈喜び《ジョイ》〉と呼びたい。……これを一度味わい知った人間が、選択をせまられて、〈喜び〉を捨てこの世の他の楽しみを得ようとするとは、わたしには思えない[*13]」。彼はこの渇望を、注意深く希望的観測と区別し、こう書いている――「自分の願いがかなえられる以上の結果が生ずるとは思ってもみなかった[*14]」。

　ルイスはこの体験を「わたしの人生の中心をなす物語[*15]」と表現していたが、ついに、これまでどんな人間関係もこの切望を満たすことはできなかったことに気付くようになる。喜びは「別なる世界の消息を告げるもの[*16]」であり、創造主を指し示す道標だったのである。大いなる変化を遂げて信仰を持つようになった後、この喜びの体験で「自分の考えの推移や精神の状態についてあまり関心をもたなくなった[*17]」。彼はこう説明している――「だれでも森で道がわからなくなった時には、道標を見つけることが大切だ。最初に道標を見つけた人間は、『おい、みんな、見ろよ』と叫ぶだろう。全員がそのまわりに集まってきて、目を凝らして見る。道さえはっきりすれば、二、三マイルごとに道標の前を通り過ぎても、一人として立止ってそれを見たりする者はいないだろう[*18]」。

　ルイスの友人たちも、彼の変化に決定的な役割を果たした。ルイスがオクスフォードの若い教師だった頃、彼の称賛する数名の親友が唯物論的な世界観を受け入れず、彼が言うところの「徹底した超自然論者」[*19]になってしまった。ルイスは、それはまったく「ばかげたこと」[*20]だと思い、彼が「受入れる」[*21]危険はないと感じた。ところがルイスは、この友人たちのせいで「打ちひしがれ……乾ききった砂漠が背後にひろが」[*22]る気持ちを味わう。彼はそれから、自ら称賛する別の教授たちと出会う。とりわけH・V・D・ダイソン教授とJ・R・R・トールキン教授だ。二人とも敬虔な信仰者であり、ルイスの大いなる変化に重要な役割を果たすことになる。ルイスは、「こうした奇妙な連中があちらこちらににわかに出没しはじめた」[*23]と書いている。

ルイスは、古典文学でも近代文学でも、彼が最も称賛するどの作家も霊的な世界観の持ち主だったことに気付くようになる。プラトン、ウェルギリウス、ダンテ、ジョンソン、スペンサー、ミルトン、さらに、より近代のジョージ・マクドナルドやG・K・チェスタートンのような著述家である。唯物論者の著作も読んだが、比較すると「どれも少し薄っぺら」[*24]に思えた（なるほど、プラトンの観念論はチェスタートンのそれとは異なる。しかし唯物論者か観念論者かで分ける世界では、プラトンは後者にのみ分類される）。

それから、二つの出来事が立て続けに起こる。まず、ルイスはG・K・チェスタートンの『人間と永遠』を読む。この著作の議論展開に彼は深く印象付けられ、後日、彼自身の著作に用いることになる。チェスタートンは英国の多作な作家にしてジャーナリスト、詩人、文芸評論家でもあった。ルイスが初めてその著作に接したのは、十九歳で軍役に服している頃だった。塹壕熱に罹って病院で回復を待つ間、チェスタートンの随筆集に目を通したのである。ルイスは、チェスタートンの観念論にどうして自分が積極的に反応するのか理解できなかった。彼は「わたしの厭世観、無神論、感傷嫌いに訴えるものがあり、そのためにチェスタートンをあらゆる著述家のなかで、数少いおなじ気質の持主だと思ったのかも知れない」と述べ、こう付け加える——「摂理、つまり漠然とした『もう一つの因果律』によって相異る二つの精神が同化してしまえば、瑣細な好みの違いなどというものは一切問題にならなくなるはずだ[◆9]」。

一九六三年に行ったインタビューで、ルイスは「現代の本では、チェスタートンの『永遠の人』が一番助けとなりました」と認める[◆10]。自伝の他の箇所ではこう説明している——「なぜそんなに夢中になるのか当のわたしにもわからなかった。心底から無神論者になろうと決心した青年ならば、そのためには自分の読書についていくら警戒してもいいのである[*25]」。「チェスタートンを……現存する最も分別ある人物だと思った[*26]」にもかかわらず、ルイスは、彼が称賛する他の作家のほとんどと同じ〈矛盾〉に苦しむ。チェスタートンは信仰者だったのである。

そして二つ目の出来事が起こるが、これは「身を砕くような衝撃」となる。オクスフォードの教授陣の中で最も好戦的な無神論者の一人だったT・D・ウェルドンが、ある夕暮れ、ルイスの部屋で腰を下ろし、「福音書の歴史性についての証拠は問然するところがない」と語ったのである。この出来事はルイスを大いに混乱させた。彼はただちに、その示唆するところを理解する。「わたしの知るかぎりでは最も過激な無神論者」が福音書を真実だと思ったのなら、自分はどこへ追いやられるのか。どこへ向き直ればよいのだろう。「逃げ道はないのだろうか[*27]」。ルイスは、新約聖書の物語は神話であり、歴史上の事実ではないと考えていた。もしあの物語が真実だったなら、他の真実はすべて、重要性が色あせてしまうのに気付く。これは、彼の全生涯が間違った方向に向いていたという意味だったのか？

ルイスは、何年か前に起こったある出来事を思い出す。それは、十代の彼がオクスフォードに到着した最初の日だった。汽車の駅から外に出て荷物を携え、コレッジに向かって歩き出した。それまで何年ものあいだ耳にし、夢に見てきた「名だたる尖塔と高い建物の一群[*28]」をついにこの目で見るのだ、と期待しつつ。歩を進める内に広々とした田舎に向かっていたが、あの偉大な大学の象徴は何も目に入らなかった。振り向くと、町の反対側にコレッジの荘厳なとんがり屋根や尖塔が見えるのが分かり、間違った方向に進んでいたのに気付く。ルイスは後年、自伝の中で「当時はこのささやかな冒険が、はたしてどの程度まで自分の生涯を象徴しているのかわからなかった[◆11]」と書いている。

ルイスは、自分の〈敵対者〉、絶望的なほどにいて欲しくないと願っていた存在が忍び寄って来るのを感じ始めた、と書いている。彼は追い詰められたように感じた。彼の称える大作家のほとんどは信仰者で、親友の多くもそうだった――「一匹の狐が追いたてられた。すぐ後から猟犬が走り、勢子《せこ》の呼び声が聞えるなかを、泥にまみれ、くたくたになりながら狐が原野を走っていた。……だれもかれも、何もかもが相手側と結託していた」。ルイスは当惑し、彼らが正しいかも知れないと思った。自分の意思の「扉を開けても閉めてもいい[*29]」のだと気付く。

そして彼は、生涯で最も宿命的な決定の一つを下す。ルイスは心を開き、証拠を検証しようと決心した――「わたしはバスに乗って、オクスフォード近郊のヘディントン・ヒルに行くところだった。……わたしは、何ものかを追いつめ、追いだそうとしていることに気づいた。……扉を開けても閉めてもいい……選択は瞬間的だったように思われたが、何の情緒もかきたてなかったことが不思議だった。……扉を開こう……という気になった。……わたしは自分のことを、やっと溶けはじめた雪だるまのように感じた。……」[*30]。この決心をした時、それまでは絶望的なほど会いたくなかった神の存在を感じ始めた。

ついにルイスは降参する――「わたしはモードリン学寮の個室にいて、一瞬仕事から気がそれた時、こちらからは会いたいとは思わないのに、神がゆっくりと執拗にせまってくるのを感じた。恐れていたことが、ついにやって来た。一九二九年の夏学期、わたしは〔トリニティ・コレッジ用語で表現すると〕降伏した。神を神であると認め、ひざまずいて祈った。その夜、英国中で最も意気上らぬ、不承不承納得した回心者だったろう」[◆12]。

変化のこの第一段階を、ルイスはこう説明している――「わたしは神を信じただけで、キリスト教をそのまま受入れたわけではない。まだ受肉については何も知らなかった。わたしが降伏した神は、人となり給うた神ではなかった」[*31]。彼は、この神には何の人格的な関係も覚えず、「祈っているときにも、しばしば、存在しない誰かに宛てて手紙を書いているようなものではないかと思った」[*32]。

かなり抵抗しつつも、宇宙を超えた知性の存在を受け入れた途端、ルイスは、この存在は全き降参と服従を求めるのだと結論付けた――「神の命令は、『すべてに賭けよ』というものであった」[*33]。「神に従うのは神が神だからである……なぜ神に従うべきか人から訊ねられれば、神が存在するからと答える他はない」[*34]。

この段階で、ルイスは新約聖書の教理に対して困惑の色を表わす。彼は「誰も理解できないものを信じる」のは難しいと感じた。また、福音書の物語を現代の生活にどう適合させるのだろうと当惑を覚えた――「私が理解できなかったのは、二千年前（それが誰であれ）とある人物の生涯と死によって、今ここにいる私たちがどんな風に助けられるのか、ということだった……」[◆13]。彼には「〈怒りをなだめる〉とか〈犠牲〉とか〈子羊の血〉」という表現は「馬鹿げているか、あきれ果てるもの」だった。彼は「私が抱えていた難問は、贖いの教理すべてにわたっていた」[*35]と書き残している。

そこでルイスは、新約聖書をギリシャ語で読み始めた。哲学を教えている経験から、矛盾する主張を伴う「当惑をもたらす〈宗教〉の多様性」[*36]に気付かされる。彼はどうやって、どの宗教に真理があるのかを知ることができたのだろう。ただ、かの「過激な無神論者」[*37]T・D・ウェルドンが福音書の歴史上の真正性について語った言葉はルイスにつきまとった。新約聖書を読み進めるにつれて、彼はその内容に打ちのめされた。ルイスは、古代の手書き写本を読むことに生涯を費やしていた。無神論者として、彼はフロイトと同様に、新約聖書の物語とは、単にもう一つの大いなる神話に過ぎないと考えていた。彼は古代の神話や伝説、特にノルウェーの神話によく通じていて、こうした神話に深い感動を覚えていた。十代の少年の頃、ルイスは『ジークフリートと神々の黄昏』という本に出会い、それまで何年も忘れていた喜びの体験に火が付く。こうした神話の多くには、バルドルやアドーニス、バッカスのように、聖書の物語と似た話が含まれている。神が地上に降りてきて、人々を救うために死に、死者から再び甦る、というものだ。[*38]ルイスは常々、新約聖書の物語とは、単にこうした神話をもう一つ付け加えるに過ぎないと考えていた。

しかしルイスは、福音書には、こうした才能豊かな古代の作家たちによる豊かで想像力に富む記述が見当たらないことに気付く。福音書は、歴史上の出来事を目撃したただの記述のように見え、それを書いたのは主にはユダヤ人たちだが、周囲の異教徒たちの世界で語り継がれている数々の大いなる神話に馴染んでいないのは明らかだった。ルイスはこう書いている――「わたしはその頃には、文献研究の経験を積んでいたので、福音書を神話とみなす説に首肯できなかった。福音書には神話の趣がなかった」[14]。そして、福音書は文学の他の作品とは違うと述べる――「もし神話が事実となり、受肉されたならば、まさしくこのような表現になっただろう」[15]。彼は著作『奇跡論　一つの予備的研究』の中で、神は時に、歴史の中で最終的に起こる出来事を予言するために神話を用いる、と説明している――「真理はまず神話的な形で現われ、それから長期にわたる凝縮した集中化を経たのち、ついに歴史として受肉するにいたる」。彼は、歴史上の現実となるにつれ、真理は神話よりも素朴で「散文的であり、……異教の神話よりもいろいろな種類の想像的美の豊かさにおいて劣って」いると感じた[16]。「ここで、キリストの物語はただ本物の神話だということなのです。他の神話と同じように僕たちに働きかけるけれど、そこには凄まじい違いがあって、この物語は実際に起こったことなのです……」[17]――彼はグリーヴズに宛ててそう書いている。

ルイスは、福音書の様式と内容について、こう記している――「しかし、文学史家として私が確信しているところでは、福音書は、何であろうと、けして伝説ではありません。私は伝説をたくさん読んできましたが、福音書は明らかに、伝説とは異なった種類のものです。なぜならこれは、伝説としては芸術性がなさすぎます。文学として見れば、福音書は不細工で、然るべきまとまりもありません。イエスの人生は、……われわれには全く知られていません。そして、伝説を作り上げようとする人は誰も、そのようなことは許さないでしょう[◆18]」。

福音書の中心人物に対する彼の考え方は変わり始めた。無神論者だったルイスは、それまでナザレのイエスを〈ヘブライの賢人〉、すなわち、もう一人の偉大な道徳教師として退けていた。今や彼は、この人物を異なった光の中で眺め始める――「それはプラトンが描いたソクラテスや、ボズウェルが描いたジョンソンとおなじく……、いついかなる時でも現実的で輪郭がはっきりしているという印象をあたえたが、同時に世界の彼方から射す光に照らされた、人知の及ばぬ神であった。しかし神であるにしても、多神論者の言う神ではなく、ただ独りいます神なのである。この神なる人によって神話が歴史になったにちがいない。ロゴスが肉体となり、神が人となった[◆19]」。ルイスはこの人物が、自身について独自の主張をしているのに気付き始める。もしもその主張が本当なら、偉大な道徳教師という可能性は除外される。彼はまず、イエスが自分は救い主（メシア）、すなわち神だ、という「ぎょっとするような……発言[*39]」を行ったと指摘し、イエス・キリストの言葉を引用する――「私は唯一の神から生まれ、アブラハムの前に存在した。私は在る」。そしてこう続ける――「しかし、『私は在る』という言葉がヘブライ語で何を表すかを忘れてはなりません。それは神の名であり、いかなる人間も語ってはならないもの、口に出せば死ぬものなのです[◆20]」。文献学者であるルイスは新約聖書の数節に目を留める。そこではキリストを「造られしにあらず、生まれし」もの、「御父によりて生まれし」もの[*40]と呼んでいる。これについて、彼はこう説明する――『ビゲット』する〔beget、父によって生まれる〕というのは、だれかの父になるという意味である。一方、『クリエイト』する〔create、創造する〕というのは、何かを造ることである。……神が生むものは神である――人間の生むものが人間であるのと同様に。これに反して、神が創造するものは神ではない――人間の造るものが人間でないのと同様に。この理由から、キリストが神の子であるという意味では、人間は神の子とは言えないのである」[21]。

ルイスは、この人物が罪を赦すとも主張していることに気付く。人々が他の者に対してなした言動を赦すと主張しているのだ。後に彼はこう書いている――「これは、それを口にする者が神でない限り、あまりにも途方もないことなので、むしろこっけいと言った方がいいくらいのものである。人がわたしに加えた罪過をわたしが赦してやる、というのなら分かる。……ところが、この男は、自分が足を踏まれたのでも金を盗まれたのでもないのに、全然別の人の足を踏み金を盗んだあなたを赦してやる、と宣言するのだ。こんな男をわれわれはどう考えたらいいのか」[22]。フロイトでさえ、この主張の独自さに気付いていたようだ。オスカル・プフィスター宛の手紙の中でこう書いている――「そこで、わたしが患者に向かってこう言うと考えてみたまえ。『わたくし、ジグムント・フロイト教授は、あなたに対してその罪を赦す』。わたしは何という馬鹿なことをして、物笑いの種になることか」[23]。

自分は救い主（メシヤ）であり罪を赦す、というイエスの主張により、彼が単に偉大な道徳教師であるという可能性は除外される、とルイスは論じる。ここで彼は、チェスタートンの影響を受けた。『人間と永遠』の中でチェスタートンは、偉大な道徳教師の中で、マホメットもミカもマラキも、孔子もプラトンもモーセも仏陀も、自分が神だと主張する者はこれまでいなかったと指摘する――「そういう……主張するものは……二つとはないのである。……人間は偉くなればなるほど、とんでもなく偉そうな主張はしなくなるものなのだ」[24]。ルイスはチェスタートンの要点をさらに拡大し、こう書いている――「あなたが仏陀のところに行って、『あなたは梵天の息子ですか？』と問えば、彼はこう言ったでしょう。『息子よ、あなたはまだ幻覚の谷にいる』。もし、ソクラテスのところに行って『あなたはゼウスですか？』と聞いたなら、彼はあなたのことを笑ったでしょう。もしマホメットのところに行って、『あなたはアラーですか？』と聞いたなら、彼はまず自分の衣を裂いて、あなたの首を切り落としてしまったでしょう。……偉大な道徳教師は、絶対に、キリストのようなことは言いません」[*41]。

イエス・キリストが神であり、罪を赦す権威を持っているという主張によって、三つある可能性の内、一つだけが残る――彼は惑わされたか、何か隠された理由があって追随者を故意に騙そうとしたか、あるいは、自分が主張する通りの者であったか、そのいずれかである。ルイスは新約聖書の各書を読み進め、証拠を考察したところ、この人物が悪人や精神病患者だとは思われない、というチェスタートンに同意する（精神分析医は、実際に自分が神だという人々に出会うものの、彼らは例外なく諸機能が極めて弱まり、現実に対する考え方が歪んでいる）。ルイスにとって新約聖書に見られる証言の記述は、精神異常者の教えを反映したものではなかった。彼はこう記している――「この〈人〉イエスとその直弟子たちの教えには、道徳的真理が、最も純粋な最高の形で示されているということには、皆、同意しているもようです。イエスの教えは、……知恵と賢さにあふれています。その全部が、……健全な精神の産物です」[◆25]。後日彼は、最も読まれている著作の一つの章を、次のように閉じている――「単なる人間にすぎない者が、イエスが言ったようなことを言ったとしたら、そんな者は偉大な道徳的教師どころではない。彼は気違いか……さもなければ、地獄の悪魔か、そのいずれかであろう。ここであなたがたは、どっちを取るか決断しなければならない。……彼を白痴として監禁し、これにつばをはきかけ、悪鬼として打ち殺すか、さもなければ、彼の前にひれ伏して、これを主また神と呼ぶか。そのどちらを選ぶかは、あなたがたの自由である。しかし、彼を偉大な教師たる人間などと考えるおためごかしのナンセンスだけはやめようではないか。彼は、そんなふうに考える自由をわれわれに与えてはいないのだ。そんな考え方は、もともと彼の意図には含まれていなかったのである」[◆26]。

　チェスタートンは、ルイスが〈受肉〉[*42]という概念を受け容れるのに大きな影響を与えた。この概念は、宇宙の創造主が現実に人類の歴史に踏み込んだ、という驚くべき確信である。チェスタートンは、新約聖書の物語についてこう書いている――「それは、何と、この世の神秘のつくり主が自ら自分のつくった世界にやってきたと大声で主張しているのである。この本源の目に見えざる存在、思索家があれこれ説をなし、神話作者が神話として伝えている者、『この世をつくった人』が、ほんとうに、しかも最近、というか歴史の流れのちょうど真ん中で、この世界に足を踏み入れたと宣言するのである。森羅万象の背後にこういう高い人格が存在するということは、もっとも美しい伝説のみならず、もっともすぐれた思索家の考えにも、常に含まれていた。しかし、こんな途方もないことは、そのどれにもかつて入っていたためしがない。……どんな宗教の予言者にせよ、一番よく口にしたのは、自分がそういう存在のしもべだということだった。……どんな原始的な神話にせよ、一番よくそこに暗示されているのは、創造主が創造の時にいあわせたということだった。しかし、創造主が……ローマ帝国の日常の生活をこまごまと送りながら……来たということ――これは、自然の中にまったくほかに類例がない。これは、人間が……初めて意味のあることばをしゃべるようになって以来、ただ一つのほんとうに驚くに値する言説である。……それは、比較宗教論をナンセンスな塵あくたと化してしまった[◆27]」。〈福音〉という言葉は良き知らせという意味だ。チェスタートンはこの言葉が「よすぎてほんとうとは思えない知らせ[*43]」だと述べている。

この知らせは、道徳律を守ろうとして失敗する絶望感から逃れる道を提供する故に良きものだ。ルイスも失敗したのである。聖書を真面目に読み進めていく内に、彼は、主な登場人物で道徳律を守った者は（一人を除いて）誰もいないことに気が付く。アダムは、彼の不従順の故にエバを責めた。これが堕落であり、人類が創造主から自らを分け隔て、病と死が始まるしるしとなった。アブラハムは妻のサラとの関係で嘘をついた。ダビデは姦淫と殺人を犯した。使徒ペテロですらイエスを知っているのを否認した。このいずれもが、神ご自身以外は誰一人道徳律を守れなかったのだと痛感させる。律法違反は私たちを神から分け隔てている。誰もが償いを必要としているのだ。神との和解のために。新約聖書は、この和解を可能にする（すなわち、私たちを贖う）ため、神がその「独り子」を遣わしたと断言している。ルイスは、死のうとする神についての異教の神話や、ヘブル語聖書の預言の数々、それに植物的生命のパターンですら「それは何か固い、小さい、死のごときものにまで自己を卑小化し、土のなかに落ちなければならない。そこから新しい生命がふたたび上昇するためである[◆28]」こと、そして、このすべてが、創造主ご自身が地上に来られ、死に、再び甦るという、歴史のあの瞬間を指し示していることに気付き始めた。このいずれもが、堕落の結果から人類を解き放つため、世を贖うためなのだ、と。ルイスは、以前なら「馬鹿げているか、あきれ果てた」ように思えたことを「理解[*44]」し始める。パズルの一片一片が一つにまとまり始めた。

無神論者にしてオクスフォード大学の図書館で人生のかなりを過ごした優秀な学者であるルイスが、新約聖書――文明史上最も影響力ある作品とされている文書――の各書に目を通すのを避けていたことなどあり得ようか、そう尋ねる方がいるかも知れない。彼は間違いなく知っていたのだ――歴史上他の誰よりもイエス・キリストについての著作は多く、イエスはローマやユダヤの歴史家の著作にも登場しているのだから神話以上のものである、と。実際、西洋史のあらゆる出来事は、イエスの死の前と後に分けて記録されている。たぶん回答の一部は、ルイスが無神論者だった頃、彼自身「勝手に思いちがいをしていた」[*45]と描写している点にあるのだろう。

一九三一年九月十九日の夕方、おそらく彼の生涯で最も意義ある時、ルイスは二人の親友、ダイソンとトールキンを夕食に招く。彼らは神話や隠喩について語り始めた。夕食の後三人は、オクスフォードのキャンパスを、美しいアディソン通り沿いに散歩する。壮麗なブナの木が両側を覆う一マイルに及ぶこの通りは、広々した花園を通り抜け、鹿が訪れることも多い。暖かく静かなその夕べ、彼らは夜遅くまで語り合い、ルイスが後日思い返すように、一陣の突風が吹いて一群の木の葉が落ち始めた。三人の男は暗闇で立ち止まり、その音に聴き入る。おそらくこの出来事は、〈ヨハネによる福音書〉の次の箇所を読んでいたルイスにとって、象徴的な意味を持つことになる――「風は思いのままに吹く。あなたはその音を聞いても、それがどこから来て、どこへ行くかを知らない。霊から生まれた者も皆そのとおりである」［3章8節］。会話は、マグダレン・コレッジの尖塔の時計が早朝の三時を打つまで続いた。それほど遅くなっていたと明らかに気付いていなかったトールキンは、妻の待つ自宅へと歩を早める。ルイスとダイソンはさらに一時間、会話を続けた。

その夕方から十二日後、ルイスはアーサー・グリーヴズに宛ててこう書いている――「ぼくはたった今、間違いなくキリストを信じるようになった。これについては、別の機会に説明しようと思う。ダイソンとトールキンとの長時間に及んだ夜の会話では、多くのことが話題になった[◆29]」。他の手紙では――「……ぼくの回心の知的な側面は単純ではなかった[◆30]」、「ダイソンとトールキンは、ぼくに回心を促した直接の人物だ[◆31]」、「回心は、異なったあらゆる種類の方法で起きる。たちまち大異変が起きることもあれば（聖パウロ、聖アウグスティヌス、バニヤンのように）、ゆるやかに知的に起きることもある（ぼく自身のように[◆32]）」。

だがこの出来事は、正確にはどのようにして起こったのだろう。彼は、回心が「いつ」起こったかは知っているが、「どのようにして」起こったのかは正確には分からない、と書き残している。その時、彼は動物園に向かうオートバイのサイドカーに乗っていた。ルイスはこう記している――「乗る前は、イエス・キリストが神であるということを信じてはいなかった。ところが動物園に着いた時には、そのことを信ずるようになっていた。だがわたしは……思索をつづけていたわけではない。深い感動にひたっていたわけでもない」。そこで彼は、むしろ印象的ながら身近な隠喩を用いている――「わたしは、充分眠ったあとで身動き一つせずに床のなかで横になりながら、自分はいま目を覚していると感じている人間みたいな気持だった[*46]」。

確かに誰もが人生のほぼ毎日、睡眠と夢の現実ならざる世界から目覚めている世界への変化を、それが正確にどう起こるのか分からないまま体験している。私たちは、ルイスがイエス・キリストをいつ信じるようになったのか知っているように、目覚める時を知っている。私たちが目覚める時にどんな出来事、たとえば日の光や目覚まし時計のアラームなどが影響するかを知っているように、ルイスはどんな人々や出来事があの過程に影響を及ぼしたかを知っている。しかし、不信仰から信仰へと変化する現実の過程が、私たちの睡眠から覚醒へと変化する過程のように、どのようにして起こったかについては、何事も明白に述べられるはずのルイスが、ほとんど何も記述を残していない。

ルイスが、「勝手な思いちがい」[*47]に打ち克ち、かつ証拠を検証しようと意識して決定を下し、自らの意志を降伏させようとさらに決定を下した途端、まさにその時、彼は不信仰の暗闇と描写したものを通り越し、現実の光の中へと入って行く。彼は目覚めたのだ。

ルイスは、自分の回心が第一に「知的な」[*48]もので、これには長く、具体的な思考の過程があったと述べている。彼は動物園に向かうオートバイのサイドカーに乗りながら、注意深くこう説明している――「だがわたしは……深い感動にひたっていたわけでもない。人生の重大事に際して、人間はかえって感動したりすることができないのではないだろうか」[*49]。

私は精神科医として、こうした出来事がまったく感情から切り離されたものだったと信じるのは、たとえそれがルイスであっても困難を覚える。考えるよりも感じる方がもっと容易であり、感情はしばしば、思考よりも私たちの決定や行為を支配する。おそらく、人生の初期に受けた心的外傷の体験によって、ルイスは感情に影響されにくかったのだ。彼の自伝には、このことについて多くの証拠が見つかる。たとえば、彼はこんな意見を述べている――「わたしはごく幼い頃から、……感情に動かされやすく起伏の多い父の性格……に気づいていた。そのためにわたしは物心つくまで、感情というものを不快で厄介な、時には危険な存在として不信感を抱き、嫌悪するほどになっていた」[◆33]。

そうは言っても間違いなく、ルイスの知性は回心において重要な役割を果たした。自分の知識不足が不信仰の基盤を形成していたのに気付いたのである。変化の直後に書かれた手紙で、彼はこう説明している――「ぼくの発展に妨げとなってきたものは……信じることの難しさではなく、むしろ知ることの難しさだった……何であれ、どんなものか分からない間は信じることはできない」[34]。新約聖書を読み終えて初めて、彼は知識を身に付けることができ、何が信仰の基盤を最終的に形成したのかを理解し始めた。

ルイスの変化と、私が調査した学部生の回心体験の間には、多くの類似点がある。まず第一に、こうした体験に敵対する風潮のありがちな現代の自由主義的な大学という背景の中で、このすべての体験が起きたこと。第二に、ルイスも学生たちも、彼らが称える人々の生涯の中に、自分たちの生涯には欠けている何らかの特質を目にしたことだ。ルイスは、オクスフォード教授陣の中の何人かと同じく、偉大な作家たちの生涯にもこの特質を見出す。ハーバードの学生たちは、他の学生たちの人生の中にその特質を見出した。彼らは、明らかに仲間から影響を受けている。第三に、ルイスも学生たち各自も、心を開いて回心するに当たっての証拠となるものを検証しようと、意識的に意志を働かせた。ルイスは新約聖書をギリシャ語で読み始めたし、学生たちはキャンパスで聖書研究のグループに参加する傾向があった。彼らは、こうした文書の歴史的な信頼性に確信を抱くようになり、その中心となる人物を、二千年前に死んだ人間としてではなく、自らについて独自な主張を行い、この人物と彼らが個人的な関係を持つ「生ける実在」として理解するようになった。第四に、ルイスも学生たち各自も、回心した後で、この新たな信仰が彼らを機能的に強めることに気付く。彼らは人間関係や自分自身のイメージ、気質、活動の量において、好ましい変化があったと報告している。ルイスを知る人々や変化の前後の学生たちを知る者は、この変わり様を確認している。

しかし、この変化のすべてが心理学的に説明できるだろうか。ルイスとこの学生たちは、感情面で何らかの挫折を体験しなかったのだろうか。仮にフロイトがルイスを長椅子に寝かせたところで、〈強迫神経症〉や〈幻覚性精神病〉の証拠を見つけただろうか。証拠からは、この可能性とは逆の評価が下されている。感情面の病は、フロイト（及び今日最も活躍している精神科医たち）が理解しているように、無意識の衝突によって引き起こされ、この衝突は、患者の人生の大切な領域で、その機能を甚だしく損なう。精神科医は、この機能減損の程度によって、患者が治療を必要とするかどうかを決定する。仮にフロイトがルイスの精神分析を行った場合、証拠が示唆しているのは、フロイトはルイスを機能不全だと片付けたりはせず、むしろ、聖パウロや親友のオスカル・プフィスターを称賛したように、ルイスを、その知性と文芸の手腕に対して称賛しただろうということだ。フロイトは有能な臨床医として、ルイスが体験した変化は感情面での成熟を促し、機能を損なうどころか強めたことを観察しただろう。おそらく彼は、ルイスのように霊的な変化を経験する者に対して、著名な精神分析医のエリク・エリクソンと同じように、こう結論付けたかも知れない――「そういう者は、自分の両親や教師たちよりも……常に経験豊かであるか、若い頃に突然経験豊かになり、他の者なら単なる仄めかしを得るだけで一生を費やすのに対して、早熟な方法によってその問いに集中する。すなわち、人生を送る上でどのように堕落から逃れるか、死に際してどのように人生に意味を与えるのかという問いに」。[35]

第 II 部

私たちはどう生きるべきか

第5章 幸福 人生で最も大きな歓びの源とは

　これまでの章では、人生観についての問い、すなわち信仰を持っているかどうか、さらに信仰を持つに至るまでの変化に焦点を当てた。だが関連する問いがたくさん、たぶん数え切れないほどある。信仰の持ち主かどうかでまったく違う二つの世界観が反映され、この両者は生や死、愛や死別、さらに性衝動にどう向き合うかについて、大いに異なった答を提供する。こうした各々の問いに対して、フロイトとルイスは、極めて明確でしばしば対立する回答を述べている。

　人生の中で、より望ましく、捉えどころがなく、当惑させられる側面として、幸福に勝るものはない。人は自分を幸福にしてくれると思われるものを望み、それを得ようとして努力する。健康であり、魅力的な外観を保ち、理想的な結婚をして、子供が与えられ、快適な家に住み、成功を博し、名声を手にし、経済的に自立し――幸福の一覧表は延々と続く。ところが、こうした目標に到達した者がすべて、幸福を見出すとは限らない。不幸は、少なくとも幸福と同じだけ、どこにも見られるように思える。精神科医でなくても、驚くほどの米国人が臨床上の鬱病、すなわち延々と続く幸せではない状態に罹り、相当な数の者が自殺を図って自分の不幸に終止符を打とうとすることが分かる（米国では、十二ヶ月で二十五万人を超える者が自らの生涯を終えようと企て、三万人がその望みを果たす）[*1]。

　私はよくクラスの学生に、観察や経験によって、まわりの者が幸福かどうか尋ねることがある。学生たちは例外なく、幸福ではないと答える。私は驚きを表明する。そして、君たちは世界の大方の人々と比べて何でも持っているではないか、と指摘する。若さ、健康、知的能力、豊かな食物、衣類、快適な住宅、教育、前途有望な将来等々。一体なぜ、彼らは不幸なのか。典型的な答では、意味のある人間関係が欠けているという。学生たちは、まわりの誰もが自分の成功に夢中になっているようだと答える。私が、君たちの仲間は何をもって成功だと考えていると思うか、また、環境を通して徐々に教え込まれる人生の目標を何だと考えているかと尋ねると、答は「名声と富」だという。

　幸福とは何か。どう定義するのだろう？　過去の偉人は何世紀にもわたって、人間にとって最も重要なこの体験を定義しようと試みた。哲学者の中には、幸福は決して誰も到達することのない幻想の目標だ、と結論付けた者もいる。「ただ一つ人間に生得の錯誤がある。われわれは幸福となるため生存しているというのがそれである。……世界と生には幸福な生存を受け入れる準備がいささかもできていない」[*2]――ドイツの高名な哲学者、アルトゥール・ショーペンハウアーはこう表現し、彼の著述はフロイトに影響を与えた。別の定義には、人生をどう生きるかという特定の考え方が反映されている。「幸福とは何か？」――やはりフロイトに影響を与えたフリードリヒ・ニーチェも問いを投げかけた。彼の答はこうだ――「権力と勝利との支配的となった意識のうちにある」[*3]。

　フロイトとルイスは、人間の体験と感情をかなり正確に描写しているが、二人の幸福の定義は著しく異なっている。最初は、このことに驚くかも知れない。だが結局、二人の世界観が幸福を異なる方法で探し求めさせたとしても、なぜ二人は心的状態そのものを異なって定義すべきなのか。ただ、さらにじっくり検討してみると、フロイトの幸福観は彼の唯物論的な世界観の根本であることが分かり、一方でルイスの定義は、間違いなく霊性に基づく彼の人生を反映している。この対照には魅きつけられる。

　現代の辞書に目を転じると、幸福という概念はとても明らかには見えない。一つ共通の定義が暗示しているのは、幸福は外的な環境の定める状態だということ、たとえば「ツキや運を特徴とする状態」（アメリカン・ヘリテージ・ディクショナリー）。もう一つの定義では、幸福はある感情の状態、気持ち、前向きな気分とされる。たとえば「喜んでいたり、うれしそうにしている者が、その気分を表わすこと」（ウェブスター・コレジエイト・ディクショナリー）、あるいは「機嫌のいい状態で、一時的なものか長続きするもの」（アメリカン・ヘリテージ・ディクショナリー）。「幸福な」の同義語は、「喜ばしい」「快活な」「陽気な」「喜びに満ちた」「楽しそうな」となる。こうした辞書が幸福の反意語としているのが「悲しみ」だ。悲しみは、その体験が長引けば鬱病の主たる兆候となるが、鬱病は、私たちの文化において最もよく見られる心の病である。最近の調査では、人口の三割ほど、七千五百万人以上の米国人が、生涯の間に臨床上の鬱症状を進行させ、治療を求める。調査によると、鬱症状の者のほとんどは助けを求めないため、鬱症状の体験者の実数は相当高くなると考えている◆1。

　広範に読まれ、引用されることも多い『文化の中の居心地悪さ』の中で、フロイトは「人間たちの振る舞いからして彼らが何を自分たちの人生の目的や意図と見なしているのか……を問いたいと思う。この問いなら答えを誤ることはほとんどない。人間は幸福を目指している。幸せになりたい、幸せであり続けたいと念じているのだ」[◆2]と書いている。また彼の所見では、幸福に比べて「不幸を経験するのは遙かにたやすい」[*4]。これに同意しようがしまいが、おそらく大方の者は、この惑星の上で過ごす短い旅の間、幸福が人生の質を決める重要な役割を果たしていることは認めるだろう。私たちはまた、鬱病に関する最近の調査が示しているように、大方の者が、少なくとも人生の一部では幸福だとは思えないことについても、おそらく同意するだろう。私たちが人生でもっと幸福を経験できるように、フロイトやルイスが幸福の理解について目を開かせてくれるだろうか。

フロイトは幸福を、楽しみ、特に性の必要を満たすことで得られる楽しみと同一視している。こう書いている通りだ――「他方では強い快感を体験したいと念じている。狭い意味での〈幸福〉はこの後者だけを指す。……厳密な意味で幸福と呼ばれるのは、堰き止められて溜まった多量の要求がむしろ突然に充足されるのに端を発し、その本性上、挿話じみた束の間の現象としてしかありえない」[◆3]。そしてこう付け加える――「……性的な（性器による）愛こそ人間に最強の満足体験を与え、本来、すべての幸福の原型となるものである」[*5]。彼は、この「快原理……は心的装置の働きを最初から支配している」[*6]と書いているのだ。

幸福であることがなぜそれほど難しいのか、フロイトはその理由を幾つか挙げている。まず、苦痛の原因となるものはたくさんある。病や加齢、自然の破壊力、だがその最たるものは、他人との関係である。次に彼が指摘するのは、性的な楽しみはただ「束の間の現象」として、すなわち、性の欲求がある強烈さまで達してはじめて体験されるため、幸福を体験できるのはほんの短い間に限られるということだ。彼はこう説明する――「われわれはそもそもの成り立ちからして、対比を通してしか強烈な快感を味わえず、持続した状態はほとんど楽しめないのだ。このように、われわれが幸福である可能性は、われわれの資質からして制限されている」[*7]。

さらに私たちの文化では、本能的な性の欲求の表現に対して制限や禁止が課され、私たちの楽しみや幸福の対象は、さらに限られてしまう。こうした規則を破ると、私たちは全ての者ではなくても、ほとんどが罪意識を覚え、幸福ではないと感じるものだ。フロイトの説明では、両親がまず初めにこの社会的な制限を課し、子供は親に愛されなくなるのを恐れて従う。その後、親のこの権威は良心へと内面化され、それが超自我となる。

フロイトは、おそらく本心を隠しつつ、こう問いを放つ――「自分は文化による禁止を解かれたと考えてみよう。そうすると、気に入った女ならすべて性的対象としてよいし、恋敵を始め邪魔な者は誰であろうとためらうことなく打ち殺してよい。他人からその持ち物を何の断りもなく失敬できる。そうなれば、人生は満足の連続で、なんと素晴らしいことだろう」[*8]。だが、彼はこう気付いていた――「他の誰もが私と全く同じ欲望を持っており、私とて他人を容赦しないように先方も私に手心を加えることはないだろう。……無制限に幸福になれるのは、ただひとりの者、すなわちあらゆる権力手段を掌中に収めたひとりの暴君、ひとりの独裁者だけであ[◆4]」る（とはいえ誰もが、ヒトラーや他の独裁者らが自分を幸福だと思っていたかどうかは図りかねる）。そこでフロイトは、私たちには一つの文化として、性的かつ攻撃的な本能を制御し、そのことで自分を他人から守る上で、こうした禁止事項が必要だという考え方に同意する。この保護のために払われる代価は、私たちが幸福を経験する程度が著しく減ってしまうことだ。

フロイトは私たちの不幸について、さらに別の理由を述べる。「性愛は、圧倒的な快感を何にもまして強くわれわれに経験させてくれ、そのためにわれわれの幸福追求の雛形となったほど」[◆5]なので、人々は幸福を、主に愛情関係に求めがちである。だが彼はこう警告する。誰かが愛情関係に幸福の主な源泉を見出すのに成功したとしても、「この方途だと外界の一部、すなわち自分の選んだ愛の対象にあまりに安易に依存することになり、仮にこの対象に撥ねつけられるか、裏切りや死によってこの対象を失うかしようものなら、大変な苦しみに身をさらすことになる」[◆6]。どの詩人も同意するだろうが、「われわれは、人を愛する場合ほど苦しみに対して無防備であることはなく、愛する対象やその愛を失った時ほど不幸に対して非力となることはない」[◆7]。

フロイトは、私たちが創造的な作業からある程度の楽しみは得られると認め、このような作業を「欲動の昇華」と呼ぶ。だが楽しみや幸福、それも「芸術家が創造を通して得る喜び、……あるいは研究者の場合だと問題を解決し真理を認識する喜びなど、この類いの満足……の強度は、粗野な原初的欲動の蠢《うごめ》きが満たされることによる強度と比べると慎ましく、われわれの生身の身体性を揺さぶることはない」[◆8]。加えて、誰もが創造的な作業に関われるわけではなく、誰もが創造的な才能の持ち主ではない。それにもかかわらずフロイトは、一般的に仕事は、惨めさに対する「強力な気晴らし」として作用し得る、と説明する。彼は、ヴォルテールが『カンディード或は楽天主義説』で自分の園を耕せと忠告しているのは、この点を心に留めているのだと推測する。[*9] だがただちにこう警告を発する――「幸福に辿り着くための道として労働が人々から評価されることはあまりない。満足を与える他の可能性と違って、皆が労働に群がるということはない。大多数の人間はただ必要に迫られて仕方なく働くのであり……」[*10]。大方の人々にとって、仕事では幸福は得られない。

フロイトの時代に科学技術の発達や「平均寿命が相当の年数分、延びた」[*11]ことでさえ、人々をより幸せにはしなかった（私たちの時代でもそうだ）。実際のところ、こうした発達は私たちが不幸になるのに貢献してきたのだと彼は考えている。「人間は今や、こと自然の諸力の支配に関しては目覚ましい進歩を遂げ、それを援用すれば人類自身が最後のひとりに至るまでたやすく根絶しあえるまでになった。人々にはそれが分かっており、現在人をさいなむ焦慮や不幸、不安の少なからぬ部分は、これが分かっているという事実に起因する」[*12]。

その一方で、この人生で幸福をつかむのはとても難しく思える――「不幸を経験するのは遙かにたやすい」[*13]。フロイトの説明はこうだ――「苦しみは三つの方面から襲ってくる。まず自分の身体からやってくる。身体はいずれ衰え朽ち果てる定めにあり、苦痛と不安すら警報として欠かせない。第二は外界に由来する苦しみだ。外界は、時に、容赦ない圧倒的な破壊力をもってわれわれに牙を剥く。そして最後の苦しみは他人との関係からやってくる。この第三の源泉に由来する苦しみは、おそらく他のいずれの苦しみよりも痛切に感じられるのかもしれない」[◆9]。

フロイトは、こうした〈焦慮〉〈不幸〉〈不安〉からの解放を助けてくれる霊的な手段に気付いた多くの人々を、即座に退ける。彼は宗教上の信仰を「妄想による現実の改造を通して、自らの幸福を確保し苦しみから身を守ろうと共同で試みること」と呼び、「自ら妄想に与するかぎり、人はそれをけっして妄想であると認識しないのは言うまでもない」[◆10]。

とはいえフロイトは、世界観によって不幸は減らせないが、幸福を体験できる程度には影響を及ぼし得る、と認める。彼は、この点で自分の世界観はほとんど何も提供してくれない、と妬む気持ちを表している。『モーセという男と一神教』では皮肉を込めてこう述べる――「われわれ信仰において貧しき者にとって、最高の本質の事実的存在を確信している探求者がいかに羨ましく思われることか！……われわれが仕上げることのできる極限でもある、苦難に満ちた、惨めなほどにつまらない、断片的で試論的な説明に比較すると、信仰を持つ者が身につけている教義は、いかに包括的で徹底的かつ究極的であることか！」[*14]。彼は、信仰者は自分がどう行動すべきかという自覚を抱くことを求める、と強調する。「この神性を帯びた精神は、人間にこの理念に関する叡智を植えつけると同時に、各人の本質存在をこの理念に同化させせんとする衝迫をも植え付けた」[*15]。彼は、この理想をどれだけ実践するかが信仰者の感情の状態に影響を及ぼしているのを認める。普遍的な道徳律という理念について、フロイトはこう述べている――「人間の生命のあり方は、この理念からそのつどどれくらい距離をとっているかによって定められている。……この理念に接近するとき、人間には高貴な満足がもたらされ、……この理念から離反してしまったとき、人間はひどい不快という罰を受ける」[*16]。だが彼は、再びこの見方を退ける。冷ややかに「いっさいの事柄がたいへん単純に、そして揺るぎなく定められている」と述べ、すみやかにこう付け加える――「もしもなにがしかの人生経験と世界観が、このような至高の本質存在を前提とする可能性をわれわれから奪ってしまっているとするならば、われわれはただただ遺憾に思う」[*17]。彼は、この広く行きわたった至高の本質存在に対する「信仰はどこから『理性と科学』を圧倒し去る力を得たのか」[◆11]と当惑し、最後にこう結論を下す――「人間が〈幸福〉であるようにとの意図は、〈天地創造〉の計画の中には含まれていないとさえ言ってよい」[◆12]。

ルイスは、創造の計画は私たちに本当に幸福を提供したと考える。ところが、この計画では何かが支障となった。私たちの苦しみのほとんどは他の者が原因となっている（彼の推測では、苦しみの四分の三がこの分類に当てはまる）ので、人はなぜ他の者に対してこんな惨めな思いを強いられるのか問い質す必要がある。彼の説明はこうだ――「神は自由意志を持ったものを創造した。自由意志を持ったものとは、間違ったこともできるし正しいこともできる、そういう被造物のことである。ある人たちは、自由であってしかも間違ったことの絶対できないものを創造できると考えているが、わたしにはそんなものは考えられない。善を行なう自由を持つものは、かならず悪を行なう自由も持っているはずである。それにまた、悪の存在を可能ならしめたのは、まさに自由意志なのである」[18]。「神が人を、知的で才能豊かに創造すればするほど、世の中にあって愛したり前向きな力となる可能性は増すが、その者が反抗すると、悪の原因となり、痛みを負わせ、不幸の原因となる可能性も増す。私たちの遠い祖先は反抗し、自由意志を用いて道徳律を破り、自らの主人となり、自分たちに幾ばくか幸福の類を考案した」。

そこで、ルイスはこう問い質す――「それではなぜ神は人間に自由意志を与えたもうたのか」[19]。一体全体、神はなぜ、人々が自分自身にあれほどの欲求不満を、また他の者にはあれほどの惨めさを与える原因となるあの自由を人間が用いると分かっていて、この選択の自由を人間に与えているのだろう。「その理由はこうだ――自由意志は確かに悪を可能にするが、しかしそれはまた、持つに値する愛や善や喜びを可能にしてくれる唯一つのものだからである」[20]。自由意志なしでは私たちはロボットになってしまうが、神は明らかに、機械ではなく、人間と関わるのを好まれた。ルイスの主張はこうだ――「神が、自分の造った高等生物のために意図した幸福は、自由であることの幸福、愛と喜びの陶酔のうちに――これに比べたら地上の男女間のどんなに恍惚的な愛も水割り牛乳にすぎない――自発的に神と他者とに結びつくことの幸福なのである。そして、そのためには、彼らはどうしても自由でなければならないのだ[13]」。

ルイスは、人生の第一の目的――この惑星に私たちが存在している理由――は、私たちをここに住まわせた位格〔創造主を指す〕との関係を築くことだ、と主張する。その関係が築かれるまでは、幸福を得ようとする試み――すなわち、人から認められ、金や権力を手にし、非の打ち所のない結婚や理想的な交友関係を築き、私たちが人生を費やしてあらゆるものを求めるすべての試み――は常に不十分であり、切望を相当に満足させ、虚しさを満たし、不安を抑え、私たちを幸福にすることは決してない。彼はこう説明する――「さて、神は人間という機械を、神ご自身を燃料として走るように設計なさったのである。われわれの霊は、神ご自身を燃料とし、これを燃焼させて動くようにできている。あるいはこう言ってもいい、われわれの霊は神を食べて生きるように造られている、と。……神には、ご自身と結びついていないような幸福や平和を与えることができないのだ。もともとそんなものはないからである。神から離れた幸福や平和などというものは、そもそも存在しないのである[14]」。

ルイスは、〈性〉の満足感こそ最も強烈な快楽の体験を与え、それ故あらゆる幸福の原型といえる、というフロイトの考えには同意しない。ルイスは『被告席に立つ神』の中で、幸福は、それが結婚での幸福であっても、性の相性を超えるものに拠る、と論じる――「二人の人間が長く続く幸福を達成できたなら、それは、彼らが非常に愛し合っているからだけではなく彼らが――ズバリ言って――良い人間だからです。自制心があり、誠実で、公平な、互いに融通のきく人たちだからです[*21]」。

ルイスはまた、私たちには幸福を求める（米国人なら、追い求めると表現する）権利はあるものの、幸福になる権利そのものはない、と論じる――「最初は、それが、幸運の権利と同じくらい奇妙に聞こえました。というのも、私は――私たちの幸福や不幸はかなり、人間の支配をすべて超えた状況にかかっていると信じているからです。幸福になる権利は、私には、六フィートの身長になる権利とか、百万長者を父親に持つ権利とか、ピクニックに行きたいと思う度によい天気に恵まれる権利というのと同じくらい、意味のない言葉に聞こえました[◆15]」。彼は、あらゆる形態の快楽や楽しみ、幸福、喜びは神に由来し、神はこれらをすべての者が楽しむために代価なしで与えていると考えてはいるものの、こうした世的な快楽が私たちを完全に満たすことはないと認める。「喜ばしいことはたくさんありますし、うっとりとする瞬間もあります[*22]」とルイスは書いているが、それが私たちの切望を完全に満たすことはない。神は、「わたしたちが願い求める安全[*23]」を与えずにおく。そうでなければ、私たちはこの世を、通り過ぎる場所というより、むしろ故郷だと考えてしまう。これが彼の言いたいことで、次のように書いている――「わたしたちの父なる神はみもとに帰る旅の途中に居心地のよい宿をいくつか設けてわたしたちの心を安らわせてくださいますが、それを故郷そのものと取り違えることとは決して奨励なさいません[◆16]」。

世的な快楽とこの世の幸福の源泉は、私たちが十分楽しむように神から与えられているものだが、それが人生の第一の目的になると、ある危険を引き起こす――ルイスはそう考える。快楽や幸福は、私たちに、誤ってこの世が永遠の住まいだと思わせるだけでなく、私たちを神との関係から逸らしてしまうかも知れない。彼は次のように警告する――「あらゆる快楽や幸福は、その性質自体は良いものであり、神は私たちにそれを楽しむよう望んでいる」ものの、「私たちが神と無関係にそれを楽しむことは望まず、ましてや、神よりそれを好むことも望んでいない」[◆17]。ルイスは霊的な人生の基本原則を強調し続ける。神との関係が第一に位置付けられていれば、この世的な愛や楽しみも含めて、他のすべてのものも豊かになっていく。友人宛の手紙で彼はこう書いている――「わたしがこの世のいとしい人よりも神を愛するようになったときこそ、わたしはその人をいま以上に愛することでしょう。神を捨て、神の代りに人を愛するようになるときには、この世のいとしい人さえ少しも愛せないような状態に向かって進んでいるのです。真先に置かれるべきものが本来の位置に置かれるとき、第二に置かれるべきものは抑圧されずにかえってより豊かになるのです」[◆18]。大切なことを一つ言い残したが、ルイスが強調しているのは、この世のどんな快楽も、私たちを造った位格との関係を求めて抱く、心からの必要や願望の代わりになることはなく、ましてや、そうした必要や願望を満たすことはない、ということだ。彼は、創造主との関係を第一に求めるなら、私たちはその関係と共に、十分な幸福も得られると信じている。しかし自分の幸福を第一に求めるなら、私たちは創造主との関係も私たちの幸福も、どちらも得られないだろう。ルイスはこう書いている――「本当に、幸福そのものについて最も望ましいのは、幸福について考えることから解き放ってくれることだ。金が与えてくれる最大の快楽が、金について考える必要がなくなることであるように」[◆19]。

　ルイスは新約聖書の一節を引用する――「あなたは万物を造られ、万物はあなたの御心によって存在し、また造られたからです」[*24]。そしてこう述べる――「私たち人間は本来、わたしたちが神を愛するためにではなく（もちろんそのためでもありますが）、神がわたしたちを愛してくださるために、愛の神の『心にかなう』ものとなるように、造られたのでした」[*25]。神が愛する対象になるには、変化が求められる。不幸や痛みの経験の中には、私たちを、神が愛し、神が喜びを見出し得る存在に変えるように働くものがある。彼はこう書いている――「神がいささかのためらいもなく愛されるような者とわたしたちがなったとき、幸福は現実にわたしたちのものとなるでしょう」[20]。ルイスは、創造主との関係から離れようと願いつつ、深みがあり、落ち着き、永続する幸福を見つけようとしても、あらゆる努力は挫折する、と強調する。彼の説明では、人間はその関係のためにこそ作られている――「創造主がそのご計画の中で人間を置こうとなさった地位、その地位のためにこそ、人間は創造されたのです。その地位に到達したとき、人間性は完成され、人間は幸福を獲得します。……それに伴う痛みもまた終わるのです」[21]。彼はこう結論を下す――「神は人間に、ご自身のもっておられないものではなく、もっておられるものをお与えになります。存在しない幸福ではなく、存在する幸福をお与えになるのです。自ら神となること――あるいは神に似たものとなり、被造物としての応答において神の善を神おん自らと共にすること――あるいは悲惨となること、道は三つしかないのです。この宇宙に生い育つ唯一の食べもの――いや、いかなる宇宙があろうとも、それはそこでも唯一の食べものであるでしょう――を食べることを学ぼうとしなければ、永遠に飢えるほかありません」[22]。

❉

フロイトは唯物論の考えから、幸福を手に入れる可能性については悲観的だ。無神論者だったルイスは、フロイトの悲観的な態度を分かち合っていた。フロイトにとって肉体的な快楽は束の間のもので、全般的に不幸であることは避けられない。彼は未来を、暗く不吉なものと見ていた。回心後のルイスは楽観的になり、未来を希望で満ちたものと見るようになった。どちらが正しいのだろう？

各々の伝記作家たちが、この問いに光を投げかけてくれる。

フロイトも、世界観の変化を経験する前のルイスも、手紙や自伝の中で、悲観論や憂鬱、一般的な不幸の状態について頻繁に語っている。二人とも、人生の初期に死別を経験している（調査の示すところでは、人生の初期に親や代理親を失うと、臨床上の鬱病にかかりやすくなるという）[◆23]。フロイトはしばしば「鬱病の発作[*26]」について書いている。ルイスの友人たちは、彼は回心前、「ケルト人風のふさぎ込み」があったと話している。

若き十代半ばの頃、フロイトは友人のエドゥアルト・ジルバーシュタインと多くの手紙を交わした。ジルバーシュタインは、フロイトの落胆した気分について明白な意見を述べている。鬱症状の多くの者がそうであるように、フロイトは自分が鬱症状だとは考えず、友人の意見に抗《あらが》った。「僕の雰囲気が憂鬱で悲し気だと云うなら、君は誤解している」――十六歳の時にそう書いている。彼は、自分は本当は陽気なのに「油断した」時に限って「あの侘しい気分に襲われる[◆24]」と断言している。だが六ヶ月も経たない頃にある友人に手紙を書き、自分の意気消沈ぶりについて「僕の惨めな人生」と呼んでいる。

たぶんこうした油断した時の一つが、フロイトの失恋体験の後に起こっている。彼は何年も経ってから、ギゼラ・フルスについて「初めての歓喜[*27]」と書いているが、彼が実際にどうやって彼女を知ったのか、彼女との関係のどれほどが青年期の白昼夢の中で起こったのか、ほとんど情報がない。明らかなのは、およそ三年後に、彼女が他の男と結婚することになるのを聞いたということだ。フロイトはジルバーシュタイン宛の手紙に〈祝婚歌〉と題する長詩[25]を同封する。この詩では、彼女の話し声が望ましくなく、彼女について好まないことをすべて挙げることで、彼女を失う痛みと悲しみを克服しようとしているように見える。だがさらに混乱させるのは、フロイトはその手紙に、おそらくうっかりして、詩の最初の素案を書いていた時の覚え書きを一枚、同封していた。この覚え書きには「他の男の腕に抱かれた忠実な花嫁」「嫌悪感を引き起こす絶望」「僕は荒れ狂い、苦痛が胸を焼き焦がす」といった思いが綴られ、彼がどれほど激怒していたかが分かる。さらに心配させるのは、自殺についての言及が多いことだ――「青酸カリを二包みすぐに送ってくれ……エーテルを五錠……毒ニンジンを……ヒ素を、白色で純粋なものを全部……」。これは単に、彼が後日「戯れの恋」と称したものへの、十代の大げさな反応に過ぎないかも知れない。だがおそらく、鬱症状と闘っている者にとっては大げさではないのである。

二十代に書かれた彼の手紙の多くに、鬱症状についての記述がある。二十六歳の時、婚約者のマルタ・ベルナイスに宛てた手紙では、彼の友人たちが「打ちひしがれた状態から、ぼくを立ち直らせてくれ[26]」たと述べている。数年後にフロイトは、鬱症状から解放してくれる別の方法を見つけた。一八八四年の早い時期、二十八歳の時に、フロイトはコカインと呼ばれる新たな麻薬の実験を始めた。手紙には、その前年はとりわけ鬱症状がひどかったことが示されている。一八八四年八月、彼は婚約者に宛ててこう書いている――「別離の十四ヶ月のあいだ喜びを感じた時といえば、……三、四日にすぎない。これは、まだ若い、そして今まで一度も本当の若さを満喫したことのない一人の人間にとっては、余りにも少すぎる[◆27]」。彼は数週間前にコカインの摂取を始めたばかりで、鬱症状を取り除いてくれるのが分かった。当時の手紙の中で、彼は自分自身を「身体の中にコカインのある大きな荒々しい男」と呼び、「この前ひどく意気消沈した時私はまたコカをとり、そのわずかな一回の薬は、すばらしいやりかたで私を高みに引き揚げました[◆28]」と書いている。

六ヶ月後、マルタへの手紙の中で、彼は再び麻薬に言及している——「私はそのごく少量を規則的に意気消沈と消化不良に対してとっていますが、それはとてもすばらしくききます[◆29]」。二、三ヶ月後に書かれた手紙はこう始まっている——「もしかしたら君はぼくのパリからの手紙にはいつも憂鬱が混じり込んでいたのでもうそれに馴れっこになってしまっているかも知れないが、今日のぼくの手紙にはそれがないのに気づくだろう[◆30／＊28]」。

もちろん麻薬は、フロイトにとって唯一の答ではなかった。彼は時々、仕事によって気分の高揚を助けた。フリース宛の手紙の中で、フロイトは「僕は自分の抑うつを知的な事物の特別な食餌療法の助けによって打ち負かしました[◆31]」と書いている。だが心の中では、彼は陰鬱なユーモアを口にできる悲観主義者だった。四十四歳の時、フロイトはフリースに「誰もが次第に『幸福』の本質への新しい洞察に慣れつつあります。運命がそのすべての脅しを同時に実現しないなら、幸福と思わなければならないのです[◆32]」と述べている。ずっと後になって担当医に宛てた手紙では、幸福が何と理解し難いものかと書いている——「……もう幸福を手に入れたと思うのですが、いつも去っていってしまいます[◆33]」。八十歳で、人生の終わりが近い頃、彼は相変わらず気難しかったようだ——「どうしても老いの悲惨や無力と和解することができず、この世から消え去るのを待ち焦がれています」[◆34]。鬱症状の特徴として、悲しみや失望感、無力感、人生の否定的な解釈があり、頻繁に死を思い巡らし、未来を悲観視する。実際にその道の権威の中には、否定的な考え方や悲観論は鬱症状の特徴であるだけではなく、実際にその原因となる[◆35]と考える者もいる（ある心理療法の形式、特に認知行動療法は、鬱症状を扱う手段として、こうした否定的な考え方のパターンを変えることを目指している）[*29]。フロイトは、鬱症状のこうした特徴の各々を立証した。私たちはここで、彼の強烈な否定的態度と、恐ろしいまでの悲観論に焦点を当てようと思う。

　悲観論は、フロイトの著述の多くに充満している。同僚のカール・アブラハムに宛てた手紙の中で、フロイトは「人生はあまりにも重く私にのしかかってくる。これについてはほとんど語ってこなかった。他の者がそんな意見を不平や鬱症状の徴候《しるし》と受け止めるのが分かっているからだ[*30]」と書いている。フロイトが亡くなる十五年ほど前、アブラハム宛に書かれた別の手紙では、彼が死と悲観論にのめり込んでいる様子が示されている。「私は回復に向っていると考えられてはおりますけれども、私の生涯の終わりは近いものという悲観的な確信が私の内面の奥深くにひそんでいます。それは決して消えることのない私の傷の苦しみを糧にして生きています。生きることへの不合理な愛と、それよりも道理にかなった諦念の間の葛藤を中心とする一種の老人性鬱病が感じられます。……[◆36]」。

　フロイトの悲観論は手紙だけではなく、解説的著作や哲学的著作にも表われている。たとえば七十代で書かれた『文化の中の居心地悪さ』で、彼は悲観的にこう結論付けている――「長寿にしても、それが喜びも少なく苦しみに満ちたつらい人生であり、死をもっぱら救いとして歓迎するのであれば、われわれにとって何の値打ちがあるというのか[◆37]」。

フロイトは、彼の世界観と悲観論との関係に気付いていていたように思える。オスカー・プフィスター宛の手紙では、悲観論を擁護して次のように書いている――「わたしは自己憐憫者でもなければ、呪われてもいません。でき得ることなら、喜んで他人のようにすべきだし、人類にバラ色の未来を授けるべきでしょう。私たちがバラ色の未来を当てにできるなら、未来ははるかにもっと美しく、慰めに満ちたものに見えるでしょう。しかしわたしにとって、これは真実とは相容れない、もう一つの幻想(欲望の成就)の事例と思えるのです。問題なのは、どんな信仰が人生にはもっと喜ばしく、快く、利点があるかではなく、わたしたちの外に横たわる当惑させる現実に対して、より実際に近く見せているかも知れないものについてなのです。……わたしにとって悲観論は結論であり、一方で、相手方の抱く楽観論は、直感的な仮定のように思えるのです[◆38]」。フロイトは、彼の理論と哲学はしっかりした論理に基づいているという核心を突きながらこう述べている――「わたしは自分の悲観的な理論と理性とに婚姻を結ばせましたが、一方でほかの者は、自分たちの理論を恋愛結婚の中で受け入れているのです」。そして相手方について、結論を下している――「こうして、彼らは私よりも大きな幸福を得るように望んでいるのです[*31]」。フロイトは、彼の世界観が幸福への希望をほとんどもたらさないことを知っているように思え、幸福について何かをするのに無力さを感じていた。

C・S・ルイスも、前半生は鬱の症状に苦しんだ。母親と死別し、父親の拒絶に会い、最初の寄宿学校では校長の残忍さを経験するが、このすべてが鬱症状における役割を果たす。少年時代の後半は辛いもので、深い喪失感による悲しみと不幸に寄与した。わずか十五歳の時、グレイト・ブッカムでカークパトリック氏の下で学んでいた頃、ルイスは何か幸福らしきものを体験する。友人のグリーヴズに宛てた手紙の中で、ルイスはこう書いている――「本当に不思議なのがぼくの立場だ。モールヴァンで経験した恐怖の体験や惨めさ、失望から、突然、はるかに並以上の快適さと幸福に変わったのだから。君がぼくの今の状態をうらやむとしたら、何年にも及ぶ不幸な状態の後で、その埋め合わせとなるものがあってしかるべきだということを、君は常に思い起こす必要がある。ぼくが望んでいるのはただ、この後で、これに相応する憂鬱な状況にならなければいいのだがということだ……[◆39]」。

回心する前のルイスにも、フロイトの悲観論や憂鬱を共有していた証拠がかなりある。ルイスは自伝や手紙、その他の著述の中で、この悲観論について述べている。『喜びのおとずれ』の中では、幼い子供の頃「大人の生活というものはひどく憂鬱なものだと考えた[*32]」と述べている。この憂鬱な見かけの幾分かを、彼は自分の父親に帰している――「父を見ていて……わたしは大人の生活というものは、いつも財政的な破綻に脅された、絶え間ない努力の集積なのだと思っていた[◆40]」。従って学校を出たとたん、目の前に積み重なっているのは「死ぬまで仕事、仕事、仕事[*33]」であった。青年の頃、霊的な世界観を抱く際の多くの障害について論じていた時、彼はこう書いている――「わたしの信仰をゆるがしたのは、心中深く根づいていた厭世主義だった。厭世主義といっても、その時はすでに情緒的であるよりは知的な要素のほうが大きかった。当時わたしは、森羅万象がどちらかといえば悲しむべき成り立ちをしているという考え方をしていた。……わたしがこの宇宙をよそよそしくて恐しい場所だと思っていたのも無理はない[◆41]」。

ここでルイスは区別している。彼は自分の悲観論が、感情よりも思考の結果、すなわち、世界についてどう考えどう眺めたかの結果だということに気付く。ではなぜ、そんなに否定的に考えたのだろう。彼は幾つか理由を挙げる――運動を困難にした身体的なハンディキャップ、そして言うまでもなく母親の死。ルイスはこう書いている――「読者はわたしの厭世主義の由来について、いろいろな点で幸福な幼い少年を襲ったあの衝撃のことを思い出すかも知れない[◆42]」。

ルイスはあの初期の頃、自分の悲観論が未来への見通し全体にどれほど影響を及ぼしたかを、「万事自分が望まないようなことがいつも起るという固定観念」として描いている――「まっすぐのままであってほしいと思ったものがすべて曲ってしまい、曲げようと思ったものが逆に反りかえる。しばろうとする結び目がすべてほどけて、ほどきたいと思っている結び目がどれもほどけない。これをことばで言うといつも滑稽になるし、わたしとても今では、何かしら滑稽なものとしてでなければもう考えることができない。まるで捉えどころがない事柄で、大人の目には奇異に見えかねないが、このために一人の幼い人間が偏見を植えつけられ、何がほんもので何がほんものでないかという判断に歪みをあたえられたのである[◆43]」。

若かりし青年の頃、ルイスは『ロキの捕縛』という悲劇を書いた。英雄であるロキは（ルイスが後で気付いたように）「わたし自身の姿を投影させたものである。つまりロキを通じて哀れにもわたしは、気取った優越感を表白しておのれの不幸の埋めあわせをしていた[◆44]」。この英雄はオーディン神に叛逆していた。なぜなら、「〔オーディン神が〕世界を創造することは理不尽、残酷の極みだとはっきり警告しても、オーディンがそれを聞かなかったからである。みずから承認した覚えもないのに、どうして生きとし生けるものは、生存の重荷を負わなければならないのだろうか[*34]」。彼はここで、自分自身の怒りと悲観的な思いを表明していることに気付く――「この頃のわたしは、世の無神論者……のように、矛盾の渦巻のなかに生きていた。神は存在しないとわたしは主張したが、神が存在しないことに腹を立ててもいた。同時に、神が世界を創造したことにも腹を立てていた」[◆45]。彼は、同意もなしにこの地球上に置かれ、その恐怖のすべてに曝されるのをひどく嫌った。だが彼は「虚無や滅亡を、恐しいと思ったことがない」。死ではなく生が、彼を落胆させたのである。回心して初めて「人生とは真に何なのか、その恐怖を見過すと何を失うかを知りはじめた」[◆46]時、この変化が起こった。

ルイスにとって、人生の長短はルクレティウスの引用に要約されている。

もし神がこの世の設計をしたならば、
かくも脆く不完全な世界にしなかったろう。[*35]

ルイスの無神論は悲観論に先立っていたのか、あるいはその逆だったのか。おそらく、両者は互いに強め合ったのだろう。戦争の恐怖を目撃した後ほぼ三十年経って書かれた手紙の中で、彼は自分を悲観論に導き、その後で無神論の基礎を築いた個人的な経験を列挙している――「幼くして母を失い、学校では不幸のどん底で、この前の戦争の暗い影を背負い、今でもそれを体験していることで、存在することに非常に悲観的な見方が身についてしまった。私の無神論はこの見方に基づいている。今でもこう思えるのだ――敵の手中にあるはるかに最強な切り札が世の中の現実の流れとなっていて、しかもそれは、戦争や革命といった外ならぬ悪行からまったく隔たっている、と。〈被造物〉に備わっている〈慢心〉、命が命を食い物にし、美や幸福はどれも滅ぼされるために生み出されたようなものだという事実――こうしたことが受け入れ難かった」[◆47]。

ルイスは、人間の苦しみについての古典である『痛みの問題』の中で、回心する前に世の中をどう眺めていたかを、この上なく具体的に描いている――「わたしが無神論者であったころ、もしも誰かがわたしに、『あなたはなぜ、神の存在を信じないのですか』ときいたら、わたしはおよそ次のように答えたでしょう[*36]」。まず、宇宙の荒涼たる様を――「その大部分は真の闇にとざされた、想像を絶するほど寒冷な空間から成り立っています。……生命の諸形態は例外なしに他を餌食とすることによってのみ生命を保つことができる……生物は生まれることによって苦痛を引き起こし、他に苦痛を加えることによって生きながらえ、多くは苦痛のうちに死ぬのです[*37]」。続けて、「最も複雑な生物である人間においては、さらにもう一つべつな資質が現われます。理性と呼ばれるものがそれで、これによって人間は自己のこうむる苦痛を予知することができるのです。というわけで、苦痛にははなはだしい精神的苦悩が先行し、人間は永世を強く願いながら、自分自身の死を予見することになります[*38]」。この人間の歴史は「犯罪、戦争、病気、恐怖のそれであって、その間たまさか幸福な瞬間もまじりますが、……失えば失うで、かつての幸福を思い出して何とも切ない思いをするのです[*39]」。手短に言えば、「このような宇宙を、慈愛に富んだ、全能の霊力の創造したものであると信じろと言われるなら、わたしは答えます。『あらゆる証拠はまったく逆の方向を指し示している。……』と[*40]」。

ルイスの多くの伝記作家たちや彼の親友は、世界観が変化したことでいかに彼の人生が、とりわけ幸福を体験する力が大きく変わったかを強調している。変化が起こる前には、「神と〈喜び〉のあいだに結びつきがあったとか、ありうるかも知れないといった手がかりは何らあたえられなかった[*41]」。彼は、〈喜び《ジョイ》〉と呼んだ深い切望が、彼を作った位格との関係を求める願望なのだとは認識していなかった。回心の後、ルイスは創造主と新たに築かれた関係、そして新たに得た多くの友情とに幸福を見出す。

他者との関係の特質は、私たちが感情面でどの程度健全かのかなり公平な尺度になる。幸福か不幸かというのは私たちの気分の反映であり、それは翻って他者とどう関わるかに影響を与える。鬱症状の者は憂鬱で悲観的なだけでなく、怒りっぽく短気で、希望がない――これは、好ましい関係を生み出す特質ではない。この事実は、フロイトの生涯を通じて見られる荒れ狂った人間関係や、ルイスの前半生に親密な人間関係がほとんど見られなかったことを、幾分理解させてくれる。回心してから、ルイスは多くの親密な友情を楽しむ。彼はこう書いている――「信じることと祈ることで、わたしは内から外にむき始めた。彼らに言わせると、その頃わたしは、悩みを忘れさせてもらっていた」[48]。

ルイスにとって、親密な友人と暖炉のまわりに腰を下ろして愉快な話に興じたり、イングランドの田舎を友人と一緒に長時間散歩することに勝る楽しみはなかった。彼はこう書いている――「私が一番幸せなのは、旧友三、四人と一緒に着慣れた服装で歩き回り、小さな宿屋に泊まる。あるいはコレッジの誰かの部屋で小一時間腰を下ろし、ビールやお茶を手にしてパイプをくゆらせ、戯言《たわごと》や詩、神学、形而上学について語り合うひとときだ。笑い声……に勝る好ましい響きはない」[49]。友人のグリーヴズ宛の手紙にはこう書いている――「友情はこの世で一番の財産だ。ぼくにとって間違いなく、人生の第一の幸福だ。どんな所で生きるべきか若者に一言助言を与えなければならないなら、『友人たちが近くにいる所で生活するためなら、ほとんどすべてを犠牲にしたまえ』と述べると思う。ぼくはその点、とても幸運だと理解している……」[50]。ルイスは結婚によって圧倒的な幸福を見出したが、その様子は、妻の書いた手紙や、妻の死に当たって著した『悲しみをみつめて』を読めば、より良く理解できる。ルイスは、親密な人間関係のほとんどない用心深いはにかみ屋から、多くの親友や同僚に囲まれた魅力的な社交人へと変わった。三十年あまりルイスを知っている伝記作家のジョージ・セイヤーや、親友としての付き合いが四十年を超えるオウエン・バーフィールドは、変化を遂げた後のルイスを描いている。生前、「彼はとても楽しそうで、まるで男の子みたいに喜んでいた」。二人はルイスを「すごく面白い男で、とんでもなく機知に富む愉快な仲間……思いやりがあって……自分よりも友人の幸せを気遣う」と描写している。

　どうしてこんな変化が起こったのだろう。私は精神分析医として、三つの要素を提示する。まず一番目に、旧約と新約の両聖書を真剣に読み始めた時、ルイスは彼の個性を確立するための、すなわち「自分自身のほんとうの人格性を獲得し始める」ための、新たな手法について述べている。この過程には、創造主との関係の中で「全面的に自己を捨てる」ことが含まれる、としている。ルイスは、「あなたの自己を神に献げない限り、あなたはほんとうの自己をもつことはできない[*42]」と書いている。彼は特に、新約聖書の一節である「私のために命を失う者は、それを得る[*43]」に目を留める。彼は「ほんとうの自己を見出す[*44]」ために、内へ向かうのではなく、外へと目を向けた。

　二番目に、ルイスは聖愛《アガペー》――隣人にとって最善を望むことで隣人を愛し、この考え方に従って振る舞うように自らの意志を鍛えること――を理解することで、やはり彼自身の外側へと引き出された。自分自身の必要を大いに気に掛けるよりも他人の必要に気付くようになり、さらに、そうした必要を満たすために自らの意志を働かせるべく歩む力を養った。

三番目に、新たな世界観は、他人に対するルイスの評価を変えた。もはや死は人生の終わりを意味せず、果てしなく続く書の第一章の終わりに過ぎない。彼は今や、どの人間も永遠に生きると信じていた――地球上のどの組織よりも、どの国家よりも、どの文明よりも長く生きる、と。「月並みな人などいはしない」[*45]――ルイスは、オクスフォードでの講演で、聴衆に念を押した。彼らに向かって「今あなたが話しかけることのできるいちばん退くつで、いちばんつまらない人でも、いつか、今それと分かりさえすれば、強烈に崇拝したい気になるような、そんな人になるかもしれず……と思い起こ[*46]」すように勧めたのである。誰もかつて「いずれ死ぬだけというような人」に話しかけたことなどないのだ。「……冗談を言い、共に働き、結婚し、鼻であしらい、そして搾り取る相手は、命尽きぬもの、死ぬことのないおぞましさであり、または永遠の輝きであるのです。……隣人こそ五感に示されるもののうち最も聖なるものなのです[◆51]」。

ルイスの新たな世界観では、人々は、地球上の他のあらゆるものを、時間と重要性において超越している。この世界観によって、彼は人生での新たな優先事項を定めた――第一の優先事項は創造主との関係に対して、第二の優先事項は他者との関係に対して与えられた。私たちがこの優先順を守るのがいかに重要であるかは、彼の著述に頻繁に取り上げられる主題である。

幸福と野心

名声、あるいは名声への願望は、幸福と関わりがあるだろうか。満足が幸福の重要な側面だとしたら、他者から評価されなければ、それは名声を切望する者には不幸の源かも知れない。名声自体が幸福への障害物だと示唆する著述家もいる。トマス・ジェファソンはジョン・アダムズ宛の手紙の中で、「彼は、世が最も幸福ではないと言う者の中で、良くも悪くも、最も幸福な者だ」と書いている。[*47]

他者から認められたいという思いは、フロイトと、変化が起こる前のルイスにとって、強い動機となった。フロイトは常に、有名になりたいという願望を公然と表明していた。ルイスは回心の後、有名になりたいという思いや他人よりも知られたいという願望が、若い頃は霊的な障害物になったという、強い確信を表明している。

フロイトは四十代で自己分析を始めた頃、有名になりたい、偉大な人物として知られたいという、積年の強烈な願望が認められた。彼は『夢解釈』の中で、子供の頃頻繁に繰り返し聞かされた出来事について述べている。彼が生まれた時「初めての子どもを産んで幸せにしている母親に、ある年寄りの農婦が、あなたの産んだ子は、いまに世界的な大人物になりますよ、と予言した[*48]」という。フロイトは、大きくなるに従って何度も繰り返されたこの物語が、部分的ではあれ、自らの切望の原因になっていると考えた。

彼は、有名になりたいという思いに関係があると思われる二つ目の出来事が子供の頃に起こっていたのを思い出す。七歳か八歳の頃、フロイトは両親の寝室で失敗をしでかした。床に向かって用を足したのである。父親は怒りを爆発させ、この子は決してひとかどの者にはならないと口にした。この恥ずかしさは何年もの間彼に取り憑き、夢にも現れた。フロイトは、この出来事が「私の名誉欲にとっての一大事となったに違いない」と考える。彼は、「私の夢の中ではこの場面への仄めかしが繰り返し現れて、それらはきまって、自分の業績や成果を数え上げるということに結び付いていた」と述べている。名声や偉大さへの思いは、父親や世の中に向かって「見てごらん、僕はひとかどのものになったではないですか」[*49]と口にしたい願望が動機になっているのだ、と彼は思い巡らす。

フロイトは十七歳の時、友人のエミール・フルス宛に手紙を書き、彼から受け取った手紙を取っておくように勧め、いつの日か自分が有名になるのを暗示していた。彼はこう書いている――「ところでぼくは……友人としてあなたに薦めたいのですが――ぼくの手紙を保存しておいた方がいいですよ――綴じ合わせてね――大切にして下さい――どうなるか分らないから」[◆50]。

およそ十二年後、フロイトは未来の伝記作家が失望すると思われるある決心をするが、これには、いつの日か有名になるとの思いが反映していた。「ある計画をぼくはほとんど完全に成し遂げた。この計画をまだ生れていない、が不幸にも生れてこざるを得ない人びとは厄介なものだと感ずるだろう。どんな人びとのことを言っているのか君はあてることができないだろうから、早速ばらしてしまうと、それはぼくを扱う伝記作者たちのことだ」[*51]――フロイトは、婚約者宛の手紙の中でそう書いている。彼の説明はこうだ――「ぼくは十四歳以来の日記全部と、手紙、そして論文のための抜書と草稿とを廃棄した。手紙のうちでは家族のものだけがこの運命を免《まぬ》かれた。君の手紙は、マルタ、もちろん全く危険から守られている」。フロイトはこうした経歴の初期の段階においても、それも二十代で、いつか自分について本を書くのを願う者がいると、自信があったように見える――「伝記作者たちを苦しめてやろう、そう簡単にやってもらうわけにはいかない。伝記作者の一人一人がそれぞれ『主人公の発展』に関する見解を出し、しかもそのいずれもが正しいということになるのだ。ぼくは彼らがどんな思い違いをやらかすか今から楽しみにしている」。フロイトが廃棄を望んだこうした手書きの資料は、彼について何を明らかにしているのだろう。彼は、この資料には次のようなものが含まれていたと記すに止めている――「世界に関して一般的に、そしてそれがぼくに関係している限りにおいては特殊的に、……ぼくは……いつか死ぬわけだが、そのあいだ中いつもいつも、誰がぼくの古い紙屑の山を探索するか心配しなければならないというわけだ◆53」。

同僚の一人が成功を博して世の中に認められた時、フロイトは彼を「偉大な発明をなした偉大な男」と呼び、それから残念そうにこう付け加えた――「ああ、彼らは皆、名声において私に勝っている◆54」。

五十代になるとフロイトは、他人が自分をどう思っているかに興味を失った。「今、あの他の連中が言っていることには関心がありません」――同僚のサンドール・フェレンツィ宛の手紙にはそう書いている。*52 しかも彼は、名声は否定的な影響をもたらし得ることに気付いていたようだ――「私たちの誰もが、今仕事の真っ只中にあって益となることよりも多くの感謝の気持ちや死後の名声を、精神分析から得ることでしょう◆55」。フェレンツィ宛の別の手紙では、彼は名声を強く望んでいたかも知れないが、かつては名声を得ることに疑いを抱いていたのを明らかにしている――「私はもちろん何らかの報いや名声を期待して仕事をしているのではありません。人間の恩を忘れる心のさけがたいことを思えば、私は後になって私の子供達が何かを得るとも期待いたしません◆56」。

それにもかかわらず、他人から認められないばかりか、とりわけ他人からの批判が、生涯を通じてフロイトを悩ませた。ほぼ八十歳で自伝を著した時、彼は、有名になるのに長いことかかったといって婚約者を責めるという、やや奇妙な話を展開している。教育を終え、ウィーンに落ち着いて開業する年月について記した後、彼は突然こう付け加える――「今にして思えば、わが花嫁のおかげで、私は青年時代に名声をあげそこなったと言えるかもしれない[*53]」。フロイトは「当時はあまり知られていなかったメルク社製造のアルカロイド・コカインを取り寄せ[*54]」たと述べる。彼はこの麻薬について研究を始めたが、その時「二年来会えずじまいでいた恋人に再会する旅行に出られそうな雲行きになった[*55]」。彼女に会いに出発する前、彼はある友人に、病眼の治療のためにコカインの〈麻酔特性〉を調査すべきだと勧めた。この結果、フロイト以外の者が「コカインによる局部麻酔の発見者」となり、「小外科にとって不可欠……とみなされている。もっとも私が、あの時好機を逸したことでわが花嫁を恨みに思ったことは、ついぞない[*56]」。

この同じ自伝でフロイトは、自分の仕事を嘲り、彼が受けるに値すると感じていた評価を遅らせた者に対して、敵意を表明している。彼はこう書いている――「この時代の歴史を書こうという人……は当時の代表的な学者たちの態度が、ドイツの学問にとって名誉となるものではなかったことを認めないわけにはいかないだろう。……そのいちじるしい傲岸さや良心のかけらもない論理軽視、論駁のさいの下品さや悪趣味ぶりには、弁解の余地はない[*57]」。彼は、何年も経ってから「いまもなお、このようなささくれだった気持ちを吐露することには、子供じみているという咎め立てもあるかもしれない」と認め、しかしその後で「なんとも心苦しいかぎりだった」と付け加えている[◆57]。

一九一七年、フロイトはノーベル賞の候補に挙げられたが、受賞はしなかった。この年の日記には「一九一七年のノーベル賞なし[*58]」と記している。彼は明らかに、将来のどこかで受賞することを望んでいた。一九三〇年になって、彼は再び「ノーベル賞落選確実[◆58]」と記している。

　C・S・ルイスも、有名になることを夢見ていた。ただ、変化の起こる前に限られていたが。一九四一年に書いた小論ではこう述べている――「成功や名声、愛、そして似たような夢を……わたしは数多く見てきた……夢の中では気の利いた事を口にし……闘い続け、自分がどれほど非凡な者かを世の中に認めさせようと広く働きかけた[◆59]」。変化の起こる前、彼は、イングランドの有名な寄宿学校や一流大学の在籍中に育まれたあらゆる俗物根性や自惚れ、尊大さを身につけていた。彼の日記や自伝、手紙には、このことが明瞭に示されている。ルイスは、学校での体験を次のように描いている――「かくも競争が激しく俗物根性と追従にみちた社会、かくも利己的で階級意識の強い支配階級、かくもおもねりに終始し、団結心と集団の名誉心に欠けたプロレタリアートを、わたしはまだ見たことがない[*59]」。

　世界観が変わるほんの少し前、ルイスは初めて自分自身を真剣に吟味し始めた。彼は、自分の目に映ったものが好きになれなかった。「わたしはそこで見たものにぞっとしてしまった。情欲の動物園、野心の精神病院[*60]」――『喜びのおとずれ』の中ではそう表現している。たぶんこのことが、自分の外にあるものに助けを求めなければと実感させ、結果として回心へとつながったのかも知れない。この変化に至る期間、彼は友人のグリーヴズ宛にこう書いている――「ぼくは自分の性格が、こっけいで手に負えないものだと分かった。……静かに腰をおろして高まる思いが跳び出てくる度にそれを見つめる。……三度に一度は自己賛美の思いだ。……一日中、気が付くと鏡の前でいわばポーズを取っている。次の生徒に言うべきこと（もちろん長所）を注意深く考えているふりをし、それから突如、自分がいかに恐ろしいほど賢いか、生徒が自分をどう称えるかを本気で考えている。……さらに、自分に向かってそんなことを止めさせ、そうする自分を誉め称えている[◆60]」。

グリーヴズ宛の別の手紙には、ルイスが自分の性格の中でこれに関連する欠点と思われるもの、すなわち大作家として認められたいという願いが示されている——「作家として認められたいというぼくの一面は……ぼくたちの本当に価値ある一面とはいえない。きっと、神がぼくたちを見捨てなければ、この面に何かのやり方でお灸を据える手段を見つけるだろう。ぼくたちがまさに今、お灸による痛みを十分受け入れられるなら、仲間よりも有名になりたいというあの願望は永遠に乗り超えられる。まあ、受け入れられないとしても、そのお灸をもう一度、何か別の形で受けるだろう。正直に言うと、あらゆる痛みによる矯正は、喜びでもある。疲れて傷つき、這いつくばるように帰宅すると、真に休息に満ちた心持ちになるけれど、その時にはあらゆる野心は捨て去ってしまっている[◆61]」。

ルイスは、変化が起こってからは名声を求めなかったにも拘らず、それを見出した。著述にたっぷり専念し、作家として有名になることを忘れてしまった時、彼はすぐれた物書きとなり、それ故に認められるようになった。この事実《こと》は、よく繰り返される彼の原則に寄与したかも知れない——第一のものが最初になされるなら、第二のものは減ることなく逆に増えるのだ。

ルイスはまた、名声や、それを求める願望には大きな危険があることを悟った。彼は、名声を求める願望は単に他の者よりも知られたいという願望であり、それは高慢の表現なのだということに気付く——「本質的な悪徳、究極的な悪[*61]」である。彼は次のように述べ、人間の本性に対して洞察に富む見解を分かち合ってくれる——「プライドは本質的に——その本性そのもののゆえに——競争的であること、これに反して、他の諸悪は、いわば、偶然に競争的であるにすぎない、ということである。プライドは何かを所有することに喜びを感ずるのではなく、隣人よりもより多く所有することに喜びを感ずるのである」[*62]。さらにこうも述べている――「世界が始まって以来、すべての国、すべての家庭を襲った悲惨の主要な原因はプライドである。……しかし、プライドはつねに敵意を意味する。……しかも、それは人間対人間の敵意であるばかりでなく、また神に対する敵意でもあるのである」[*63]。ルイスは高慢を「霊的な癌」[◆62]と呼ぶ――「それは、愛や満足の可能性そのもの、いや、良識の可能性までも食いつくしてしまう」。

ルイスは、高慢について誤解の幾つかを解こうと試みる。まず、高慢は自尊心や自己愛を意味しない。高慢が意味するのは虚栄であり、他人に対する優越感を求めることだ。「傲慢な人はいつも事物や人びとを見下している。見下している限り、自分の上にあるものが目に入らないのは当り前である」[*64]――高慢が神との関係をどれほど妨げるかを説明しながら、彼は力説する。次に、こう続ける――「人にほめられて喜ぶのはプライドではない。よく勉強してきたといって先生に肩を叩かれる子供、恋人から美しさを称《たた》えられる女、キリストから『よくやった』と言われる魂――これらのものは皆喜びを感ずるし、また感ずるのが当然である。なぜなら、このような場合、その喜びは自分という人間にではなく、喜ばせてあげたいと（正当に）思う相手を喜ばせることができたという事実に、起因しているからである」[*65]。そこには、何の問題もない。「問題が起こるのは、『わたしはあの人を喜ばせてあげた。これでよかった』と思うことから、『こういうことをやってのけたのだから、わたしはよほど立派な人間であるに違いない』と思うことへと移行したときである。この後《あと》の場合のように、ほめられたことをあまり喜ばず、自分の立派さを喜ぶという傾向が強まるにつれ、われわれはますます悪へと落ちて行く。そして、人の称賛には目もくれず、自分のことばかり考えて喜ぶようになった時、ついにわれわれは悪のどん底にまで達したのである」[63]。

ルイスは名高い学術的な著作『〈失楽園〉序説』の中で、高慢がどのようにしてアダムとエバの堕落の原因となったかを説明している——「堕落は単に不従順、すなわち、するなと言われたことをすることに他ならない。原因は高慢だ——うぬぼれ、自分の占める位置を見失い、自らを神だと思うことから起こる」。彼はこう述べている——「これはミルトンが、〈〈失楽園〉〉第一巻のまさに初行で語っている……登場人物の誰もが、あたかもフーガの主題であるかのように、この詩全体を通して繰返している」[64]。

ルイスは変化を遂げてから、高慢の悪徳に落ち込む危険に敏感になったように思われる。ある手紙ではこう書いている——「わたしはもう五〇だ。書こうという意欲は感じるが、もともとどんな才能があったとしても、意欲は衰えつつある。かつてのように読者を喜ばせることはない（と思う）……わたしが虚栄心というあの悪しき病の手に落ちないとしたら、名声も手腕もともに失ってしまうことは、自分の魂にとっておそらくこの上なく健全なことだろう」[65]。言うまでもなく、ルイスはそれから十二年の間に、最も人気を博す著作の数々を刊行する。彼は、名声も手腕も失わなかったのである。

❈

悲観論や野心、高慢に関わるこうした議論はすべて、回心後にルイスの考え方がどう変わったかを理解する助けとなる。しかし彼の感情や気質、心構えについてはどうだろう。世界観の変化は、その人物がどう感じるかを変える助けとなるだろうか――鬱症状で苦しむ者にとってさえも。

最近主要な医学雑誌に登場した多くの記事の中に、鬱症状に悩む患者において世界観がどう影響を及ぼすかを調査したものがある。霊的な世界観を持つ患者は、世俗的な世界観を持つ患者よりも、鬱症状の治療にすみやかに反応することが分かる。また、霊的な信念が強いほど、治療に対する反応がすみやかであることも分かる[66]。このことはどう機能しているのだろう。ルイスの世界観を批判的、客観的に眺めるなら、新しく形をなした信念は、どのように彼の鬱症状を助けていたのだろう。おそらく、それに答える最も効果的な方法は、私がこの主題でハーバードの学生たちと行った調査を眺めてみることだ。この学生たちはルイスと同じように、世界観の劇的な変化を体験していた。

　私の研究分野で多くの学者が考えるように、こうした変化が激しい内面の矛盾を解決しようとしたり現実から逃避しようとする病理や無益な試みを反映しているのかどうか、〈宗教的な回心〉と呼ぶものを体験したこの学部生たちに対して、私は、調べてみようという好奇心をそそられた。この学生たちの多くは、今日の多くの学生たちのように、鬱症状と闘っていたからである。

　回心を体験する前、この学生たちはしばしば空虚な気持ちや失望について語り、時にはそれを実存主義的絶望と呼んでいた。この鬱症状的な気分は、一方で彼らの社会的な良心と、他方で個人の道徳性、すなわち実際にどう生きてきたか、との間に感じとることができる乖離に、部分的に関わっている。彼らは、この年代のグループに見られるにしては逆説的なのだが、時が経過していくことや年を取って死ぬことと闘っているように思える。年を取ったという思いや、人生でほとんど何も成し遂げておらず、学生として寄生的な存在のまま生きていることを絶望的に語っている。ところが彼らは回心の後で、ある赦しの感覚を体験したと話している。この感覚は明らかに、彼ら自身に対して不寛容な態度をとらないようにするのを助け、自分たちの現実の姿と感じるものと、あるべき姿と考えるものとの間の乖離に橋渡しすることを助け、将来この乖離への橋渡しがより失望しないものになる手段を、彼らの外側に備えてくれる。

この霊的な体験は彼らの気分を変えはしなかったが、それまでは知らなかった〈喜びの感覚〉のことを、そして完全に希望を失った気持ちや、以前彼らが闘っていた絶望の感覚が明らかに減少したことを語っている。ルイスが自伝に、喜び《ジョイ》は「何といっても物語の主題だった」[*66]と書いているのは、偶然の一致以上のものかも知れない。学生たちが新たに見出した信仰は、自分たちが無価値だという気持ちを緩和しただろうか。

回心の体験は、学生たちが自分自身をどう感じるかについて変化を引き起こしたが、おそらく、信仰を持たない者が自分をどう考えるかについてはそうはならない。新たに見出した強烈な内省は、信仰が求める完璧な理想から自分たちがどれほどかけ離れているかについて、より痛切に（逆ではなく）気付かせてくれる。人はこの過程が、自分自身がそうであると感じているものと、あるべき姿と考えているものとの間の乖離を拡げ、そのことで、多くの者が回心前に闘っていた、苦痛に満ちた絶望を増すと予想するが、実際にはその逆が当てはまるように思う。彼らは自分たちに力を与え、希望を新たにし、より心を開き、寛大で他の者を愛する精神を育てる、霊的な手段について話をする。自己嫌悪を減らすのに役立つので、贖《あがな》いや赦しという神学的な概念をしばしば口にする。

フロイトは生涯で、長続きする幸福を見つけようとして絶望を覚えた。彼は未来を楽観視する者を、理性的ではなく「真理と矛盾している」と考えた。彼は生涯を通して「鬱の発作」で苦しみ、人生の終わり近くにこんな問いを発している――「長寿にしても、それが喜びも少なく苦しみに満ちたつらい人生であり、死をもっぱら救いとして歓迎するのであれば、われわれにとって何の値打ちがあるというのか」[67]。回心前のルイスはフロイトの悲観論を共有していたが、創造主と関わる中で、根本的に新たな幸福を体験した――「すべてがいかに真実であることか。あの見ておられるお方は、考えられないほどの喜びと幸福へと歩みを進め、一方でこの世の鈍感で無感覚な目は、破壊と死を見るだけだ」[68]。ルイスは、『〈失楽園〉序説』の中でアディソンを引用している――「ミルトンを支配している大いなる教訓は、想像し得る最も普遍的かつ有益なものであり、神の意思に従順であれば人は幸福になり、不従順であれば惨めになるというものだ」。

フロイトの生涯と、回心前後のルイスの生涯を眺めてみると、世界観が、幸福を経験する力にどれほど深い影響を与えるかに気付かずにはいられない。ルイスは、悲観論と憂鬱は彼の無神論に密接に関わっていると明白に述べている。回心の体験により、彼の悲観論や憂鬱、絶望は、喜びと、烈しい野心の重荷からの解放、そして多くの満たされる人間関係へと変わった。

第6章 性 私たちの唯一の目的は快楽を追い求めることか

フロイトとルイスは性欲について幅広く書き記している。フロイトは、人々の振る舞いを見れば、人生の一つの目的は幸福になることであり、「性的な（性器による）愛こそ……すべての幸福の原型となるものである」[*1]と述べている。ルイスは、これに強く異議を申し立てる。彼は、もっと他に永続する幸福の源泉があると考える。性欲で満足するのは、食欲で満足するように、神の与えた多くの楽しみの一つに過ぎない。彼は、フロイトの頭は性で一杯になっていると考えた。フロイトもルイスも、人間の性欲が大きな喜びの源泉であり、この上ない愛情や気持ちを表す手段となり得る一方で、苦痛や死そのものの源泉でもあることに気付いていた。新聞の紙面では、児童に対する性的な虐待や女性に対する強姦や殺人、性行為による感染死の記事を頻繁に見かける。

フロイトとルイスは、幾つか関連する問題を議論に伏している。伝統的な道徳規範は、私たちの正常で自然な欲求を妨げるのか。それとも、私たちの楽しみを増してくれるのか。性欲は、私たちが〈愛〉や〈幸福〉と呼ぶ人間の複雑な経験と、どう関わっているのだろう。生理学や生化学、社会学、さらに性欲の心理学を学べば学ぶほど、私たちは文化として、強烈であまねく行き渡り、幾分まごつかせるこの衝動によって心を奪われ、かつうろたえる。フロイトとルイスが書き残したものだけではなく、二人が自分たちの性欲をどう表現したかが、この問題に光を投げかけてくれる。

❈

フロイトが著した最後の解説書『精神分析概説』は、生涯最後の年、彼の理論が最も発展を遂げてから書かれているが、彼はその中で、性欲に関する主要な発見を次のようにまとめている。

「a　性生活は思春期になってはじめて始まるのではなく、生まれてまもなく始まり、もろもろの明瞭な現れを示す。

b　性的（sexuell）という概念と性器の（genital）という概念を厳密に区別することが不可欠である。前者の方が広い概念で、性器的なものとは何ら関係がないような多くの活動を含む。

c　性生活は身体の領域からの快の獲得という機能を包括しており、それが事後的に生殖に役立てられる。」[◆1]。

さらにこう付け加える――「世間一般の見解に従えば、人間の性生活は、本質的には、自分の性器をもう一方の性の人の性器と接触させる試みによって成り立っている」。彼は自分の発見がこの「一般的な見解とは相容れないことを述べ」、そのため「センセーションと異議申し立てを引き起こした」[*2]と書いている。

フロイトは『みずからを語る』の中で、彼の理論の発展を明示している。彼は、〈性的〉という用語を人間のほぼすべての相互作用に当てはめているが、そこには人を楽しませる気持ちや愛情も含まれる――「一方で性というものは、性器とのあまりに狭い関係から解き放たれて、より包括的な快追求の身体機能と位置づけられる。この機能が生殖に奉仕するのは、二次的なことにすぎない。他方、私たちがふつう〈愛〉という曖昧な言葉をあてがっている、たんなる情愛や親しみもまたすべて、性的興奮に算入される[◆2]」。

性についてのこの広い定義を理解しないことから、フロイトの理論に対する烈しい異論や著しい誤解、それに避けられない否定が、今日においてもなお引き起こされている。おそらく、フロイトが範囲を広げたこの機能を表現するのに、〈性〉という用語よりも感情的に反感を招かない用語を用いていたら、彼自身も精神分析の分野も、無要な衝突と緊張から救われていたことだろう。フロイトが遭遇した多数の異論は同僚からも寄せられ、子供時代初期の多くの体験を彼が性的と表現したことに、とりわけ集中していた。これには、幼児が母親の胸で乳を吸うことから、四歳の女の子が父親を慕うことまで含まれる。しかし人々が〈性的〉という言葉に反発すればするほど、彼はこの用語を使うように求めた。「性欲を、何か人間の自然本性を恥じ入らせ卑しめるものと受け止める人々は、そうしたければ、〈性愛《エロース》〉だの〈性愛の《エローティク》〉だのといった、より格調高い表現を用いるがよろしかろう」。彼は、思い悩むようにこう付け加えている――「私自身も、始めからそうすることはできたのだし、そうすれば多くの異論なしで済ますこともできただろう[◆3]」。

フロイトはなぜ、あれほど多くの者が使わないよう助言したのに、この用語を主張したのだろう。カール・ユングがフロイトに再考を求めた時、彼は、対抗的に接して人々に挑む方が効果的だと考えている、と答えた。「抵抗が避けられないのであれば、なぜ最初から抵抗に正面から挑まないのでしょうか。攻撃こそ最大の防御である、とわたしは思います[◆4]」。

フロイトの三つの主要な発見の最初のものでは、性欲は誕生に始まるのであり、当時流布していた説のように思春期に始まるのではない、と断言する。彼はかつてこう述べた――「わかりきったことばかり発見するのが私の運命だったらしいね。子守り女なら誰でも知っている、子供には性的感情があるということや、夜の夢も白昼夢と同じくらい願望の充足であるということなどね[◆5]」。子守り女たちは、子供たちが性的な感情を抱いているのは知っていたかもしれないが、当時医学の専門職に就いている者は、そう思ってはいなかった。そのため、フロイトがこの秘密に引き込んだ途端、彼らは衝撃を受け、嫌悪感を示した。

ただフロイトは、子供たちが性的な感情、すなわち、もっと年齢が上の子供や大人が時々用いる感情を抱いていると公表した時、それは二歳や三歳の幼児が大人の性欲のように感じているという意味ではなかった。彼が伝えようとしたのは、発達の異なる時期に、子供たちは身体の様々な部位から官能的な楽しみを経験する、ということに過ぎない。彼はこうした時期を〈口唇期〉〈肛門期〉〈ファルス期〉と呼んでいる。たとえばフロイトは、誕生に続く発達時期に「あらゆる心的活動は」口を通して、身体と心の「欲求に満足をもたらすように調整される[*3]」と観察している。「性源域として現れ、心にリビード要求を課す最初の器官は、誕生以来、口である。あらゆる心的活動は、まずは、この域の欲求に満足をもたらすように調整される[◆6]」。フロイトは、乳を吸うのは食物としての必要が満たされても起こると指摘する。このことは、口での楽しみを求める心理学的な必要が存在することを示している。彼はこう書いている――「しかしわれわれは生理学を心理学と取り違えてはならない。執拗に続けられる子どもの指しゃぶりには、早期に存在する、ある満足への欲求が示されており、それは食餌の摂取に由来しそれに刺激を受けたものではあるが、栄養補給とは独立に快の獲得に向かっていて、それゆえ性的と呼んでよいし、そう呼ばなければならないものである」[◆7]。

こうして口は、フロイトにとって最初の〈官能帯〉となる。口唇期は、「大人の愛情生活の」前「に現れる」長く複雑な「早期発達過程」における第一期である。口唇期に続く「この第二期をわれわれは、満足が攻撃と排泄の機能の中に求められているので、サディズム肛門期と呼ぶ」[*4]。フロイトは第三期を〈ファルス期〉と呼んだが、「これは、言うなれば先駆けであって、性生活の最終形態にすでにかなり類似している」[◆8]。

こうした性の発達段階を通して難事が増えることで、性格の発達に影響を及ぼし、その結果、ある特徴に帰着するかも知れない。フロイトは、度を超した規律正しさや物惜しみ、頑固さを肛門期と結びつけ、こうして精神分析の多くの概念の一つが、私たちの言語に入り込んだ。この特徴を持つ者は、しばしば〈肛門〉と称される。

四十一歳の時、フロイトは自己分析によって、自分が母親を愛し、父親をねたんでいることに気付いた。エディプスコンプレクスである。友人に宛て、こう書いている――「エディプス王の持つ人の心をとらえる力が理解できます。……このギリシャの伝説は、誰もがその存在を自分のなかに感じたことがあるので誰もが承認する一つの強制を取り上げます。聴衆の誰もがかつて萌芽的には、そして空想のなかでは、そのようなエディプスだったのです。そして、ここで現実のなかに引き入れられた夢の充足を前にして、誰もが、彼らの幼児期の状態を今日の状態から隔てている抑圧の総量を用いて、怖れおののくのです」[◆9]。

フロイトは初期の臨床に関わる著作の中で、彼の神経症の患者の多くが、子供時代初期の性的な体験を覚えているのを観察している。この体験は、彼らの症状に関わりがあると思われた。こうした体験の中には、年上の子供や大人にそそのかされた場合も少なくない。体験の幾つかは実際に起こったものの（たとえば、患者の中には実際に子供の頃に傷つけられた者もいる）、フロイトはついに、この体験の多くは子供の頃の夢想を反映しているに過ぎないことに気付く。こうした夢想を探求することで、フロイトは自己分析に確信を抱いた。子供たちは、性別の違う親を好きになり、同じ性別の親には相反した感情を覚えるという、発達の一段階を通り過ぎる。エディプスコンプレクスは、日常交わされる言語の一部となった。

フロイトの理論に含まれる考え方では、私たちには身体の必要や緊張を生み出す二つの基本的な欲動があるという。この緊張は「心の生活への身体の要求[＊5]」を生み出す。彼は「エロースと破壊欲動というたったふたつの基本欲動」を仮定した。性愛の精神的なエネルギーは、「今後リビードと呼ぶ」。このリビードと呼ばれるエネルギーは人間の多くの相互作用の動機となるため、フロイトはこの相互作用を性的と呼んでいる[◆10]。

フロイトが彼の発見、とりわけ性欲が幼児の頃に始まるという見解を公表した時、医学界は憤慨した。医師らはこの発見を、まったく馬鹿げており猥褻なものと考えた。フロイトは自伝にこう書いている――「精神分析がえた探求成果のうち、性機能は人生開始とともにはじま……るという主張ほど、……憤激を買ったものもすくない[＊6]」。神経学者と精神分析学者が集うドイツでの会議の席上、ある教授は、こうした事柄は警察の手にはなじまないのと同様、科学的な会議にはなじまない、と言い切った。フロイトは「邪悪な者」[*7]と非難され、精神分析の手法は礼節に反し不要なものと称される。その当時、子供に対する性的虐待など誰も聞いたことがなく、今日の状況とはまったく逆であった。医師らはまた、性欲は思春期に始まるので、幼い子供は性的な感情に対してまったく純真だと信じていた。性欲は誕生と共に始まるとか、幼い子供にも性欲が明らかに存在するなどと口にすることは、まるで受け入れられなかった。専門職に就いている大方の者は、そうした話が「幼年期の無邪気さを奪う」と考えた、とフロイトは述べている[◆11]。

　批評家は、フロイトはふしだらな男であり、伝統的な道徳を破壊するために精神分析を用いていると言って非難した。彼の著作を注意深く読んでみると、そんな結論には導かれない。むしろ、まったく逆である。彼が信じていたのは、性について語る自由であり、行う自由ではない。しかし彼を批判する者は、そんな話をするのも不適当だと考えた。フロイトは同僚たちに、抵抗を予想し、それに直面するよう促した。彼は、性欲を広義で用いるように主張し、それについて語る自由を辛抱強く求め続けた。友人にして同僚のアーネスト・ジョーンズ宛の手紙で、彼はこう説明している――「あたかも性欲について語る自由があるのが自明であるように振る舞い、避け難い抵抗には穏やかに直面するのが、わたしには常に最善であると思われます[◆12]」。

　フロイトを擁護するために強調しておきたいのは、彼は、子供たちが高い道徳規準を教え込まれることと、社会は攻撃的で性的な衝動を制御するためにこの規準を強化することがどれほど大切かを、再三再四力説していたことだ。

『文化の中の居心地悪さ』の中で書いているように、「文化が子供の性生活の表出を厳禁することをもって始まるというのは、心理学的には当然至極である。成人の性的な欲情を封じ込めようにも、幼年期にその下地が準備されていなかったら、うまく行く見込みはないからである」◆13。

素行についての禁止を促す一方で、彼は子供たちにとって、この主題の神秘性を取り除くことは健全だと考えた。フロイトには、性的な事柄について子供たちの啓発のために発言すべきことがたくさんあった。彼は両親たちに向かって、子供たちが「性生活の事実を秘密にしたがっているなどと、けっして子供たちに思い込ませない」ように、「性的なものを、そもそものはじめから、他の知るべきことと同じように」扱ってほしいと助言した。では、すべての事実をいつ子供たちに教えるのか。フロイトは「義務教育基礎過程を終えるころ……十歳を越える前に」*8と述べている。しかし、道徳上の指針抜きで子供たちに事実を伝えるのは適当ではない。彼は、性欲に関わる「倫理的義務」は「堅信礼のとき（十五歳）」◆14に与えるべきだと主張する（彼は、自分の信じる無神論が広く共有されてはいないのを素直に認めているのか、大方の人々の生活での信仰の規準について両義性を表明しているのか、明らかにしていない）。あまりにも多くの人々が彼の考え方を曲解し誤解したことで、フロイトは動転した。彼は、精神分析が人を不道徳にし向けると言うのは、まったく無知と愚かさによるものだと述べた。もし何かあるとしても、それは逆の場合なのである。

彼はこう書いている――「性欲の赴くまま『自由放埒に生きる』ことで神経症の苦痛から快癒する、と精神分析が期待している、などと考えられているとすれば、それは悪意のある、そして無知によってしか正当化されない誤解である。分析を通して、抑圧された性的な情欲を意識に上らせることができれば、むしろ先行して働いていた抑圧が妨げていた情欲の制御も可能となる。分析は神経症患者を性欲の枷から解放する、と言う方がより正しいだろう[15]」。

彼は精神分析者と患者との身体的な接触に強硬に反対し、「古代文明の凋落の時期に」起こったように性の基準が消え失せると、「愛は無価値となり、生は空疎となった」と警告している[16]。同僚が患者と不適切と思われる振る舞いをしたと聞くや、フロイトの言葉には容赦がなかった。「あなたは、あなたが患者に接吻し、患者にもあなたを接吻させているという事実を隠しませんでした。私は私の患者の一人からもこのことをきいていたのです」――彼は手紙に書いている。「さて、あなたの技術とその結果を十分に記述しようと決心すれば、あなたは二つのやり方のどちらかを選ばざるを得ません。このことを話すか、隠すか、どちらかです。隠すのは、あなたも十分お気づきのように卑しむべきことです。……その上、どちらをとっても、やがて同じことになります。もし、あなた自身がいわなくても、ちょうど、私があなたのいう前から知っていたように、やがてわかってくることなのです[17]」。

だが彼の関心は、そんな関係によって愛の価値が損なわれるかも知れない、ということではなかった。フロイトはこの同僚に向かって、彼の関心は「お上品ぶった気持ちや小市民的慣習への考慮[*9]」にあるのではなく、どれほど長期間の影響が精神分析の技法に及ぶかにある、と断言した。そしてこう警告する――「あなたの技術を公表したらどういう結果になるかを想像して下さい。革命論者は一人残らず、さらに一段と過激な人びとのために、正常な場から駆り立てられて逸脱するでしょう。技術上のことについて独自の考えをもつ多くの人びとは『どうして接吻まででやめるのか？』という疑問をもつでしょう」。彼はその後で何が起きるかを生き生きと描き、「我々の同僚のうちの若い人びとは、本来、意図されていた限度でとどまることをむつかしく感じるでしょう[*10]」と警告を続ける。

最近の調査が示すところでは、（他の医師と同様に）精神分析者と患者との不適切な性的関わりは今も続いており、業界紙や最近の医学論文で公然と議論されている。性にまつわるさらに多くの事柄や私たちの文化の他の面での変化がこの議論に寄与しているものの、ヒポクラテスの誓い[*11]と米国精神医学協会の倫理規定は、患者との性的な関わりを禁止している。精神分析的な精神療法の実践に携わる治療専門家と患者との間の強烈な感情的相互作用の故に、治療専門家は平均的な開業医よりも誘惑に負けやすいかも知れない。しかしながら数百人の医師を対象とした調査報告では、「五％から十三％が……性交を伴うか否かにかかわらず、限られた数の患者とエロティックな行為に関わっている」もののの、調査対象の精神科医が「エロティックな行為に関わる場合は最も少ないと思われ、特に産婦人科医や一般的な開業医に比べた場合にはそれが当てはまる[◆18]」。

フロイトは臨床体験の初期に感情転移の過程に気付いたが、これによって患者は医者に対し、ロマンティックで性的な思いを育むかも知れない。初めて神経症の患者を扱い始めた頃、彼は、患者に無意識の思いに気付かせようとして、催眠術を用いた。しかし、この方法には一定の限界があることに気付いた。第一に、すべての患者が催眠術にかかる訳ではない。第二に、この方法がうまくいくかどうかは大いに、医師に対する患者の気持ちに拠ることに気付く。患者が催眠状態にあると、この気持ちは探ったり制御したりできない。彼は「まことにめざましい成果も、患者との人間関係があやしくなってくると、たちどころに雲散霧消することである[*12]」と付け加えている。ついに予期せぬ出来事のため、彼は催眠術を諦めた――「もうひとつは、長年の推測内容を白日のもとに晒すことになった、ある日の経験である。催眠術に適応しやすい女性患者のうちのひとりに、施術によって見事な技芸を発揮するほどのひとがいた。その日私は、彼女の苦痛発作の原因にまでさかのぼって、発作を解いた。すると彼女は、覚醒状態に戻るといきなり、私の頸に抱きついてきたのである。たまたま使用人がひとり入ってきたので、私たちは気まずい言い合いをせずに済んだ。しかしこの日以降、私たちは暗黙のうちに了解しあって、催眠術治療をつづけることを断念したのである」[*13]。フロイトはすみやかにこう付け加える――「私はいたって冷静で、自分という人間にそなわる抗いがたい力がこの椿事を招いたなどとは考えなかった。しかし、今こそ、催眠術の背後に働いている神秘的要素の特性をみきわめるべきときがきた、と思った」[◆19]。『転移性恋愛についての見解』と題した論文で、彼はこう警告している――「誘惑を引き起こすのは、女性患者の荒々しい官能的要求ではない。そうした要求は、むしろ不快さをかもすばかりで、せいいっぱい心を広くでもしなければ、自然な現象とは認めがたい。甘美な体験に眼がくらんで技法と医者の使命を忘れてしまうといった危険をもたらすのは、もしかしたら、女性一般のもつ、より繊細で目標制止された欲望の蠢《うごめ》きと言っていいかもしれない」[◆20]。さらにこう付け加える――「倫理と技法によって課された制限内にとどまることくらい医者にはいつでも簡単にできる、などと主張するつもりはない。とくに、まだ結婚相手も定まっていない若手の男性ということになれば、この課題は厳しいものとなるだろう」[*14]。実のところ倫理委員会に分かったのは、性的な振る舞いへの不平は、主に年配の医者に対して出されているという事実だった。彼らは、最近の失敗でさらに悩んでいたかも知れない。

フロイトは、精神分析が伝統的な性の規範を破るよう促すことはまったくない、と主張し、明らかにこうも気付いていた。仮に性的な関わりが精神分析の手順の一部になったというなら、この手順は、精神分析医を社会の道徳構造を破壊する「ふしだらな」意図の持ち主と呼ぶ者や、精神分析は不道徳な振る舞いを助長すると攻撃する者に対する防衛手段になる、と。

ルイスは、精神分析が道徳律とまったく衝突しないことに同意し、こう説明する――「精神分析学については二つのことをはっきり区別しておくことが大切である。一つは、現実的な医学的理論と技術であり、今一つは、フロイトやその他の学者たちがこれに付加してきた一般的な哲学的世界観である」[*15]。彼は、フロイトの唯物論的人生観は聖書的な世界観と間違いなく衝突すると述べ、こう書いている――「しかし、フロイトやその他の人たちが付加した哲学的なものを別とすれば、精神分析そのものは少しもキリスト教と矛盾するものではない。……だから、すべての人が精神分析について多少の知識をもっていることは、むしろ結構なことである」[◆21]。

フロイトが成人に達した頃は、ヴィクトリア女王の治世下であった。彼は、あの時代の偽善と上品ぶりが、行き過ぎた抑圧を増し、人々を神経疾患に導いたと思われると考えた。彼にとって、性欲を秘め事にしておく理由はなかった。ルイスは、性欲には禁じたり罪深いことは何もなく、私たちにはそれを口にする完全な自由があるべきだという点でフロイトに同意し、こう付け加える――聖書的な世界観、とりわけ新約聖書に基づく世界観は、「偉大な宗教の中で、肉体を徹底的に是認する唯一のもの――物質は善である、神ご自身がかつて人間の体に身をやつしたもうた、天においてさえ、なんらかの体がわれわれに与えられ、それがわれわれの幸福と美と力の不可欠の部分となるのだ、と信ずる唯一の宗教である。キリスト教は他のいかなる宗教にもまして、結婚を賛美している」[*16]。さらにこうほのめかす——「世界の最もすぐれた恋愛詩は、ほとんどすべて、クリスチャンの手によって作り出されてきたのである」[◆22]。

ルイスは、行き過ぎた抑圧は神経症の症状に導くとフロイトが表現する時に、何を意味しているかを理解しなければならない、と抜け目なく指摘する。〈抑圧〉（リプレッション）という用語を〈抑止〉（サプレッション）と混同してはいけない、私たちの文化ではとても多くの者が混同しがちだ——ルイスはそう書いている。〈抑圧〉という言葉は、行き過ぎると症状を引き起こしかねない、無意識の過程を指す専門用語である。行き過ぎた抑圧は普通、人生の初期に生じるが、発生したとしても私たちはそれに気付かない——彼は的確に指摘する。「抑圧された性は、その本人には、性に関係があるとは全く思えないのである」[◆23]。一方抑止は、衝動を意識して抑制することだ。私たちの文化では、この両者を混同している者が多く、性の衝動を抑制することは、どんな抑制であれ不健全だ、と結論を下している。ルイスは、そんなことは無意味だと論じる。実際には、抑制が不在であることが不健全なのだ。彼はこう書いている——「すべての欲望に身をまかせたら、ついには、無気力・病気・嫉妬・嘘言・隠蔽その他、健康と陽気と率直さとは正反対のものに落ちこんでしまうことは、明らかである。どんな幸福のためにも、この世においてさえ、かなり多くの抑制が必要なのである」[*17]。

私たちの文化では、マスコミが抑圧と抑止との混同に寄与している。ルイスはこう表現する——「次から次へとポスターや映画や小説が生み出されて、性的放縦と、健康・正常・若さ・率直・陽気さといったものとを観念的に結びつけようとする」[*18]。彼は、この結び付けは誤った印象を与え、欺瞞だと主張する。彼の説明はこうだ――「それは、強い力を持つ虚偽がすべてそうであるように、一つの真実に基づいている――セックスそのものは……『正常』『健康』云々であるという、すでにわれわれが認めた真実に基づいている。だが、それが、『いつでも性への誘惑を感じたら、どんな性行為でもするがいい。それもまた健康的で正常なことなのだから』と暗に言っているところに欺瞞がある」[◆24]。彼は、人間の性欲は、重力や宇宙の他の面のように、それ自体では道徳的とも非道徳的とも言えない、と付け加える。性欲は、宇宙のその他と同じく神によって与えられ、従って善きものである。その一方で、人々が自分の性欲をどう表現するかは道徳的、あるいは非道徳的となり得る。ルイスがフロイトに勝っている点は、自分の性の衝動を制御する者は、制御できない者よりも自分の性欲を理解している、と主張していることだ。「徳は――それに向かって努力するだけでも――光をもたらす。が、放縦のもたらすものは霧以外の何ものでもない[◆25]」。

しかし彼は、性について語るのは気が進まないことが、性について抱くあまりにも多くの困難の原因となっている、というフロイトの意見には同意しない。こう書いている――「われわれは耳にタコができるくらいよく聞かされてきた――性欲は他の自然的欲求と同じ状態にあるものであり、それを秘密にしようとするあの愚劣なヴィクトリア朝的観念を捨てさえすれば、すべては花ざかりの庭のように美しいものとなる、と。だが、これは嘘だ[*19]」。彼は、過去数十年にわたって「セックス……は決して隠されてはこなかった。人びとはひねもすセックスのことを大っぴらにしゃべってきた。……わたしは、話は逆だと思う。われわれの先祖たちがそれを秘密にしたのは、それがたいへんな混乱を生み出したからだと思う[◆26]」と指摘している。

フロイトとルイスが今日生きていたら、おそらく二人とも、性について話したからといってこの混乱状態が減ることはないと認めるだろう。私たちは性について、映画や小説やテレビ番組の中で、昼夜を分かたずおしゃべりしてきた。それでも、愛と性について私たちの苦痛と混乱は止めどがない。結婚の二組に一組は離婚に終わり、婚姻によらない妊娠の多さ、性交による感染症等々。性のスキャンダルが政争から根絶されることはまずない。それは米国でも、欧州の多くの国々でも同じだ。

ルイスとフロイトは、明確な行動規程が必要不可欠かどうかについても意見が合わない。ヘブル語聖書と新約聖書による性の規程を論じながら、ルイスは次のように断言する――「それは無理である。キリスト教はこう言うのだから。『配偶者に対して完全な貞節を守る結婚か、さもなければ完全な禁欲[27]』」。フロイトはこの厳格な規程に抗ったようだ。もっとも、彼自身と家族はその規程に従っていた。この厳格な規範は、性の喜びと充実感を増し、混乱と苦痛を減らしてくれるのだろうか。

大方の人々にはこの規程は簡単な話ではないと分かる、という点でルイスはフロイトに同意する。ルイスはこう書いている――「これは非常にむずかしいことだし、またわれわれの本能と真っ向から対立するものなので、キリスト教が間違っているか、現代の性本能が間違った方向に向かっているか、そのいずれかであることは明らかである[28]」。彼は、性本能が間違った方向に向かってしまったと考えた。性欲がなぜ「その機能を途方もなく、こっけいなまでに、越え[29]」て成長してしまったと思うか、彼は幾つか具体例を示す。性欲を食欲と比べながら、こう表現している――「別の角度から見てもいい。ストリップ・ティーズに――つまり、女がステージで着衣を脱ぐのを見るために――大勢の客が集まってくる。ところで、仮にあなたがたがこんな国に行ったとしたら――そこでは、布で蔽《おお》った皿をステージに運んできて、その蔽いを少しずつ上げて行き、照明の消える寸前に、その中味である羊肉のチョップ、あるいは少しばかりのベーコンをみんなにちらっと見せる、そして、ただそれだけのことを見るために、劇場にいっぱいの人が集まってくる――そんな国へ行ったとしたら、あなたがたは、この国では人びとの食欲がどこか狂っている、とお考えにならないだろうか。それと同様、別の世界で育った人が、もしわれわれのやっていることを見たとしたら、やはりわれわれの性本能の状態はどこかが狂っていると考えるに違いない」[30]。彼は、大きな楽しみを与えるべく造られた性本能を利用している内に、この本能はもともと意図したものを超えて強められてしまったと考える。結果として抑制が欠如してしまったため、性欲は多くの者にとって、楽しみよりも苦痛の源泉となってしまった。

ルイスは、愛のどの形態も性欲の表現だと考えるフロイトとは違い、愛し合う二人の間のロマンティックな感情である〈エロス〉と性欲とを明白に区別した。彼は、肉体的な性行為をローマの愛の女神にちなんで〈ヴィーナス〉と呼んだ。「私が言う恋愛 Eros とはもちろん、いわゆる『恋愛している』状態……の意味である」[31]――著作『四つの愛』で彼はこう書き、恋愛中であることと、肉体的な性行為とを区別した。「恋愛のなかの肉欲的要素、すなわち、動物的な性的要素を、私は（古い用法に従って）性愛 Venus と呼ぼうと思う。私の言う性愛とは、神秘的な、あるいは、浄化された意味における性的なこと……ではなくて、まったく明白な意味における性的なこと、すなわち、これを経験する者が性的と考えていること、最も簡単な観察によっても性的であることが証明できること、を意味する」[32]。

ルイスは、恋愛中なら不道徳な性行為は道徳的になり得る、という通俗的な意見に強硬に反対の立場を取った。たとえば、性的な関係が姦通だというなら、恋愛中だというのも似たり寄ったりである。「性行為を『不純』あるいは『純粋』とし、堕落したもの、あるいは、立派なものとし、不法、あるいは、合法とするものは、恋愛の不在、あるいは、存在であるとの一般的な考え方にたいして、私は決して同意しようとしているのではない[*20]」。彼は読者に、過去に成功していた多くの結婚では、親たちが相手を選び、愛し合っていない二人の間で性交がなされたのだ、と念を押す。「この行為は、ほかの行為と同様に、遥かに平凡な、明示できる基準によって、すなわち、約束を守るか破るかによって、義不義によって、博愛か利己主義かによって、従順か不従順かによって、正当とされる（あるいは、されない）[◆33]」。

性的な魅力は常に二人を結びつける役目を果たし、その結果二人が互いに知り合うことで、ついには「恋に落ちる」のだろうか。ルイスは、二人はまず恋に落ち、それからお互いの性的な魅力に気付く方が多い、と考える。「最初に一女性に対してただ性欲だけを感じたが、後になって『恋する』ようになった人があるであろう。しかし、これは普通の場合ではないであろう[◆34]」──彼は『四つの愛』でそう書いている。「普通には最初にくるものは単に愛人への歓喜の没頭──彼女の全体への全般的な漠然たる没頭──である。この状態にある男は、実際はセックスのことを考える余裕がない。彼は一人の人物のことを考えるのに追われている[*21]」。彼は、恋している男は「女ではなくて、特定の一人の女性」を欲する、と言う。「何か神秘的な、しかし、まったく議論の余地のない状態で、彼は、彼女が与えることのできる快楽ではなくて、愛人自身を欲する[*22]」。そしてこう総括する──「すなわち、恋愛のない性欲は、それ、そのこと自体を欲するが、恋愛は愛人を欲するのである[35]」。

ルイスは、恋に落ちた者は、相手が満たし得るいかなる必要からも、それが性的な満足を与えるものであっても、相手がそんな必要から離れるように願わせる、と書いている。性的な願望は私たち自身にとっての事実であり、自分自身に集中させる。一方で恋に落ちること（エロス）は相手にとっての事実であり、最愛の者に集中させる。「恋愛がなす最初のことの一つは、与えることと受けることとの区別をなくすことである[36]」。おそらく、二人は恋に落ちると一つにされたと感じるので、こんなことが起きるのだろう。彼は、同僚のチャールズ・ウィリアムズの言葉を引用する――「あなたを愛していますかって、私はあなたですよ[37]」。フロイトは、同じ見解を示すのにこう書いている――「恋のほれこみが昂じてくると、自我と対象との境界が今にも消失しそうになる。五感からしてそうでないと分かっていながら、恋する者は自分と相手とが一体だと主張し、本当にそうであるかのように振る舞うのを辞さない[38]」。

ルイスの興味深い見解によれば、私たちの文化は性についてまじめに捉え過ぎているという。だがこの言葉は、性についてあれほど議論を重ね没頭してきたにもかかわらず、性欲に関わる現状は〈混乱そのもの〉だという、これまで述べてきたことと矛盾しているように思えるかも知れない。だが彼はここで、感じ方に注目する。「広告類は最もセクシーなものでも、恍惚なもの、激しいもの、卒倒するほど熱烈なものとして万事を描いていて、陽気なものは微塵も示さない。……われわれはここで、古風な哄笑を最も必要とする段階に達した[39]」。

ルイスは、フロイトが性についてそこまで真剣に、あれほど没頭している理由は何かと不思議に思った――「私は、フロイト主義が上品ぶった偽善の大きな流派ではないのかどうか、途惑うことがあります。あの解釈に〈衝撃を受けた〉とか、むかつき嫌悪感を覚えるので抵抗を感じるといった忠告は、私には無意味に聞こえます。もちろん私は、自分の性別や階級を代表してお話しすることができるだけですし、フロイトに診察を受けに来るウィーンの貴婦人たちは、私たち自身より貞節か平穏な心の持ち主だったかも知れません。でもあの理論が問いただしているような性的な現象がある中で、私も、これまで出会ったことのある誰であっても、そんな尻込みするような嫌悪感に悩んだりはしないと、自信を持って断言できるのです[◆40]」。

ルイスは、性には人生における真剣な側面があることに同意している。親となることや霊的な影響などの責務だ。しかし彼は、性欲の滑稽でユーモラスな面を私たちは忘れがちだと言う。ギリシャの愛の女神アフロディーテーはいつも笑っているではないか、と念を押し、さらに「性愛〔ヴィーナス〕は嘲弄する、いたずらな精霊であり、……われわれをからかう[◆41]」と述べる。

ルイスは恋人たちに念を押す。性交に及ぶための外的な環境が完璧に整っていると、性への欲求はしばしば、どちらか一方、あるいは両者から突如として消え失せてしまう、と。その一方で、「あからさまな行為がすべて不可能であり、目くばせをもかわすことができない場合に――汽車のなかや、店のなかや、……パーティーにおいて――性愛は愛人たちを全力をあげて攻撃する[*23]」。そのために大変な欲求不満を起こすものの、ルイスは「思慮ある愛人たちは笑う」と言う。彼は、私たちの性的な欲求においても、ユーモアが「天候、健康、食事、血液の循環、消化作用のようなこの世的な要素[*24]」に影響されているのを見る。結果として喜劇が展開するのは仕方がない。「世界のあらゆる言語や文学がセックスに関する冗談を豊富に持っているのは、ゆえなしとしない」とルイスは書いている。彼は、その冗談の多くは「面白くなく嫌気のするようなもの」[*25]ではあっても、人々が性をあまりにも真剣に、神のように扱うのを止めさせるのに役立っていると言い、「愛の床から楽しみと笑いを追放するならば、偽りの女神を招じ入れることとなるであろう」[◆42]と警告する。

おそらく、性欲と愛を理解する上でルイスの果たした最大の貢献は、恋愛中であることと、より深く成熟した形態の愛とをはっきり区別したことだろう。私はハーバードの学生たちに対して、彼らがこの区別を明確に理解することさえ学んでいれば、彼ら自身、不要なストレスに満ちた生涯を避けられるかも知れない、と常日頃言っている。

結婚の半数は離婚に終わる。長年にわたる臨床上の実践と、離婚家庭出身の若い成人を対象にした調査から、私は明らかにこう断言できる。社会における不幸の大半は、恋愛中であること（エロス）と、より深い意味で愛すること（アガペー）の区別を理解し損なうことから来る、と。離婚を考えて私の診察室を訪れる二人連れの大半は、どちらか一方が他の誰かと恋仲になったためにやって来る。本人は、自分たちはもう配偶者を愛してはいないと言い張る。夫（あるいは妻）が職場で誰かに出会い、かつて配偶者に感じた、恋をしているという、あの素晴らしい思いを抱くことになる。恋愛中の気持ちを、人間関係の唯一の基盤、真の幸福の唯一の源泉と勘違いしているので、本人は結婚にとどまる理由を見出さない。彼（または彼女）は、新たな人間関係では恋愛中の気持ちもまた必然的に変化するということに気付かず、彼は再び別の者と恋に落ちるかも知れない。二度目の結婚は高い比率で離婚に終わる。

ルイスは離婚を、人命救助の最終手段としてのみ捉えるなら、手足を切断するようなものだと考える。しかし、もはや恋仲ではないなら、二人は一緒にいるべきなのだろうか。彼は、そうすべき「いくつかの健全な社会的理由を挙げ」る。第一に「子供たちに家庭を提供するため」、第二に「女を、男が倦《あ》きるたびに捨てられるという運命から守るため」[*26]に。

ルイスの挙げる三つ目の理由は私の臨床上の経験に基づいており、最も洞察力に富み、すべての者にとって最も助けになるものだ。人間にとって、恋をしている状態は意味のある、申し分のない体験である。彼はこう書いている――この「すばらしい状態……はわたしたちを以前よりも心の寛《ひろ》い、勇気ある人間にしてくれるし、また愛《いと》しい者の美しさのみならずすべての美に対して、われわれの目を開いてくれる。さらにまた、……われわれの単に動物的な肉欲を抑えてくれる」[*27]。ところが彼は、恋愛は長続きせず、長続きさせるつもりもない、と仰天するようなことを言う。「『恋をしている』というのはすばらしい状態であり、……それは崇高な感情ではある、しかし感情たることに変りはない。感情は初めの強度を保ったまま、いや保たなくても、永続を期待できるものではない。……感情は消長の間断なきくり返しである」[◆43]。

「恋をしている」場合、それが長続きしているなら、睡眠や仕事、食欲を妨げることになる一種の強烈さと興奮が存在しているのだ、と彼は説明する。恋をしている強烈な感情は、感情だけでなく意思に基づく、より深い、快適で成熟した愛の類へと変わるべきである。ルイスの意見はこう続く――「『恋をしている』ことをやめたからといって、愛することをやめたことにはならない。この第二の意味における愛――『恋をしている』こととは区別された意味での愛――は、単なる感情ではない。それは、意志によって支えられ、習慣によって慎重に強化され……た、深い和合である」。さらに「夫婦は、そのおのおのが（そういう自分を許すなら）簡単に他の異性と『恋におちて』しまう、そんな場合でも、この愛を維持しつづけることができる」[*28]と述べる。彼は、恋をしていると人々は一つになり、貞節を約束するように促す、と言う。より静かで深く、成熟した愛が、二人が約束を守るのを助けるのだ、と。

フロイトもルイスも、個人及び社会の幸福のために、性の衝動は制御されなければならないことに同意する。ところが、二人の理由はかなり異なっている。フロイトは、社会秩序の維持のために、文明は個人に一定の制約を課すのだと論じる。このことで個人は不満を抱き、幸福度は減る。ルイスは、道徳律は、私たちを愛し、私たちの幸福を願う創造主に由来するのだと論じる。私たちはこの道徳律に従うことで、より効果的に愛し合い、より幸福になる助けを得る。この二人が結婚の前後に、自分たちの性の衝動をどう制御していたかを眺めてみれば、両者の議論に幾分かでも光を当てることができるだろう。

フロイトの性にまつわる生活

大方の伝記作家が口をそろえるように、フロイトは「完全な貞節、あるいは禁欲を伴う、結婚での性」の伝統的な規律に厳格に従いながら性生活を送っていた。彼は、より自由な性の表現を求めて闘っていたが、私たちの知る限り、彼自身の行動はこの規律を厳重に固守していた。「私は比較にならぬくらい自由な性生活を支持します。もっとも私自身はそういう自由はほとんど利用しませんでした。[44]」――彼は、ボストンのパットナム博士に宛ててこう書いている。

私たちは、フロイトが十六歳になるまでのロマンティックな夢想や性的な気持ちについて、ほとんど何も知らない。その頃、彼は〈初恋〉を抱く。フロイト一家がウィーンに引っ越す前に住んでいたフライブルクを訪れていた時、彼は自分より一歳若く、友人の妹であるギゼラ・フルスという若い娘に出会う。彼は最初、少女の母親であるフルス夫人に夢中になり、彼女の知性と魅力について、また彼女がフロイトにどれほど良くしてくれたかを、長々と書き送った。それから彼はギゼラに恋心を抱く。フロイトは内気で小心だったので、この関係は彼の心の中にだけ育まれた。彼が少女に話しかけることもなかったのは明らかだ。数日後、彼女は入学のために立ち去る。彼は少女について夢想し続け、友人のジルバーシュタイン宛の手紙の中で、少女と母親について触れている。[*29]彼は、自分の気持ちが母親から娘に切り替わったのかどうか途惑う。おそらくすでに、後期の理論の幾つかを先取りしていたのだろう。

フロイトはまた、十年ほど経ってから、ギゼラに夢中になったことを婚約者に語っている。「僕がわずか十六歳の時、ギゼラが初恋の相手だったのを話したことがあったかな」――フロイトは、婚約者のマルタに向かって告白する。「ない？　じゃあ、たっぷり笑い飛ばせるよ。僕自身の好みもあるけれど、僕は決して子供に意味のある言葉をかけたことがないし、優しい言葉についてはさらに少ない。振り返ってみると、久々に昔の故郷を目にして感傷的になっていたのだろう[45]」。

フロイトは人生の初期について詳しいことはほとんど何も残していないので、この時期の性にまつわる思いや体験については、他の出来事に比べるとほとんど何も分からない。分かっているのは、彼が内気で小心だったため、性との関わりは傍観と空想に限られていたことだ。十九歳の時にはトリエステを訪れ、路上で見かけた魅力的な若い娘たちをとても意識している。「この街はイタリアの女神たちで占められている感じだ。ぼくの心は懸念で一杯だ[*30]」――彼は、友人のジルバーシュタイン宛にこう書き送っている。同じ手紙ではブロンドへの嗜好を表明する――「しかしマッジァでは、ぼくが言ったように女性はさらに魅力的で、大方はブロンドだが、とても奇妙なのはイタリアの血筋ともユダヤの血筋とも調和していないことだ……[◆46]」。

逆説的だが、世界的に有名な精神の探求者であるフロイトは、女性の心を理解しなかったのを認めている。彼は手紙の中で、女性は男性よりも高貴で倫理的だと考えていたことが見て取れるが、人生や結婚での女性の役割について、彼の考え方は自分の願うところが多く、それは、彼の生きていた時代の考え方に照らしてみても当てはまる。彼は専門職を持つ多くの女性たちに好感を抱き、称賛の念を覚え、彼女たちとは良好な関係を保っていたが、女性の居場所は家庭だと感じていた。

ジョン・スチュアート・ミルの著した女性論（その幾つかはミルの妻の手による）に応じて、フロイトは、ミルが女性は職業を持つべきであり「結婚した女性もその主人と同じくらい収入を得ることができる」と主張していることに触れる。婚約者宛の手紙の中ではこう書いている――「家庭の管理、子供達の世話と養育は、もし仮りに世帯が簡略になって、掃除や洗濯や料理などから女性が解放されたとしても、一人の人間の全存在を要するもので、どんなものにせよ収入を得るための余地はほとんどないものであるということの方に我々は全く同意します。彼〔ミル〕は、両性の関係に関する全てのことと同様、そういうことを全て忘れていたのです」[*31]。

フロイトは、女性に対する抑止は、黒人に対する抑止に類似しているというミルの主張に、強硬に反論する。彼は、「その手を一人の男が接吻し、その愛のためには男があらゆることをあえて行なう心づもりをするほどの少女が一人でもいたら、彼〔ミル〕を正しくすることができたでしょうに」[*32]と書いている。フロイトは、マルタ宛の長文の手紙を締めくくるに当たって、女性の基本的な役割は決して変わらないと予言している――「自然が女性の運命を美と魅力とやさしさによって定めていた……法律と習慣は、女性に今までは与えられなかった多くの物を与えるべきです。しかし女性の地位はきっと今あるがままのもの――青春には讃美される愛しの者、円熟した時には愛する妻――からかわりますまい[◆47]」。

数十年後、フロイトは同僚にして友人であるマリー・ボナパルトにこう語っている――「いまだかつて答えられたことがなく、また私自身も、三十年の間女性の魂を研究したにもかかわらず、なお答えることのできない大問題は、『女性は何を望んでいるのか?』という問いです[◆48]」。おそらく、今日のほとんどの女性は直ちに、フロイトが何も理解していなかったことに同意するだろう。

二十代初め頃のフロイトは勉学に没頭しており、一八八二年四月の運命の日まで、彼がロマンティックな事柄に関わったという記録は残っていない。その日マルタ・ベルナイスは、彼の妹の一人に会うためにフロイト家を訪れた。彼はたちまち恋に落ち、毎日紅いバラの花を彼女に送り始めたが、これにはラテン語、スペイン語、英語、あるいはドイツ語のカードが添えられていた。あるカードでは彼女を、唇から薔薇と真珠がこぼれ落ちる妖精の王女と呼んでいる。この時以来、彼お気に入りの愛情表現は〈王女〉となる。

初めて出会って二ヶ月で二人は婚約する。だが、それからの道のりは平坦ではなかった。マルタの母親は、フロイト、及び彼との関係について重大な疑念を抱く。マルタの家族が主に反対したのは、彼の無神論であった。家族のほとんどが彼を異教徒と考えた。◆49 フロイトは、彼らに好かれていないのが分かった。マルタに宛ててこう書いている――「彼らは、あなたが年老いた律法学者（ラビ）……と結婚した方がいいと思ったでしょう。……あなたの家族が私を好まないので具合のいい一つの点は、私があなたを何の家族的な付加物もなしに得ることができることです。それは私のもっとも望むところです*33」。

マルタの家庭には社会的な名声はあったが、お金はなかった。フロイトは貧しい家庭の出身だった。彼の父親は自分でも経済的な援助が必要であり、教育を受けている間のフロイトを支えられなかった（彼は友人数名から経済的な援助を受け、その中には助言者となってくれた医師のヨーゼフ・ブロイアーも含まれていた）。彼は妻や家族を養うための金を欠いていたばかりか、何年にもわたる医学訓練を終えるための収入もなかった。こうした状況から、婚約期間は四年に及ぶ。さらに悪いことに、マルタの母親が娘と一緒にドイツのハンブルグに住むと言い張った。婚約期間が長くならざるを得なければ、別れるのが一番良いというのがその理由だった。将来の義母に対する彼の気持ちは前向きとはほど遠く、婚約者と絶え間なく衝突する根源となった。

フロイトにはマルタを訪れるだけの金がなく、四年という期間は気持ちを挫くものだった。この間彼は彼女に宛てて、九百通を超える手紙を書いた。ほぼ一日に一通である。この一連の手紙には、彼が情熱的で猛烈に嫉妬深い恋人であることが示されている。

フロイトはかつて、マルタの親友で、彼女に恋心を抱いていると思われる若い男に出会った。二人は激しくやり合う。その友人は、フロイトがマルタに良くしなければ、彼を銃で撃ち殺した上で、自身に向けて発砲すると脅した。口論はあまりにも激烈で二人とも取り乱し、涙に暮れた。後日、フロイトはマルタにこう書いている――「私の目に涙をもたらした男は、私が許すまでによほどのことをなさねばなりません。彼はもはや私の友人ではなく、もし私の敵となるならば彼はわざわいなるかな。私の実質は彼よりも厳しく、もしお互いに争うならば、彼は私の敵でないことを知るでしょう。……私は情容赦もなくなれるのだぞ[◆50]」。

フロイトの手紙では、強い愛情と優しさの表現にも出会う。手紙はどれもが「尊き人よ、いとしき恋人よ」や「ぼくの可愛い王女さま[*34]」で始まっている。だが時には率直過ぎて、思いやりに欠けることもあった。ある手紙ではこう書いている――「私はあなたが画家や彫刻家がいうような意味では美しくはないことを知っています。もしあなたが正確に言葉を使うことを主張するなら、私はあなたは美しくないといわざるを得ません[*35]」。別の手紙でフロイトは、「『美』は二、三年しかとどまらず、我々は長い人生を共にすごさねばならぬことを忘れてはなりません[*36]」とマルタに念を押している。もう一通の手紙では、「自然は君の鼻と口を、美しいというよりは特徴豊かに作り上げました。ほぼ男性的ともいえる顔つきで、決然とした表情はあまりにも娘らしくないのです」。誠実なのか、それとも残酷なのか。後者を取り消そうと、フロイトは小さな花束を投げ与える――「……あなたの小さな頭にいくらかでも虚栄心が残っているなら、私は、ある人びとは、あなたが美しいと、すばらしく美しいとさえいっていることも隠しますまい。私はそれについては、何の意見ももっていません[◆51]」。

フロイトの両親は共に敬虔な家庭の出身で、身内にはラビもいた。彼らの神学的な理解は衰えなかったものの、性倫理はそうはいかなかった。フロイトは三十歳になるまで結婚せず、ほとんどの伝記作家は、彼にはそれまで性体験がなかったことに同意している。マルタ・ベルナイスは、規則を厳守する正統派ユダヤ教の家庭に育った。結婚前の、あるいは結婚を前提としない性交は禁止されていた。ピーター・ゲイは「二人が自分たちに許したのは接吻と抱擁だけだった。マルタは結婚するまで処女のままだった[◆52]」と書いている。フロイトの公式伝記作家であるアーネスト・ジョーンズは、「フロイトは異常なほどに一夫一婦主義であった」と表現し、結婚生活を通じて忠実であり続けたと記している[◆53]。

一八八六年の復活祭の日曜日、フロイトは〈神経症〉の治療を始めるため、個人診療所を開く。彼は生計を立てられるかどうか憂慮していた。患者の家を訪問するのに二頭立て馬車を使う余裕のないことがある、と告白している[*37]。

彼は結婚のために友人から借金しようとし、さらにはマルタの母親に手紙を書いて、彼女の裕福な姉妹から金を工面できないかと頼み込んだ。この依頼は却下される。むしろ当惑させるような文面の手紙で、この母親は彼に、早い話、泣き言をいうのは止めて大人になれ、と書き送った——「財産やその見込みのない男が貧しい娘と婚約するのであれば、その男は来るべき年月の重荷を黙って背負い、他の誰にもその責を負わせることはできません。……資力もなくて世帯をもつのは災難です。私自身が何年も耐えねばならなかったのはそういう生活でしたから、私には判断できるのです。あなたはそんなことをなさらぬよう乞い願います。……定まった生計の手段ができるまで静かに待って下さい。……今のあなたは、泣けば何でも得られると思って、思い通りにならないので泣き叫んでいる甘やかされた子供のようです[◆54]」。

それにもかかわらず、フロイトは十分蓄えた。婚約者の持参金、彼女の家族からの祝い金、そして裕福な友人たちからの贈り物によって、二人は一八八六年九月十三日に結婚することができた。

結婚式はドイツのヴァンズベックで執り行なわれた。フロイトは宗教的な儀式が嫌いで、マルタに話して民事婚にさせた。だがその直後で、オーストリアの法律では宗教的な儀式が義務づけられていることが分かり、その翌日、友人数名の参列の下、二回目の結婚式がもたれた。彼は慌てて覚えたヘブル語の応答唱を、しぶしぶ朗唱した。長い婚約期間中に彼は多くの事柄を要求し、その中にはマルタの家族と議論になった時、彼女は常に彼の肩を持つこと、彼女は自分の家族にではなく彼に属しているのを認めねばならないこと、彼女は自分の〈宗教的先入観〉を捨てなければならないことがあった。彼は直ちに自分の権威を主張し、彼女が安息日を守るのを禁じた。彼女は従妹にこう語っている――「結婚してから最初の金曜日に安息日の灯をつけることを許されなかったのは、私の人生で最もショッキングな出来事の一つだった[*38]」。

フロイトは八年の間に六人の子供をもうけた。ところが三十代にして彼の性欲は、長い期間をかけて衰えていったようだ。一八九三年、三十七歳の時、彼は友人のフリースに宛てて「僕たちが今禁欲生活をしているから」と書いている[◆55]。

二年後、最後の子供であるアンナが生まれた後、フロイトは妻との性的な関係を永遠に絶つ。これ以上子供をもうけることを避けるためだったという学者もいる。当時は、満足のいく避妊手段がなかった。この学者たちは、一九一六年にフロイトが行った講演についても指摘している——「生殖機能を性の核心だとすると、生殖を目標としないにも拘らず確実に性的である多数の事柄が排除される危険を冒すことになります[*39]」(フロイトが、どのように国際的な性の自由の象徴となっていたか、理解するのが難しいことがある)。

フロイトは最後の子供が生まれた後直ちに性的な働きを止めた訳ではなく、父親の死後そうなったと指摘する学者もいる。彼らは、この死別に当たって彼の反応が深刻だったことを指摘している。フロイトは、それが「僕の人生において大きな役割を果たし」、「心のなかには恐らく過去のすべてのことが甦った[*40]」と記している。学者たちはまた、フロイトの症例史の一つを指摘する。この中では、患者が自分の「父親が死去すると、情愛のこもった罪責意識を懐くようになり女性関係の楽しみを絶った[◆56]」。おそらく、フロイトは同じように苦しんだのだろう。

子供たちを育てるに当たり、フロイトは厳格で、やや過保護な父親であった。息子のオリヴァーとの対話では、彼は息子たちに自慰の〈危険性〉について警告していたという。同僚に対しては、一九一二年のウィーン精神分析学協会の会合前に発表された論文でこう書いている——「性能力《ポテンツ》の持続的な衰弱は、医師としてのわたしの経験からするなら、自慰によってもたらされる一連の結末から排除することができません[◆57]」。別の論文ではこう書いている——「欲動の抑え込みの結果として現れてくるこの代替現象が、われわれが神経質症、なかでもとくに精神神経症……と呼んでいるものなのである[◆58]」。ウィーン大学医学部精神医学科の講座としてまとめられた別の講義録では、こう述べている

――「周知のことですが、神経症の人たちは、自分が病気になったのは自慰のせいだとして、これに特別の意味を与えております。彼らは自分の不調をすべて自慰からくるものだとしており、それがまちがいだということを彼らに納得させるには、たいへん苦労させられます。しかし、本当のところ、彼らの申し立てていることは正しいと認めるべきなのかもしれません。と申しますのも、彼らの病気は幼児性欲の発達異常からくるものなのでして、その幼児性欲を遂行するものこそが自慰だからです[◆59]」。

神経衰弱と呼ばれる臨床上の徴候には、鬱病や不安、他に幾つか身体的な症状があるが、フロイトはこうした徴候を過度の自慰が原因であると考えた[◆60]。「真の神経衰弱は、自然な夢精の後生じたり、自慰によって獲得されたりする一方、不安神経症の病因には、性的興奮を自制することに対応する要因、例えば、リビードがありながらの禁欲、満たされない興奮、とりわけ《中絶性交》が属する[◆61]」。他の論文には「さまざまな強迫的な運動については、それらが思いとどまられたマスターベーションの運動の代理を意味していることが僕には明らかになりました[◆62]」とある。

フロイトは子供たちの社会生活を監視する上で、普通とは思えないほど保守的な父親だったのは明らかである。アーネスト・ジョーンズがフロイトの娘アンナに会おうと関心を示すや、フロイトは丁寧ではあるが、彼に離れているようにと手紙をしたためた。「私の小さな娘への親切心を大いに感謝する。たぶんきみはあの子のことをよく知らないと思います[*41]」――一九一四年七月にはそう書いている。フロイトは、自分の子供たちの中で彼女が最も才能があり、業績を上げたと説明している。ところがその後、性欲が誕生の時に始まると主張する者にとって奇妙な声明を発する。「あの子は女として扱われたくないと思っています。まだ男性への憧れもなく、むしろ男性を拒否するようなところがあります。あの子は私に対して、あと二、三年は、結婚も、結婚につながるような付き合いもしない、とはっきり約束しています。その取り決めを破るようなことはないでしょう」[63]。アンナはもう十九歳になっていた。

アンナ・フロイトは結局、結婚することはなかった。私はしばしば、なぜだろうと不思議に思う。私には、彼女がとても知的なだけでなく、暖かくて魅力的なことが分かる。ロンドンの彼女の診療所を訪れた時、私は時々彼女の秘書であるジーナ・ボンと昼食を共にした。一度、ミス・フロイトはなぜ結婚しなかったのだろうと尋ねると、ミス・ボンは食べるのを止めて数秒の間私を見つめ、それからこう言った——「もうその質問はしないで」。

C・S・ルイスの性にまつわる生活

C・S・ルイスが彼の性欲をどのように表現したかについては、私の思うところ、彼が九歳の少年の時、祖父や叔父や母と死別するという破壊にも近い出来事の光の中でのみ理解することができる。父親が彼を学校に追いやると、この喪失感は増すばかりだった。おそらく、さらなる死別の体験を恐れ、この初期の打ちのめされるような心的外傷を思い起こすのを恐れ、ルイスは結婚相手となる女性と出会うまでは、いかなる親密な人間関係も形成することはなかった。

だが彼に欲望がなかった訳ではない。「その頃わたしは激しい性的な誘惑に襲われていた」[*42]——ルイスは自伝にそう書き、十四歳の男の子が性の衝動に目覚める様を生き生きと描写している。この体験の前に、彼は「すでに他の少年から」「性的な事柄を」聞いて知っていたと言っている。だがその時、彼は自分が「幼くて、ただ知識としての興味しか感じなかった」[*43]と述べている。ところが今、舞踏用のフロアで踊る美しい女性教師の動作を眺めていて、彼は初めて強烈な欲望を体験した。「彼女は、わたしが『色情を抱いて見た』最初の女性だった。……ちょっとした仕草や声の調子……わたしはころりと参ってしまった」[*44]。彼は、この若い女性に抱いたものが「情熱的なこと」ではないと分かった。「ダンスの女教師に感じたものは紛れもなく肉体的欲望で、詩的な『渇望』ではなく、散文的な『渇望』だった」[◆64]。彼は性的な夢想を制御しようと闘ったのを認め、そこにはサド・マゾ的な感情や自己満足感、さらにもっと後になると強烈な罪の意識があった。この闘いは彼が変化（あるいは回心）するまで続いたが、この変化を体験して初めて、彼はこうした性向を制御できるようになった。

十六歳の時、ルイスはある若いベルギーの女の子に夢中になったが、彼女の家族は第一次世界大戦中、英国に疎開していた。彼は、友人のグリーヴズに宛ててこう書いている――「僕は人生で、これほど元気づけられたことはなかったと思う。彼女は、もの凄く慎み深い類の娘だ」。二週間後に書いた別の手紙では、この関わりに具体的に踏み込んで、こう結んでいる――「どんなことがあっても今は駄目だ。彼女は母親と一緒にこの一週間、バーミンガムにいる別のベルギー人を訪問しに行っている。でもたぶん君は、ぼくの〈事件〉にうんざりしているんだ」[◆65]。だがこの〈事件〉は、フロイトのギゼラ・フルスのように、幻想に過ぎないものだった[*45]。

十六年後、ルイスとグリーヴズがこの初期の手紙の編集を考えていた時、ルイスはグリーヴズ宛の手紙の中で、何通かの手紙を「伏せ」ようと決めた。それは彼らが〈あれ〉と呼ぶ、自慰について論じている手紙、それにあのベルギーの女の子との〈事件〉を論じている手紙だ。「ぼくは……あのベルギー娘との密会の真似事に触れた手紙は、どれも……伏せている」[66]。ルイスは「あの愚行」にまごつき、自分への罰として「〔あの手紙を〕活字にして後世に公にする」のは止めるべきではないかと迷う。その後で「ぼくは、あんな昔の罪については本当に必要だとは思えないので、まとめて放棄しようと望んでいる」[67]と付け加えている。

ルイスは、青年だった頃は、性的な思いや自己満足の経験に罪悪感を感じていなかったと主張している。「わたしは疚《やま》しい気持などというものを感じたことがなかった。人間は心理的な抑圧を取り除くのに長い時間がかかる（といわれる）が、わたしの場合はそれを得るのに長い期間を要した」[68]。十八歳の時、彼はオクスフォード大学に入学する。自分の性にまつわる生活にいかなる制約を課そうとしても、それは良心から出たものではなかった。彼は後日、大学での最初の年月についてこう書き記している――「大学に入ったとき、わたしは道徳的良心といったものをほとんどもちあわせていませんでした」[69]。兵役に就いていた頃、彼は友人のグリーヴズに宛てて、金を「異教徒のように売春婦やレストラン、仕立屋で」無駄遣いしたりせず、「ぼくの今の考え方が、どんな肉欲に対してもほぼ禁欲的になりつつあると聞いて、君は驚くだろうし、少なからず愉快になるだろうと期待している」[70]と書いている。しかし彼は、そうした振る舞いを差し控える理由が、道徳や霊的なものに拠らないことも明らかにした。二、三週間後にはこう書いている――「ぼくは神を信じていない。特に〈肉欲〉の故に僕を罰する神は」[71]。ではルイスは人生のこの時期に、どんな理由で〈肉欲〉を避けたのだろう。彼は身体面や感情面で病気になるかも知れないと恐れた。ルイスはこの手紙を一九一八年に書いたが、その当時フロイトの著作は良く知られていた。長年にわたりルイスの知人だったジョージ・セイヤーは、彼の著したルイス伝の中で次のように書いている――「それ〔自慰〕が様々な身体的疾病だけではなく精神病を引き起こすと述べる医者もいた。この習癖はルイスの人生の初期に、何にもまさって惨めな思いを与えた」[◆72]。

変化が起こる前のルイスの性的な関係について具体的なことは何も分からないが、彼が強い性的欲求を抱き、それを満たすのに道徳上の制約を何も感じていなかったことは分かっている[*46]。回心前、彼は自分の称賛する者がより高い倫理水準で生きているらしいと気付き、彼らを真似ようとした。だが上手くいかなかった――特に認めているのは「肉欲と怒り」の点で。彼は明らかにかんしゃく持ちで、自制が難しいのに気付いていた。初めて自分を厳しく吟味し始めると「わたしはそこで見たものにぞっとしてしまった。情欲の動物園、……」[*47]。自分の内にはない手段に拠らなければ、この衝動はほとんど制御不能だと知る。

オクスフォードの指導教員だったルイスは見栄えも良く、声も通り、知性豊かで、講義では立ち見のみとなるほどの人気を得ていた。それにもかかわらず、彼はロマンティックな関わりを避けようとした。指導教員として女子学生と関わることが不自然ではない場合でも。父親に宛てた手紙の中で、より魅力的な学生と関わらないでおくために、一定の防御手段を用いがちだったことを示している。だがそんな手段も常に機能していた訳ではない。親友の伝記作家は、ある女子学生があまりにも美しく、「目の前にいるだけで彼は言葉が出なくなり」、彼女を教えるのをあきらめたと書いている。

ある伝記的記述によると、女性の訪問者がコレッジに姿を見せると、ルイスはしばしば自分の部屋に閉じこもってしまった。彼は任務を拒んだ。私たちが知っているのは、彼がいかなるロマンティックな関わりも避けたということだ。彼は、どの子供にもある、捨てられるという恐れが、母親の死後に烈しさを増し、ここでも何らかの役割を演じたに違いないと認めている。

変化が起こる前後のルイスを知る人々は、この変化がどんな質のものかについて述べている。予備学校の級友は[*48]、ルイスが「奔放で愉快な無神論者」だったのを覚えていて、「実際に、神については少々口汚かった」。何年も経って回心後に会った時、旧友は「性格の完全な変化」が起こったのに気付き、彼が『悪魔の手紙』の作者だと知って動揺を覚えた。

ルイスが最終的に恋に落ちて性生活を存分に楽しむと、この出来事は激しく感情豊かで劇的であることが世界中に知られることになる。ロンドンとブロードウェイでの演劇や何冊もの本、テレビの連続ドラマ、そして映画が、この通常ならざる恋愛物語の愛と喜びと哀感を再現しようと試みた。

ルイスが何度も自分を防御してきたことを考えると、彼はどのようにして、最終的にロマンティックな関わりに引き入れられたのだろう。米国のユダヤ人女性、ジョイ・デイヴィッドマン・グレシャムという名の作家がルイスの著作を読み、それを通して、彼の体験と似た、無神論からの世界観の変化を体験する。

ジョイ・デイヴィッドマンはニューヨーク市に生まれ、ハンター・カレッジで学び、コロンビア大学の大学院で研究を続けた。彼女は作家として生計を立て、一九三八年、『同志への手紙』という詩集で〈イェール詩賞〉を獲得する[*49]。小説も二冊出版している。共産党に入党し、映画評論家と詩の編集者として、共産党機関誌《新大衆》のために働いた。彼女はまた、メトロ・ゴールドウィン・メイヤー[*50]のために、台本作家としてハリウッドで一時期を過ごした。ウィリアム・グレシャムと出会い、結婚する。彼女と同じく共産党員だった彼は、無神論者で、才能ある小説家だった。彼には結婚歴と離婚歴があった。

ウィリアム・グレシャムは重い鬱病を患い、自殺志願癖があり、アルコール依存で、他の女と関係を持つ傾向があった。精神医学の治療で鬱病からは解放されたものの大酒飲みは続き、結婚生活は困難となる。ある時彼はジョイに電話し、もう自宅には帰らないと告げた。彼女は希望を失って絶望的な気持ちになり、ひざまづいて神に向かって叫ぶ。自らの回心について述べた記事の中で、ジョイはこう書いている――「神から身を隠すための防壁である傲慢と自惚れと自己愛がたちどころに崩れ、神が入ってきた[◆73]」。彼女はルイスの著作に影響を受け、一九五〇年の初頭、彼に手紙を書こうと決心する。ルイスは彼女の手紙が異例なまでに良く書けており、ウィットに富んでいるのに気付いた。

一九五二年九月、ジョイはルイスに会えるかどうかやってみようと、大胆にもロンドンへの旅行を決意する。ジョイは彼を昼食に招待した。そのお返しに、ルイスは彼女をオクスフォードでの昼食に招待する。この昼食が関係の始まりとなり、その数年後、あの祝福された愛の出来事へとつながる。

ルイスはジョイに魅了された。その大胆でつっけんどんな素っ気なさに、彼は飛び上がりつつも楽しさを覚えた。彼女は、関心事や好きなこと嫌いなことを彼と分かち合う。彼らは、偉大な文学や文章を書くことについて、深く興味を分かち合った。二人とも都会が嫌いで田舎を好んだ。彼女は現代の米国を批判する。ルイスはフロイトと同じく、米国と米国人に対して同じような否定的な見方を抱いており、ジョイの批判に興味をそそられた。

一九五二年十二月、ジョイは夫から離婚を求める手紙を受け取り、そこには彼女の従姉妹であるルネ・ピアスと恋仲である旨が記されていた。自宅に戻ると二人が一緒に寝ており、ジョイは離婚に同意した。一九五三年の夏、彼女は二人の幼い息子を連れてロンドンに引っ越す。それ以降の二年間、彼女とルイスの間にどれほどのやりとりがあったかについては記録が残っていない。一九五五年、ジョイと二人の息子は、ロンドンからルイスの居宅に近いヘディングトンの家に移った。彼女はルイスの著述作業を手伝い始め、二人は頻繁に出会う。

この時内務省が、ジョイの英国での滞在許可の更新を拒否する。たぶん、彼女が共産党員だった経歴のためだろう。ルイスは気の毒に思い、ただ英国に滞在できるようにと、民事婚での結婚を彼女に申し出た。彼は幾つかの理由で、この結婚をすべて整ったものにはしなかった。第一に、彼はジョイに対してロマンティックな思いは抱いていなかったように思える。あくまで良き友人として見ていた。第二に、離婚した者との結婚を教会法が禁じていたため、教会での挙式は無理だと感じた。彼はグリーヴズ宛の手紙で、実際の結婚だと「ぼくの見解では姦通になってしまうので、そうなってはならない」◆74と書いている。民事婚は一九五六年四月二十三日に身内だけで執り行われ、ジョイと子供たちは英国に留まる。

その年の十月、ある出来事が起こり、二人の関係の本質は劇的に変わる。ジョイは骨の癌に冒され、胸の原発部位から転移していた。ルイスは友人のグリーヴズ宛に「彼女は数ヶ月以内に亡くなるかも知れない」と書いている。彼は責務を感じ、彼女と息子たちを自宅に引き取り、面倒を見てやることになった。彼は、この民事婚を公にする。一九五六年十二月二十四日付の《タイムズ》紙には、次のような記事が掲載された――「ケンブリッジ大学モードリン・カレッジのC・S・ルイス教授と、オクスフォード市チャーチル病院の患者であるミセス・ジョイ・デイヴィッドマンの結婚式がこのほど執り行われた。祝辞は拝辞するとのこと[*51]」。

おそらく、ジョイを失うと考えただけで、ルイスは彼女を愛しているのみならず深く恋しており、十分に自分の妻として求めていることに気付いたのだろう。ジョイは教会での挙式を望み、彼がその許可をどのように得たかについては容易ならざる話はあるものの、詳細はほとんど知られていない。明らかなのは、ビル・グレシャムはジョイと結婚する前に結婚しており、最初の妻はまだ生きているので、彼らの結婚は真のキリスト教的な結婚ではないとルイスが論じたことだ。ルイスの昔の生徒であるピーター・バイド師はこれに同意し、一九五七年三月二十一日、オクスフォード、チャーチル病院のジョイのベッドの傍らで二人を結婚させた。この結婚式について、ルイスの兄ウォーレンは日記に次のように記している――「とりわけ、ジャックと同じ屋根の下で死にたいという彼女の希望はあまりにも痛ましい。だが、ジョイのように勇気をもって死に直面している患者に憐憫を感ずるのはほとんど侮辱にひとしい。……希望はほとんど残っていないように思えるが、最後には痛みはないかも知れない[*52]」。

ジョイは、ルイス宅のあるキルンズに移る。彼は五月にこう書いている――「ジョイは家にいる。……病院は彼女にもう何もしてやれない。……すっかり寝たきりだ。だが神に感謝する。痛みはなく……しばしば上機嫌なのだ」。バイド師は、ジョイとジャック・ルイス夫妻を結婚させる前に、彼女の回復のために祈り、ジャックも祈り続けた。その後で多くの者が奇跡的だと思う何かが起こった。ジョイが回復し始め、歩き出したのである。一九五七年六月、彼女は友人に宛ててこう書いている――「ジャックと私はこの状況を考慮しながら、思いもかけず驚くほどに幸せでいます[◆75]」。七月、二人は遅ればせながらアイルランドへハネムーンに旅立つ。二人を訪問した友人たちによると、ルイスは「幸せそのものと満たし」を覚えながら妻と一緒に生活していた。ある時彼は友人にこう語った――「五十九歳にもなってほとんどの人が二十代で経験するような幸福を経験するなんておかしなことです[*53]」。ジョイは何年も、ギリシャを訪れたいと願っていた。一九六〇年四月、二人はもう一組のカップルと一緒に、彼の地で十日間の余暇を過ごす。

ジョイは、C・S・ルイスに会う望みを抱いて英国にやって来た時、ただ彼と面談しただけではなく、彼が自分の周囲に張り巡らしていた防御をことごとく突き破り、邪魔しないでくれという標識を易々とまたいでしまった。二人は三年と四ヶ月、無上の幸福を楽しんだ。伝記作家たちによれば、ジョイの書いた手紙は「幸福にあふれている」。彼女は「あなたには私たちが、二十代前半のハネムーン・カップルみたいに見えるでしょう」と書き、ルイスの大胆な性行為について開けっぴろげに述べている[◆76]。ルイスは『悲しみをみつめて』の中でこう書いている――「あの数年の間〔妻と〕わたしは愛を満喫した。愛のあらゆる様相を……心身のすきま一つ充たされぬものとてなかった[*54]」。

フロイトとルイスが自分たちの性欲をどう表現したかを眺めてみると、フロイトはルイスよりも、かなり限られた性生活を送っていたように思える。ほとんどの伝記作家は、フロイトが三十歳で結婚する前には性交渉がなかったことに同意している。結婚後の性的な営みは、わずか数年しか続かなかったようだ。性の新しい自由の父と呼ばれる者が、八十三歳の生涯で自らの性欲をわずか十年間に限定したなどということがあり得るだろうか。そうだったとしたら、なぜなのか。フロイトは性を、彼が診察したウィーンの淑女たちがそうだったように、不愉快でうんざりするものと見ていた。この点を非難したルイスは正しいのか。

確かにルイスは、フロイトよりも活発な性生活を送った。彼は、最初は友人でその後恋人となった女性との性生活を、人生の後期に精力的に楽しんだ。回心してから結婚するまでの間、初めて自分の性の衝動を制御できそうに思えた時、彼は自分に対しても他人との人間関係に対しても、より満足を覚えているようだった。なぜだろう。たぶん、私の調査したハーバードの学生たちが手がかりを与えてくれる。

回心を経験する前、学生たちは自分たちの性関係を、満足以下のものであり、自分たちの望んだ感情的な親密さでさえほとんど与えてくれなかった、と描写している。彼らは深い孤独感と〈誰ともつながっていない感覚〉を表明した。学生たちの性行為は概して、この孤独感に打ち克とうとする絶望的な試みに思える。回心を体験した後、彼らはルイスのように、純潔や完全な貞節を伴う結婚という聖書の厳格な規準によって生きようとする。この厳格な制約は、彼らの過去の行動や現在のより多くの行動と強烈に衝突するものの、彼らはこの明確な境界が、何も境界がないより混乱が少なく、異性の者と「性の対象としてではなく人として」◆77関係を持つ助けになることを知った。

フロイトは、臨床での観察をもとにして、同じような個人的確信に達していたのだろうか。私たちには思い巡らすことしかできない。彼は確かに、自分が身につけていた明確な境界によって子供たちを育てたが、その境界は、「比較にならないほど自由な性生活[*55]」を求める彼の公の訴えとは鋭い対照をなしている。おそらく彼は、ルイスもそうしたように、黙ってこう結論を下したのだろう──「どんな幸福のためにも、この世においてさえ、かなり多くの抑制が必要なの[◆78]」だ、と。

第7章 愛

愛はすべて性衝動が昇華したものか

フロイトもルイスも、愛について大量に書き残している。二人とも、〈愛〉という言葉は不注意に用いられているが、この言葉には多くの異なる意味があり明確な定義が必要だ、と気付いている。私たちは、国家に対しても犬に対しても、子供たちや友人、両親や配偶者に対しても、自らの感情をいずれも〈愛〉という言葉で表現している。それぞれで意味するものは、まるで違っているのだが。

フロイトは、人間の愛のあらゆる形態を、二つの基本的な種類に分けた。性的な（性器による）愛と、性的な欲望を意識しない愛とに。「〈愛〉という言葉は無頓着に使用されているが、これはこの言葉の由来から説明がつく」[*1]——彼は『文化の中の居心地悪さ』の中でこう書いている。「性器的要求に基づいてひとつの家族を築いた男と女の関係を愛と呼ぶが、家族の中の両親と子供たちのあいだ、兄弟姉妹のあいだに働く積極的な感情もやはり愛と呼ばれる」[◆1]。夫と妻の間の愛は〈性器による愛〉、子供たちや親子の間の愛は〈目標が制止された愛〉あるいは〈愛情〉である。性的衝動（リビード）、すなわち恋愛（エロス）の心的なエネルギーは、エロティックな関係の中で公然と現れるか、昇華されて無意識の中にだけ存在するのかも知れない——「目標制止された愛も、もとはと言えば全面的に官能的な愛であったし、人間の無意識においては今なおそうである。全面的に官能的な愛と目標制止された愛の両方とも家族の範囲を越え、これまで赤の他人であった者たちとの新たな絆を作り出す。性器による愛はやがて新たな家族を形成し、目標制止された愛は〈友情〉の形成に至る[◆2]」。

家庭内の愛と友情は「直接の性的目標を放棄してしまったわけではない」形態の愛だが、「それは……この目標を獲得するのを内的抵抗によって引き止められたまま、満足に何とか近づくことに甘んじざるをえない。そしてそれゆえにこそ、人間のあいだにとくに堅固で永続的な拘束が作り出される。このような種類のものとして、とりわけ、もともとは完全に性愛に満ちた両親と子供のあいだの情愛関係、友愛の感情、性的な好意から生じた夫婦の感情拘束がある[◆3]」。

フロイトは、あらゆる愛の形態を〈性的〉と分類したことで、人々が激しい抵抗を抱くことになるのを実感する。彼はこの抵抗を阻止しようとした。「われわれが愛と呼ぶものの核をなしているのは、もちろん、一般にも愛と呼ばれ、詩人たちが歌い上げてきたもの、つまり性的合体を目標とする性愛である。しかしわれわれは、それ以外にも愛の名に関係しているものをそこから切り離しはしない。つまり一方で自己愛、他方で親や子への愛、友情や一般的な人類愛……も除外しない[◆4]」。

人類愛や親子の愛、友人同士の愛を〈性的〉と分類したことは、嘲りと拒絶を引き起こした。なぜフロイトはそんなことをしたのか。『集団心理学と自我分析』の中で、彼はこう説明している――「精神分析の研究がわれわれに教えてきたところでは、これらの追求はいずれも同じ欲動の蠢きの表現であり、それは両性の間では性的合体を求めて突き進む……[*2]」。他の形態の愛では、性の蠢きは「この目的から逸らされ」てはいるが、それでもやはり性的なのだ。「この決断のせいで、精神分析は憤激の嵐を巻き起こすことになった。まるで、それがもたらした革新は冒瀆にも等しい罪だ、とでも言わんばかりに。しかし、そうは言うが、愛をこのように『拡大』解釈することで、精神分析は独創的なことなど何もなし遂げてはいない。哲学者プラトンの『エロース』[*3]は、その由来においても、働きにおいても、性愛との関係においても、愛の力と、精神分析のいうリビードとぴったり重なり合うのであり……また、使徒パウロがコリントの信徒への有名な手紙の中で、愛を他の何にもましてほめ称える時、彼はたしかに、愛を『拡大』されたこの同じ意味で理解していたのだ」[◆5]。新約聖書〈コリントの信徒への手紙一〉から、彼は次の箇所を引用している――「たとえ、人々の異言や、天使たちの異言を語ろうとも、愛がなければ、私は騒がしいどら、やかましいシンバル」[*4]。フロイトは、「これらの例から学びうることは、人間は、偉大な思想家たちを大いに賛嘆していると称してはいるが、必ずしも常に真剣に受け止めているわけではない」[◆6]と嘆いている。彼が、プラトンやパウロ、あるいは彼自身を偉大な思想家と称しているのかどうか、まったく明らかではない。

　そしてこう反論する――「性欲を恥ずかしく思うことで得られるものが何か一つでもあるとは、私には思えない。エロースというギリシャ語にしても、それを使えば罵倒の声が鎮まるというのだが、しかし結局のところ、愛というわれわれのドイツ語を言い換えているにすぎない」[*5]。

　すると愛は本当に、性に関わることだけなのだろうか。それとも、これは唯物論者の極論なのか。当然配慮すべき所に信憑性を与えようと、フロイトはあらゆる人間関係の複雑な性格に対して、数多くの洞察を与えている。彼は、どんな集団でも、たとえば家庭、クラブ、教会、大学、企業、運動チーム、病院でも、一番大きな問題が、その組織が目的とする業務ではなく、組織内の人々の衝突であるのはなぜかについて、私たちの理解を助けてくれる。その一つの理由として、誰もが他人に対して否定的な感情を抱くからだ、と彼は説明する。この感情は普通、抑圧されていて認識されない。それにもかかわらず、この感情は私たちの振る舞いに影響を与え、対人関係の衝突を生み出す。

フロイトはこう書いている――「二人の人間の間の親密な感情的関係のうちに比較的長続きするものは――夫婦関係であれ、友情であれ、親子の関係であれ――ほとんどすべて、拒否的で敵対的な感情の澱《おり》を含んでいるのであって、それがなんとか知覚されずにすんでいるのは、抑圧《リプレッション》のおかげであるにすぎない」。これは明らかに、「部下の誰もが上司にぶつぶつ文句を言うような場合」[*6]に見られる。この隠された敵意と他者を見下そうとする傾向は、より大きな集団にも見られる。「婚姻を通して二つの家庭が結びつく場合には必ず、それぞれの家族が、他方を見下げて自分たちの方がより良い家柄だ、より高貴な家柄だと思い込む。隣接する二つの都市にあっては、その双方が他方のねたみ深い競争相手となる。〔スイスの〕どの小州も他の小州を馬鹿にして見下す」[*7]。フロイトの残したもう一つの警句は「差異の個々の細かな点に」対する「ナルシシズム」だ。彼は地理的、国家的、民族的な事例を挙げる――「南ドイツの人間は北ドイツの人間が好きになれない。イングランドの人間はスコットランドの人間に対してありったけの悪口を言う。スペイン人はポルトガル人を見くびる」[*8]。さらに、「ガリア人のゲルマン人に対する、アーリア人のセム人に対する、白人の有色人種に対する反感が――生まれる結果になるとしても、もはやわれわれの誰も驚かない」[◆7]と付け加える。

フロイトは、この隠された敵意がなぜ存在するのか、私たちは十分理解できないと認める。「しかし、次の点は見紛いようがない。人間のこの振舞いの中には、憎悪への用意が、攻撃性が告知されているのであり、その由来は知られておらずとも、それが人間の基本的な性格であることは認めてよいだろう」[◆8]。

フロイトはまた、私たちの愛の関係の選び方について洞察を与える。彼は、人生初期の体験が、結婚相手や友を選ぶのに強く影響を及ぼすと主張する。一九一四年の論文ではこう書いている――「子供は、すでに幼年期の最初の六年のうちに、同性および異性の人物に対する関係の仕方と、その際の情動の色合いを確たるものとしてしまっており、その後は、それを発展させ、一定の方向へ変形させることができるだけで、もはや廃棄することはできません。こうして子供が固着することになる人物は、両親と兄弟姉妹《きょうだい》です」[◆9]。

彼はそれから、成人後のあらゆる関係は、ある程度こうした初期の関係によって決定される、という驚くべき発言を行う――「子供がやがてのちに知り合うことになる人々はすべて、その子にとっては、これら最初の感情的対象……の代替人物となり、……したがって、これらのちに知り合った人たちは、一種の感情遺産のようなものをわが身に引き受けざるをえなくなり、自身そのようなものを受けるいわれはごくわずかしかなくとも、共感や反感をぶつけられることになります。のちの友情選択も愛情選択もすべて、あの最初の原型となった人物たちが残した想い出‐痕跡にもとづいて生じてくるわけです」[*9]。

ついにフロイトは、〈転移〉の理論へと発展させる。これは、感情障害を扱う彼の技法の中で主要な役割を果たすことになり、今日でも友人や結婚相手を選ぶ際に何らかの示唆を与えてくれる。人間関係で生じる感情は、私たちが現在理解しているように、二つの通り道を進む。他人に反応したり関わったりする時、その人物をどう意識して体験するかに拠るだけでなく、過去の人間関係についての無意識の体験にも拠る。後者の体験は、私たちが幼児や子供の頃に重要だった人物、特に両親や他の家族との関係である。私たちには、自分の気持ちや態度を、こうした過去の人物から現在の人物に移し替える傾向がある——特に、誰かが過去の人物と似た特徴を持つ場合に。そのため、ある人物が私たちの中に強烈な感情、強い魅力か強い反感を引き起こすかも知れない。ただこの感情は、その人物について知っていることやその人物から体験したことについて、まったく不適当なものかも知れない。この過程は、程度の差こそはあれ、友人やルームメイト、配偶者や雇用主を選ぶのに影響を及ぼすかも知れない。[10] 私たちは皆、それまで一度も出会ったことがないのに、私たちの中に強い感情を引き起こす人物に出会った、という体験を持っている。転移の理論によると、この現象が起こるのは、その人物に関わる何か、たとえば足取りや頭の傾け具合、笑い方やその他の特徴が、子供時代初期に重要だった人物を呼び起こすからだ。時には配偶者や職場の上司が、状況から考えられる以上に強烈な反応を私たちの中に引き起こす。身振りや声の調子というものは、子供時代に重要だった人物について体験した、初期の否定的な感情を甦らせるかも知れない。

❈

転移の反応はどんな関係にも起こるが、権威者との関係において最も頻繁に、最も強烈に起こる。これは特に医師と患者の関係で起こるが、それは部分的には、患者が医師を権威ある人物と見ることが多く、人生で最初の権威である両親に向けられた感情を医師に置き換える傾向があるからだ。「患者が……分析家の中に、子ども時代の、過去の重要な人物の再現——再来——を[redacted]、その原型となる人物に向けられていたに違いない感情や反応を、分析家に転移することである。[redacted]の転移という事実は、予想もしなかった意義を持つ契機であることがただちに明らかになる」[11]。フロ[redacted]トは、患者が医師に対して抱く肯定的な感情（〈肯定的な〉転移）は、患者が良くなるのを促す強い力[redacted]与えることに気付いた。彼はユング宛の手紙の中で、精神分析の仕事の基礎についてこう論じてい[redacted]——「ほんらい治癒に必要なのは愛情であります」[12]。転移の概念を発展させることによって、彼は、あ[redacted]ゆる人間関係を理解するための根本的な貢献を行う。

それにもかかわらず、ルイスは、フロイトによる愛と人間関係についての理解は不完全[redacted]考える。ルイスは、愛についての議論を偉大な文学に求めた。彼のアプローチは、フロイトの臨[redacted]のアプローチよりも細部にわたるものだ。彼の学術的な仕事の相当の部分が、人間の愛に集中し[redacted]いる。著作である『愛とアレゴリー　ヨーロッパ中世文学の伝統』と『四つの愛』は、すでに[redacted]典といえる。

ルイスはまず、あらゆる愛を二つの大きな種類に分ける。一つは求めによらない愛[redacted]もう一つは求めによる愛だ。『四つの愛』の中で、彼は次のように書いている——「したがって[redacted]はまず愛を二つに区別し、それぞれを与える愛 Gift-love と求める愛 Need-love と名づけた。与[redacted]る愛の典型的な例は、自分はそれにあずかったり、見届けたりすることなく死んでしまうので[redacted]ながら、その家族の将来の幸福のために働いたり計画したり蓄えたりするように人間を仕向ける[redacted]あろう。求める愛の典型的な例は、心淋しい子供や、恐怖におそわれた子供を母親の腕のなかに[redacted]る愛であろう」[13]。「求める愛は婦人にたいして、『私は彼女なしでは生きることができない』と言う。与える愛は彼女に幸福、安楽、庇護を——できれば富をも——与えることを切望する」[◆14]。

フロイトと同じように、ルイスは新約聖書の「神は愛だからです[*10]」を引用し、これを「愛は神だからです」と解釈しないよう気を付けなければならない、と警告する。彼は、どんな形態の人間の愛も偶像崇拝の形をとり、その美名の下に愛の欠けた行為を犯す原因になり得るという興味深い見解を述べ、「愛は、神であり始めるや否や、悪鬼であり始める[*11]」と書いている。人々は、そうでなければ良心が決して許さないであろう行為を、すべて愛の名において行いがちだ——「人間の愛は、すべてその極限においてはそれ自身に対して神的権威を主張する傾向がある。その発言は、あたかもそれが神ご自身の意志であるかの如くに聞えがちである[*12]」。彼は『四つの愛』の中でこう書いている——「女性への愛の故に、男性は誓いを破り、妻子を無視することになるかも知れず、国への愛の故に、人々は想像もできないような残虐行為を犯すことになるかも知れず、教会への愛の故に、人々はそのかされて実際に悪行に従うかも知れない[*13]」。そして、いつもの率直さでこう断言する——「もしそういう書——私は書こうとしていないが——が書かれるとすれば、それは人間のすべての残酷と裏切りにたいするキリスト教界の特殊な寄与をキリスト教界が全面的に告白することでなければならない。……われわれはキリストの名を叫びながら、大いなる犠牲を強いてきたからである[◆15]」。

ルイスは人間の愛を、ギリシャの伝統に従って、さらに四つの種類に分ける。①ストルゲー、家族の構成員の間の愛情　②ピリア、友情　③エロス、「愛し合っている」者同士の恋愛　④アガペー、神や隣人に対して抱く愛。友人に宛てた手紙の中で、彼はこの異なる形態をさらに定義している——

「〈チャリティ〉は愛を意味する。新約聖書の中では、エロス（恋愛）、ストルゲー（家族の愛情）、ピリア（友情）から区別するためにアガペーと呼ばれる。……愛には四種類あり、どれもそれぞれの適切な場所にあっては良きものだが、アガペーは神が私たちのために備えて下さっている類のもので、いかなる状況においても良きものであるため、最善のものだ。私がエロスを感じない人々や、ストルゲーやピリアを感じられない人々もいる。それでも、神に対してはアガペーを実践することができる。……同様に人にも獣にも、善人にも悪人にも、年寄りにも若者にも、遠くにいる者にも近くにいる者に対しても、実践できる。君は、アガペーとはすべて与えることであり、得るものではないと分かるだろう。……お金を与えるのは慈善を示す〈一つの〉手段に過ぎない。時間と労力を差し出すのは遥かに望ましいが、（大方の者にとっては）もっと難しい[16]」。

ストルゲーは、私たちが〈愛情〉と呼ぶ人間の愛の形態である。ギリシャ人は元々この言葉を、家族内の愛情を表すために用いた。「私の手もとにあるギリシャ語辞典は、ストルゲーを『愛情、特に親の子にたいする感情』と定義している。しかしまた、子の親にたいする愛情とも定義している」とルイスは書き、こう続ける――「そして、疑いもなくそれがこの語の中心的意義であるとともに、愛の原型である[17]」。家族以外の人々にも、愛情は感じることができる。この言葉の当てはまる主な条件は、気持ちのよい親しさのように思われる。私たちは、興味を分かち合うことのない、すなわち友人ではない者に対しても愛情を感じるかも知れない。ルイスは、ただ長く知り合っていたり、親しみや気持ちのよさを感じるというだけで、その人々に愛着を感じるものだと述べている。彼はこうした気持ちを、描写風の言い回しで表現している――「愛情はわれわれの生活のなかをそっと歩むとか、滲透すると言った方がよい。愛情は控え目な、ふだん着の、プライヴェートなこと、柔かいスリッパー、古着、古くからの冗談、ねむい犬の尻尾が台所の床にごつんと打つ音、ミシンの音……」◆18。

ルイスは、愛情は公にされた状況ではなく、気持ちのよい内輪の静かなたたずまいの中で適切に示される、と述べている。愛情が公にされた中で示されると、他の者の居心地を悪くする。こう語っている通りだ――「愛情は、もし騒々しく、頻繁に表現されるならば、愛情でなくなるであろう。愛情を公に出すことは、あたかも、あなたの家の家具を転居のため外に出すようなものである。家具はそれ自体の場所にある時はまことに結構であるが、それが日なたに出されると、みすぼらしく、安っぽく、グロテスクに見える」◆19。

ルイスは、愛情を控え目なものとも呼ぶ。「人々は〈愛している〉ことを誇り、友情を誇ることができる」。さらにこう続く――「愛情は最も控え目で――人目を忍び、恥ずかしがりでさえ――ある。……愛情のみによってわれわれと結ばれている人々をわれわれが賞めるようになるには通常、そういう人々が不在であるとか、そういう人々に先立たれるとかいうことが必要である。われわれはこのことを当然と考えている。そしてこの考えは、恋愛においては受け入れられないものであるが、この場合は、ある点までは正しく妥当である。それは、この感情の気持のよい、静かな性質に適している」◆20。

愛情は、他の形態の愛を伴うことがある。たとえば、友人に対して愛情を感じることがある。「友人をつくるということは、愛情深くなるということと同一ではない。しかし、あなたの友人が古い友人となった時に、もともとは友情となんら関係のなかった彼にまつわるすべてのことに親しみを感ずるようになり、それとともに愛すべきものと感ずるようになる」*14。

愛情は家族を遙かに超えて拡がり、他の形態の愛と一体になり得る。愛情は性愛（エロス）の一部であり、そうであるべきだ。愛情を伴わない性的な愛は冷たく、魅力的なものにはならない。ルイスは、数ある愛の中で、愛情は最も分け隔てのないものだと書いている――「しかしほとんどいかなる者も、醜い者も、愚かな者も、そして癪にさわる奴でさえも、愛情の対象になりうる。……そういう愛情は低能者にたいしては、その両親のみならず、兄弟も持つことを私は知っている。……それは種の障壁をさえ無視する。われわれはそれを犬と人との間にのみならず、さらに驚くべきことには、犬と猫との間にも見る[21]」。

ルイスは、愛情による関係と親しさによる関係について、興味深い警告を投げかける。この二つは人をそそのかして馴れ馴れしくさせるため、危険を引き起こしかねない。「愛情は着古した着物のような事柄であるが、気安さは軽はずみな心のすきの事柄であり、狎《な》れ狎《な》れしさの事柄であって、他人に対してそういう態度を示す場合には無作法となるであろう」。そしてこう警告を発する――「親しい間柄の場合には、それだけ形式化は少ない。しかしそれだからといって、礼儀作法の必要がより少ないわけではない。逆に愛情はその最善の状態においては、公的の場合とは比較にならぬほどのこまやかさと敏感さと深みとをもった礼儀を行なうものである[22]」。「あなたは『黙ってくれ、本を読むんだ』と言うこともできる。あなたは正しい調子で正しい時に――傷つけることが意図されておらず、また傷つけないであろう調子と「そのような」時に――何でもなすことができる。愛情がよいものであればあるほど、ますます誤ることなくこういうものが何であるかを知っている（どんな愛にも愛の方策がある）[23]」。

言うまでもなく、家庭ではしばしば礼儀正しさの実践が欠けてしまう。「知人の家族に食事に招かれた席上、親が、ほかの若者に対した場合には直ちに交際を打ち切ってしまう結果になるような無作法さをもって、自分の成人した子供を扱う場面に居合わせて、当惑した人はないであろうか。諸事についての、幼い子供なら納得するが、少し年上の子供なら納得しない独断的な主張、若い者が真剣に考えている事柄……を冷酷に妨害したり、真向から否認したり、嘲笑したりする[◆24]」。

ルイスは、愛情と呼ばれる愛が、この地上での幸福の大きな分け前を与えてくれると考える――「愛情は常識と譲り合いと〈たしなみ〉があるならば[*15]」「われわれの自然的な生活のなかに存在するいかなる堅実な永続性のある幸福も十分の九にたいして、愛情が責任がある[◆25]」。

ルイスは、あらゆる形態の人間の愛は「それ自体のなかに憎悪の種を蔵している」というフロイトの警告に同調する。自分が必要とされるという欲求があり、その欲求が子供や親によって満たされないなら、欲求の程度はさらに増し、落胆が愛を憎悪に変えてしまう。彼はこう警告する――「ローマの詩人が『私は愛しかつ憎む』と言ったのは、恋愛についてであったが、そのほかの愛も同様な混合を許している。そういう愛は、それ自体のなかに憎悪の種を蔵している。もし愛情が人生の独裁君主とされるならば、その種は発芽するであろう。すなわち、愛は一つの神となることによって、悪魔となるのである[◆26]」。フロイトとルイスは、表向きは意見が一致しているように見えるが、ルイスは、性欲が愛情（ストルゲー）の中心をなすとか、少なくともその周辺にあるとは示唆していない。

❈

ルイスはピリア、すなわち友情について考える時、フロイトとはさらに強固に意見が異なる。ルイスには、友情とは抑圧された性欲の形態である、と考える根拠はどこにも見出せない。フロイトは友情を「目標制止された愛[*16]」と呼んでいるが、ルイスは友情に対して、それとは極めて異なる四つの特徴を描く。

a　友情は、様々な愛の形態の中で、最も必要とされない――「恋愛がなければ、われわれは誰も生まれなかったであろうし、愛情がなければ、われわれは誰も育たなかったであろう。しかし、友情がなくてもわれわれは生きることができ、育つことができる。人類は、生物学的に考えれば、友情を必要としない[◆27]」。

b　友情は、愛の中で最も不自然――「最も本能的でないもの、最も有機的でないもの、最も生物学的でないもの、最も集団性でないもの、最も必然性のないものである。友情はわれわれの神経との交渉が最も少ない。友情には感情が激して声が咽喉につかえるようなことは何もない。鼓動を早めるような、あなたを赤くしたり青くしたりするものは何もない[*17]」。

c　友情は、現代の文化の中で最も評価されない――「友情は本質的に個人の間のものである。二人の人が友達となるや否や、二人は共に一般の人からある程度離れる。……集団あるいは集群――共同体――は、友情を嫌い疑いさえもするであろう」。集団や組織の指導者たちは「部下の少数者の間に緊密な強い友情が生ずる場合は、不安にかられることがある。……また、集団を個人以上に評価する考えは必然的に友情を軽蔑する。友情は個性の最高の水準における人間の間の関係であるからである[◆28]」。

d　友情は恋愛的（エロティック）な愛とは異なるが、その愛を深めたり強めたりできる。

ルイスは、すべての愛を性的と見るのは無意味だと述べている。

フロイトの友情の定義を参照しながら、彼はこう書いている――「友情を……ただ恋愛の変装したもの、あるいは、念の入ったものとしか考えることのできないものは、未だかつて友人を持ったことがなかったという事実を暴露している。しかし、その他の者は、同一の人物にたいして恋愛と友情とを持つことができるけれども、ある点では恋愛事件ほど友情に似ていないものはないということを知っている。……愛人たちはお互いに相手に夢中になって通常向かいあっている。友人たちは何か共通の関心に心を奪われて相並んでいる[◆29]」。しかし、恋人たちは友人になるかも知れないし、その逆もあり得る。

性別の異なる二人が出会って共通の関心事を分かち合う時、「二人の間に生ずる友情は極めて容易に――場合によっては最初の三十分間で――恋愛に移るであろう[*18]」。

しかも、逆のことが起きるかも知れない。恋に落ち、性的に魅き付けられる二人の男女は、共通の根強い関心を分かち合うかも知れない。その後で、二人は恋人であると同時に、友情の真の意味において友人になるかも知れない。この関係で異なるのは、恋愛的な愛では自分たちにしか関心を持たないが、友人としては、二人を結びつける関心事を他の者とも熱心に分かち合うことだ。

ルイスは、恋愛（エロス）と友情が統合されると「二つの愛の区別を抹殺するどころか、より明瞭に分かるようにする。もしも、深く十分な意味において最初にあなたの友人であった人が、次に漸次に、あるいは突如としてあなたの愛人としても現われる場合には、あなたは確かに、愛人の恋愛をどんな第三者とも分かつことを欲しないであろう。しかしあなたは、この場合友情を分かつことについてはなんら嫉妬を懐かないであろう。愛人があなたの今までの友人と深く真実に自発的に友情関係にはいったのを知ることほど、すなわちわれわれ二人は恋愛によって結びついているのみならず、われわれ三人、四人、あるいは、五人がすべて同じものを求めている旅人であり、すべて共通のヴィジョンを持っていると感ずることほど恋愛を豊かなものにするものはない[◆30]」。

友情（ピリア）について論じる中で、ルイスは自分の友人をどう感じているかについて、手がかりを与えてくれる。彼は友人同士の集まりの中で、「すべてのその他の人々の前に謙遜に感ずる[*19]」ような敬意を抱いて各自が他の者を見つめている、と記している。「時々彼は、自分よりすぐれた人々の間で自分は何をしているのかといぶかる。彼がこのような仲間のなかにいることは、身分不相応に幸運である[*20]」。

ルイスには、いつも決まって長時間散歩をしたり、刺激に満ちた会話を交わす親友が大勢いた。彼は、「特に全グループがいっしょであって、個々の者が、すべてのほかの者のなかにあって最善の、最も賢明な、最も愉快なことをすべて現わしている場合に」友情の喜びは極まる、と書いている。「次のような場合、すなわち、われわれのなかの四、五人がつらい一日の道程を終えて宿屋に到着した時、スリッパーをはき、足をストーヴの方にのばし、手近に飲物がある時、われわれが語るにつれて全世界および世界の彼方のあるものがわれわれの心に自らを開く時は、絶好の機会である。いかなる者も、ほかの者にたいして何の要求権も責任も持っていない。すべての者は、あたかも一時間前に初めて会ったように自由民であり対等の人である。しかし、同時に長年の間に熟した一つの愛情がわれわれを包んでいる。生命――自然の生命――もそれにまさる賜物を与えない。これに値しえたような人が誰かあったであろうか[◆31]」。

ルイスは、友情にはある危険がはらんでいると考えた。私たちは時々、人々の集まりに加えて欲しいと願うけれど、それは根強い関心を共有しているからではなく、ただ、彼らを〈仲間うち〉の一部と見ているからだ。ある集まりが、真の友情のように共有された関心によるのではなく、「自負心と優越感を楽しむため」にあるなら、その集まりは「誇り」の危険、「友情が自然におちいりやすい危険[*21]」である。

そうした集まりは、真の友情の基礎を形作る共有された関心以外の理由で、人々を引きつける――「俗物は、あるグループが既にエリートと考えられているからとて、そのグループに属することを欲する。友人は、自分たちが既にあるグループに属しているからとて、エリートと考えるようになる危険がある[◆32]」。ルイスはこうも指摘する――「本質的な悪徳、究極的な悪は、傲慢《たかぶり》である。……それは完全に反神的な心の状態である。……それは、自分が他の者たちよりも上にいるという喜びなのである[◆33]」。

人間のどのような集まり、たとえば家や学校、大学、病院、法律事務所、企業においても、彼が〈エリート・グループ〉と呼ぶものがある[◆34]。ルイスは、誰もが人生のどこかの時点で、「地域のエリート・グループの仲間入りがしたい、そしてそれからはみ出るのがこわい[*22]」という気持ちと闘うものだ、と主張する。取り残される恐れ、自分が重要な集まりの一部ではないという恐れは、相当なストレスと不幸の原因になる。重要だと見なす人々に受け入れられようとして、エリート・グループの一部になろうとして、より望ましい判断がある場合でも、私たちはしばしば、その判断に逆らって物事を進める。彼はこう書いている――「フロイトならきっと、なにもかもが性衝動をごまかしているだけさと言うことでしょう。わたしは本末転倒ということが時には起こるのではなかろうかと思うのです。乱脈の時代には、色恋《ヴィーナス》の道に従順だったためではなくて顔役たちの誘いに従順だったために多くの純潔が失われたのではなかろうかと思うのです。乱脈が流行の時代には、純潔な人たちがのけ者にされるのは当然のなりゆきでしょうから。彼らは他人が心得ているものを知らないというわけです。……またもっと罪の軽いところでは、同じような理由で初めて煙草をすったとか、初めて酔っぱらったとかいう人の数はおそらくうんと多いでしょう[*23]」。

ルイスは、人々がどこに住んでどこで働いていようとエリート・グループはできるもので、それ自体悪いものではないと考えているのを明らかにする。悪いのは、エリート・グループの中にいたいと願うことだけだ。そこで彼は、それ自体は道徳的に中立かも知れないが、それを望むことが不道徳となる例を挙げる。「高齢の信心深い縁者の安らかな死は少しも凶事ではありません。しかし、その相続人たちが彼女の死をひたすら乞い願うとしたら、それはまっとうな感情とは見なされませんし、その逝去を急がせるような試みは、どんなになまぬるいものでも法律がこれを黙って見過ごしはしません◆35」。

なぜエリート・グループを望むのだろう。ルイスは幾つか理由をあげ、そこには「権力、金銭、ルールを破る自由、日常雑務の回避、規律免除といった」欲求が含まれるものの、何よりも「秘密の仲間の親密感[*24]」があげられる。彼はこう警告する――「すべての情念のうちでエリート・グループにあこがれる情念が最もたくみに、まださほど悪くもない人に、ひどい悪事をやらせるものです[*25]」。彼の観察によれば、のけ者になる不安が大きいほど、のけ者のままになるようだ。「のけ者になるという不安を克服するまでは、いつまでものけ者のままなのです[*26]」。そしてこう付け加える――「エリート・グループの探索は、あなたがその迷いの関を踏み破るのでなければ、あなたの心臓《むね》が破られてしまうでしょう[*27]」。

ルイスは、エリート・グループには一切関わらずに、どうやったら職場で受け入れられるか、次のような示唆を与える――「仕事の時間には仕事だけを専一にしていれば、やがて自分が、全く知らぬ間に自分の専門の、ほんとうに重要な唯一のサークルの一員になっていることでしょう。あなたは腕のいい職人になり、ほかの腕のいい職人たちにも知られるでしょう[*28]」。

似たようなこととして「手のすいた時に、もっぱら気に入った人々と交わるならば、またしても知らぬまに、ほんとうの仲間内に身を置いていることになるでしょうし、外からすれば、まるでエリート・グループとそっくりに見えるもののまん中で、全く安全快適ということにもなっているでしょう」。ところがこれは、普通のエリート・グループとは大きな違いがある――「それが内々のものであるのは偶然で、それが他人を入れないのは副産物で、秘密めくものに誘われてその仲間にはいった者は一人もいないという点です。なぜなら、グループというのは、気に入ったことをやるために集まるのを好む四、五人というにすぎないものだからです[*29]」。ルイスはこの型のグループを〈友愛〉と呼ぶ。彼は友愛が「この世の幸福の半分をなすもので、エリート・グループというようなものには決してありえぬものなのです[◆36]」と結論付ける。

恋愛（エロス）と愛情と友情（ピリア）がどう重なり合い、互いに混ざり合っているかを例証するために、彼は接吻を持ち出し、こう念を押す――「これら三つの愛はすべてたいていの時と場所とにおいて、その表現として共通に接吻をするという事実によってわれわれに十分示されている。現代のイギリスにおいては、友情はもはや接吻を用いない。しかし、愛情と恋愛とは接吻を用いる」。彼は、接吻がこのどちらかの表現として始まったのかどうかは分からないと述べ、こう付け加える――「確かに愛情の接吻は恋愛の接吻と異なると言うことができるであろう。その通りである。しかし、恋人同志の間のすべての接吻が恋人の接吻であるというわけではない[*30]」。

❈

フロイトもルイスも、愛の一つの側面についてはかなり熱心に書いている。この型の人間の愛はヘブル語による旧約聖書とギリシャ語による新約聖書の両方で言及されていて、そこには、フロイトが攻撃した「隣人を自分のように愛しなさい[*31]」という霊的な世界観による基本的な教えが含まれている。

フロイトは人間の愛の中に、彼の分類にまるで合わない型があることに気付いた。自分の全生涯を、明らかに利己的な動機なしに、他の者への奉仕に委ねる人々がいるのである。フロイトは、彼らの非利己性は、幾分なりとも自分自身を守りたいという願望から生み出されていると決めつける。ある〈愛の対象〉に感情を注ぐと危険を伴うので、「自分の愛を、個々の対象にではなく、満遍なく万人に向けることによって、愛の対象の喪失から身を守る」能力を持つ者もいると考えたのだ。「彼らがこのような仕方で自分の中に実現してみせる、穏やかに漂いわたる、迷いのない情愛に満ちた感覚の状態は、それが由来する嵐のごとく揺れ動く性器による愛の生活とは、外見的にはもはやそれほど似ていない。アッシジの聖フランチェスコは、内的な幸福感を得るのに愛を活用するということを貫いた人であり、この点で彼の右に出る者はいまい」[*32]。彼は、この種の〈普遍的な人類愛〉で難しいのは、「すべての人間が愛に値するということはない」[◆37]ことだと主張する。

実際フロイトにとって、「隣人を自分のように愛しなさい」[*33]という大いなる戒めは馬鹿げている。宗教を攻撃する彼の大槌は、単に〈奇跡〉や〈教義〉だけではなく、この教えにも向けられている。彼は「世に知られるこの要求が、それを自分たちの最も誇らしい要求として掲げるキリスト教より古いのは確かである」[*34]と述べている（この教えは実際に、ヘブル語聖書の『レビ記』〔19章18節〕を起源としている）[*35]。

フロイトは、「敵を愛し」[*36]と共に、この戒めにはまったく当惑させられる、と述べている。単純に、こうした戒めが理解できないのだ。彼は次のように問う――「なぜわれわれは、そうするべきなのか。それが、われわれにとって何の役に立つというのか。とりわけ、それをどのようにして実現したらよいのか。どうすれば、そんなことがわれわれにできるのか。私の愛は私にとって貴重であり、見境なくばらまくわけにはいかない。……私が誰か他人を愛する以上、その人は何らかのかたちで私の愛に値しなくてはならない。……たとえば、その人がいくつかの重要な点で私にとても似ていて、その人を通して私が自分自身を愛せる場合だ。あるいは、その人が私よりもずっと完璧であって、私自身がこうでありたいと思う理想をその人の中に見いだし、それを愛することができる場合も、やはりその人は私の愛に値する。……しかし、その人が赤の他人であり、その人自身の価値によっても、また私の感情生活の中ですでにその人が占めるにいたった意義によっても、彼が私の心を捉えることができないのであれば、彼を愛することは私には難しくなる。だいいち、そんなことは不当でさえある。私の身内の者は、皆、私の愛を自分たちだけの特典として大切にしているからだ。私がよその他人を自分の身内と同列に扱えば、身内に不当な仕打ちをすることになる[◆38]」。

さらにこの戒めについて考える時、フロイトは隣人が彼に愛を示さないどころか、しばしば危害を加えると書いている。彼の主張はこうだ――「この他人は……自分の利益になるなら、ためらうことなく私に損害を与える。……私を嘲り、侮辱、中傷し、どれだけの力を私に及ぼせるかを見せつける。自分のほうが安全と踏めば、また私のほうが寄る辺ないと睨むや、いよいよもってその人物は私を相手にこの種の挙に出てくると見て間違いない[*37]」。そしてこう結論を下す――「率直に言えば、彼〔フロイトの隣人〕は、私の敵意を、それどころか憎しみをさえかき立てて然るべきなのだ」。彼は、「あの高邁な命法が、汝の隣人が汝を愛するのと同じように汝の隣人を愛せ、と言うなら、私だって別に何の異存もない」と述べている[◆39]。

フロイトは、人々が「人間とは、誰からも愛されることを求める温和な生き物などではな」いことを忘れがちだ、と警告を下す。逆に、人間は「生まれ持った欲動の相当部分が攻撃傾向だと見て間違いない存在なのだ[◆40]」。そしてこう問い質す――「理性の立場からは実践するのが勧められないような教えが、なぜこうもおごそかに説かれるのか[*38]」。そして、「これほどまでに人間のもともとの性質に背馳するものはほかにない[◆41]」と結論付ける。

ルイスは、この戒めが私たちのもともとの性質に反することについて、フロイトに同意する。しかしその理由から、私たちには新しい性質が必要であり、霊的に新生しなければならず、〈変化〉を必要とする。ルイスは、この「隣人を自分のように愛しなさい」という戒めを理解する鍵は、「自分のように」という句の理解にあると云う。私たちは自分自身をどのように愛するだろう。私たちは自分自身にとって最善のものを求め、それに従って行動する。たとえ、自分自身が好きではなくても自分自身を愛するものだ、と彼は言う。私たちの行っているあらゆること、たとえば、朝目覚めてから夜床に就くまでの、食べたり、身体を動かしたり、風呂に入ったり、仕事をしたりすることはすべて、私たちが自分自身に最も良いものを求めているが故になされている。私たちは、こうした活動をしたいと感じていようがいまいが、その活動をするために私たちの意志を用いている。

ルイスはこう書いている——「よく考えてみると、わたしは自分に対して好感とか愛着とかいったものをかならずしも抱いてはいないし、年中自分自身とつき合っているわけだが、それだっていつも楽しいとは言えない。とすると、『なんじの隣り人を愛せよ』というのは、どうやら『彼を好きになれ』……ということではないらしい。……自分が行なったいくつかのことを、恐怖と嫌悪感とをもって眺めることができる。だから、わたしの敵がやったいくつかのことを嫌悪し憎むことは、わたしに許されていると言っていいだろう◆42」。その時、教師たちが「悪行は憎むべきだが悪人を憎んではならない」ことが大切だと言っていたのを思い出す。彼はいつも、こんなことは馬鹿げた区別だと考えていた——「人のやったことを憎んでその人を憎まない、なんてことがどうしてできるのか」。ところが何年も経ってから、自分が生涯を通してそう対処してきた人間が一人いることに気付いた。彼自身である。彼は、「わたしは自分の臆病やうぬぼれや貪欲《どん》をどんなに憎んだにしても、やっぱり自分を愛しつづけてきた」[*39]と書いている。すなわち彼は、自分自身のために最善を求め続けたか、または望み続けたのである。

ルイスは、霊的な世界観の探求に心を開こうと決意するや、新約聖書をギリシャ語で読み始めた。あの大いなる二つの戒め――「心を尽くし、……あなたの神である主を愛しなさい」と「隣人を自分のように愛しなさい」[*40]――を読むと、愛に使われている言葉は共にアガペー（聖愛）だと気付く。主に感情に基づく性愛（エロス）、愛情（ストルゲー）、友情（ピリア）とは違って、聖愛（アガペー）はより意志に基づくものだ。私たちは、感じることは制御できないが、意志、たとえば言動については、常に制御できる。そして、何を言うか行うかで、他の者を助けるか傷付けるかが決まる。彼は、聖愛とは「意志の状態である。自分に対しては生まれつき自然に持っているが、他者に対しては努力して学ばねばならぬ意志の状態である」[*41]と強調を続ける。

聖愛は人間関係の基本原理に関わっている。ルイスは、好きでない者であっても、私たちがその人物にとって最善のものを求め、それによって行動すると、君はその人物が以前ほど嫌いではなくなり、以前よりは、少しであってもその相手が好きになり出すものだ、と指摘する。だが、その逆もまたしかりだ。「この同じ霊的法則は反対の方向にも働いて恐るべき結果をもたらす。……人は残酷であればあるほどますます憎み、憎めば憎むほどますます残酷になる――こうして悪循環はどこまでも続くのである」[*42]。この原理は、臨床上繰り返し観察される。うっかり自分が好きではない誰かを助けてやると、その相手は以前ほど嫌いではなくなる傾向がある。人々に危害を加えるなら、彼らはより嫌いになる。おそらく、相手が罪悪感をもたらすからだろう。聖愛は主に意志に拠っているが、この形態の愛を実践すると感情にも影響が及び、否定的な感情がしばしば肯定的な感情に入れ替わる。

私は臨床医として、集団や組織の中も含めて、聖愛があらゆる人間関係を上手く進ませる鍵であることに気付いた。私は様々な機関、たとえば病院、大学、企業などに関わってきたが、人々が直面している本当の問題は、病人を治療したり、学生を教育したり、製品を製造したり、サービスを提供したりという、彼らの本来の仕事に関わることではないと気付いた。誰もが例外なく、人間同士の衝突に苦しんでいる。その問題は、対立や妬み、憎しみ、仕返し、あるいは弁明といった、意志よりもむしろ感情で行動する人々からもたらされている。私たちがどのように他人と関わるかを聖愛が決定していたなら、私たち自身もまわりにいる者も不必要な多くの苦痛から救われていただろう。ルイスは、この原理を十分に理解していたようだ。

❈

理論面では、ルイスもフロイトもこの程度のものだ。しかし、二人が実際にどう振舞っていたかを眺めてみれば、違いはより明らかになるかも知れない。フロイトの人生が示しているパターンは、非常に親密な人間関係を築くものの、重大な衝突に発展し、突然その関係を止めてしまう、というものだ。これは、ヨーゼフ・ブロイアーとの間で起こった。彼は、若いフロイトが診療所を開業する際に助けを与え、励ました助言者である。ヴィルヘルム・フリースもそうだ。フロイトの親友であり、彼が主に一人で仕事をしていた開業初期の時代の相談相手だった。彼の多くの追随者に対しても、同じことが起こる。その多くは、水曜日の夜、フロイトの自宅で顔を合わせていた討論会の出席者であった（この集まりが、最終的にはウィーン精神分析学協会となる）。

フロイトは彼らの多くと、烈しい非難の応酬やののしり合いの真っ最中に別れている。こうした犠牲者の中にはヴィルヘルム・シュテーケルやアルフレート・アドラー、カール・ユング、オットー・ランク、それにサンドール・フェレンツィが含まれるが、これは、比較的知られている人物を挙げただけである。フロイトはかつての同僚を描写するのに、「我慢できない人間」「豚」「絶望的で恥知らずの嘘つき」といった言い回しを使っている。アドラーに対しては「パラノイア性の迫害妄想に苦しんでいる[*43]」と確信した。ヴィルヘルム・シュテーケルやパウル・フェダーン、ヴィクトル・タウスクといった同僚は、自殺に追い込まれた。こうした砕かれた人間関係を振り返って、フロイトは「個人的な相違――妬み、復讐、それ以外の敵意の類[◆43]」のせいにしている。

フロイトとカール・ユングの関係は、よく知られた事例である。「彼は出て行って構いません。もはや彼も、彼との友情も必要ではありません[◆44]」――フロイトは断交に至ってから、手紙にそう書いている。この友情はあまりにも素朴な形で始まった。オイゲン・ブロイラー博士の下で働くスイスの精神科医であったユングは、フロイトの『夢解釈』を読み、二種類の雑誌でフロイトの考え方に触れ、記事のコピーをフロイトに送った。この文通の始まりが、結局は親密な友情へとつながる。フロイトはユングに好意を示し、彼を自分の後継者と定めた。フロイトはユングを、しばしば自分の「後継ぎの息子」と呼んでいる[◆45]。ユングはたちまちにして指導者となった。第一回国際精神分析学協会の議長、及び『精神分析学年鑑』の編集者である。この親密な友情は数年に及ぶ。フロイトがスイスの精神科医たちとの結びつきに価値を置いたのは、彼らの名声もそうだが、彼らがユダヤ人ではないことにあった。ウィーンの追随者のほとんどはユダヤ人だったので、フロイトは、彼の新しい学問分野が偏見を招くのではないかと恐れていた。一九〇八年には、同僚のカール・アブラハムに宛ててこう書いている――「私たちはアーリア人の同志なしにはやっていけません。彼らがいなくては、精神分析は反ユダヤ主義の犠牲となってしまうでしょう[46]」。

しかしフロイトとユングの間に意見の相違が起こり始め、権力を求める父と息子の争いに発展する。フロイトは、ジェイムズ・ジャクソン・パットナムにこう説明している――「私は、何年もの間自分のことを私の弟子と呼び、あらゆることを私の刺激に頼っている者から、私自身を守らなければなりません。今や私は、彼らを非難し、拒否しています。私は喧嘩を好む者ではありませんが[47]」。アーネスト・ジョーンズ宛の手紙ではこう書いている――「ユングとは、われわれの個人的関係を全面的に断つことを提案します。彼との友情はわざわざ書くに値しない。……彼には自分のやり方で進んで欲しいし、私自身はもはや彼との付き合いを必要としていない[48]」。

ユングに対するフロイトの激しい憎しみと敵意、そしてユングに裏切られたという意識は、同僚であるフェレンツィ宛の手紙に、十分に言い尽くされている――「彼〔ユング〕は完全に押しつぶされ、面目を失い、そしてすべて認めました。私や他の者と親しくすると自分の独立性が損なわれると長いこと恐れており、それゆえに身を引く決意を固めたことを、疑いなく私を自分の父親コンプレックスによって解釈していたことを、……私を信用しなかったのは確かに間違っていたことを、コンプレックス馬鹿と非難されて感情を害したことなどを認めたのです。私はまったく容赦せず、彼に向かって静かにこう伝えました。彼との友情は続けられないこと、彼自身があの親密な関係を引き起こし、残酷なまでに決裂させたこと、私だけでなく他の者とも、彼はまったくうまくいっていなかったことを」。

手紙はさらに続く――「ユングは『おれは酔っぱらっちゃいない!』と繰り返し叫ぶ酔っ払いを思い出させる、紛れもない神経症の反動の影響下にありました。私は思い違いをしていたのです。彼が、その権威によって他の者に多くの過ちを味わわせることのない、生まれつきの指導者だと考えていたのです。彼はそんな男ではなく、未熟であり指導を必要としています、云々。彼は私への反論をすっかり止め、すべてを認めました。私は、それが彼のためになると思うのです[49]」。フロイトは別の所でユングを「悪質な奴」と呼び、「嘘、粗暴さ、私に対する反ユダヤ的こびへつらい[50]」の故に彼を責め立てた。

長い期間に及ぶ緊張感を湛えた関係が、今やついに激しい非難の応酬に終わった時、フロイトはアブラハムに宛ててこう書いた――「これでやっとわれわれは連中をお払い箱にしたわけです。粗暴な教祖ユングと、彼にぺこぺこする受け売り屋どもを。……私は全生涯を通して、私を利用したり裏切らない友人を探し求めてきたのです[51]」。なぜこれほど多くの者が彼の活動から離れたのかと問われ、フロイトは答えた――「正確に言えば、彼らもまた教皇になりたがったからだ[52]」。

何年も経ってから自伝を著すに当たり、フロイトは、親密で継続する関係を保つのが難しかったとの非難に対して、明らかに自分を守る必要を感じた。彼は多くの同僚が離れていったと述べている。しかしフロイトは、誰かがこの事実を「私の狭量さのあかし」や「私が背負っている特異な宿命のあられ[*44]」と考えないかと心配して、彼と共に残っている同僚もたくさんいる、と指摘している。「これにたいしては、私から離れていったのがユングやアドラー、シュテーケルおよびその他若干名にすぎないのと対照的に、アブラハム、アイティンゴン、フェレンツィ、ランク、ジョーンズ、ブリル、ザックス、牧師プフィスター、ファン・エムデン、ライクなど大多数は、ほぼこの十五年にわたって忠実に協力してくれ、たいてい曇りない友情で私につき従っているとだけいっておけば十分だろう[*45]」。彼はこう結論付ける——「とはいえ、心ひそかに言ってもよいだろうが、狭量なうえに無謬性の臆断にとらわれている人間には、かくも多くの精神的に卓越した人物たちを惹きつけておくことはできまい。実践面で私にまさって魅力的でないのなら、なおさらだ[◆53]」。誰もが首をかしげるだろう——フロイトの子供たちの半分が彼を拒むとして、彼は残り半分の子供たちに向かって、自分の家庭と良い関係を保っていた証拠を指し示すのだろうか。

フロイトの生涯に、砕け散った関係があまりにも多い理由は何か。ルイスが指し示しているように、友情は共有された関心事に基づいており、フロイトの同僚は多くの関心事を共有していた。こうした初期の追随者は、誰もが精神分析者だったわけではないが、フロイトの唯物論的な世界観を共有していた。ではどうして衝突が起こったのだろう。

フロイトが人々を不信の目で眺めたり、低い評価しか与えなかったことが、この結果に寄与していたのかも知れない。「人間は無価値なものだ、分析者でさえも無価値だという事実に私はつねに深い印象を受けてきました[*46]」——五十九歳の時、彼はボストンの同僚に宛ててこう書き送った。そしてすぐに、精神分析をもってしても人間の性質はほとんど向上しないと認めている。彼は問いを投げかける——「しかし、一体どうして分析を受けた人びとが他の人よりも良いはずであるなどといえましょうか。分析者は統一には寄与しますが、善には必ずしも寄与するわけではありません。私は、我々の過ちは混乱と無知から生じるというソクラテスとパットナムの意見に同意することができません。分析は全ての高貴な理想を実現することができるべきであるという要求を、分析にすることは、分析に対して過大な重荷を課することになると思います[54]」。

スイスの牧師オスカル・プフィスターに宛てた別の手紙にも、この態度が反映している——「私は善悪の問題について大いに頭をしぼって考えるたちではありませんが、大体において、私は人びとの中に『善』なるものをそれほど見出したことがありません。私の経験ではたいていの人間は、あれこれの倫理的原則に忠実であると称していようが、また全然そんなことをいわなかろうが、屑のようなものです[55]」。その二年後、特に重要な手紙の中で、彼は次のように書き残しているが、そこでは、フロイトの人生で唯一保たれていた喜びは自身の知的な仕事なのだと気付かされる——「私が孤独で、他の者が加わってきたことで精神分析に喜びよりも苦痛を覚えていた時、その数年に及ぶ精神分析から何という個人的な喜びが得られることでしょう。人々が精神分析を受け入れるか曲解するかで、その人々に対する私の意見は変わりません。……あの当時、救い難い不和が私と他の仲間との間に起こっていたに違いありません[56]」。

フロイトは七十三歳の時にも、人間とその性質に対して、極端なほど否定的な印象を抱き続けた。こう書いている——「こうした攻撃傾向は、われわれも自分のうちにその存在を感じとることができるし、当然、他人も持っていると想定してよいが、われわれと隣人との関係を阻害し、文化にも大変な支出を強いる要因となっている」[◆57]。彼は自分の隣人を「(彼を)侮辱し、苦痛を与え、虐待し、殺したくなる」者とみなしている。「人間は人間にとって狼である(Homo homini lupus)」[◆58]。フロイトが考えざるを得ない唯一の対処法は、「われわれの誰もが、かつて自分が青年時代にまわりの人々に抱いた期待をいつか錯覚として打ち棄て、彼らの悪意のせいで自分の人生がどれほどまでに困難と苦痛に満ちたものになるかを思い知らされる日がやって来る」[*47]というものだ。

　こうした事業を——少なくとも回心後の——ルイスと照らし合わせてみても、より印象的ということはない。だが変化の前のルイスなら、状況は異なってはいたものの、やはり人間関係でもがいていた。彼は自伝の中で、世界観が変わる前の自分を、内省的で、ほんのわずかの者にしか生活に立ち入らせない人間として描いている。九歳の時に経験した烈しい心的外傷——母親や他の親族の死——のため、彼は人間関係については慎重になる。どんな親密な関係も、特に女性との関係は別離と喪失の苦痛に終わりかねず、初期に受けたあらゆる心的外傷を思い起こさせることに、おそらくほぼ無意識の内に気付いていた。六十歳に近い頃に書かれた自伝では、幼い子供の頃真夜中に目を覚まし、兄の寝息に耳を澄ましたことを思い出している。寝息が聞こえなかったら、「わたしが眠っているあいだに父と兄がこっそり起きてアメリカに行ってしまった、到頭《とうとう》わたしは見捨てられてしまったのだ」[*48]と思い込んだという。人間関係に対処するに当たり、彼は次のような考え方を身に付けた——「人間はすべて去って行く。あなたの幸福を、失うかもしれないものに依存させてはいけない。……私は安全第一主義者である。愛に反対するすべての議論のなかで、『用心せよ、このためにお前は苦しむぞ』という議論ほど、私の本性に強く訴えるものはない」[◆59]。

回心前のルイスが他の者に対してとった態度については、彼の自伝や二十代前半に五年間つけていた日記から、さらに幾つかのことが分かる。若くて人気のある教員の影響を受けていた十代の頃、彼は寄宿学校での経験から「少しずつ気取り屋になるように仕込まれていった。知的な気取り屋、知識を鼻にかける人間になったのである[◆60]」と書いている。ルイスは大いなる変化を経験した後で当時を振り返り、英国のパブリック・スクール制度に対して大いに酷評を加える。生徒が寄宿学校で受ける残酷な虐待を批判してこう述べている――「虐待された時に精神が完全に参ってしまわなければ、高慢や軽蔑の念が生ずるのはあたりまえのことである。……自由の身になったばかりの奴隷ほど、尊大な人間はいないだろうと思う[*49]」。概して「学校生活は精神的には階級闘争に明け暮れる社会だった。生徒たちは栄達や名声を得たり……[◆61]」。

この日記は、彼が批判的で自尊心に満ち、冷笑的で、残酷かつ横柄であったという、そのことの十分な証拠となっている。ルイスは家事を助けてくれるお手伝いさんを「田舎の娘で、怠け者で騒がしく要領が悪い[◆62]」と描き、ある訪問者を「嘘つきのずうずうしい女[◆63]」と呼び、他の人物を「学があり過ぎ、気取って自惚れが強く、ずうずうしくてしゃくに障る[◆64]」と言い捨てる。別の客に対しては「食事中にすすり、きしませ、ポリポリ音を立てて噛む[◆65]」と評し、カトリック教会のミサの後では、「ぼくたちはこれ以上ないほど退屈そうにし、司祭はこれまで見たことがないくらい不愉快な小男だった[◆66]」と描いている。他にも「尻軽女[◆67]」、「チビのくそったれ[◆68]」、「胸の悪くなるスペイン野郎[◆69]」、「ガキっぽくうぶで、しつこいほどの育ちの悪さをたっぷり身につけている[◆70]」、「デブで愛想はいいものの、醜い女[◆71]」という具合だ。手短かにいえば、回心前の彼は一人でいるのを好み、英国の寄宿学校制度で植え付けられた横柄さと俗物根性が身に付いていて、後になって自ら広範に書き著し、実際の人間関係でも好例を示した愛の類については、まったく身についていなかった。

大いなる変化の後、ルイスは自分の外に目を向ける。彼はもはや自分自身だけに関心を向けて時を過ごすことはなく、日記をつけることもなかった。彼は明らかに、恐れに打ち克つ助けとなる内なる手段を得た。この恐れとは、親密な関係を築いたり、幼い子供の頃に体験した心的外傷の喪失感を繰り返す危険であった。他人に対する彼の評価は劇的に変わる。

ルイスは手を差し延べ、広い交友関係を築いた。オクスフォード大学の学監数名も含む多くの人物と、木曜日の夕刻、ルイスの部屋で行われる討論の場で顔を合わせ、その集まりは火曜日の昼食前にも持たれた。ごく小さなレストランやパブでの昼食でも顔を合わせ、こうした場所はイーグルやチャイルドと呼ばれた。彼の友人たちによるこの集まりは、インクリングズとして知られるようになる。参加者は、自分が取り組んでいる手稿をこの集まりで読み上げた。数冊の名高い著作、特に『指輪物語』[*50]や『悪魔の手紙』はこうした討論の中から生まれた。参加者は冗談を言い合い、大いに楽しんだ。インクリングズの正規メンバーは十八名ほどで、他にも参加したり去っていく者もいて、参加者の通り道次第だった。ルイスは機知に富み、冗談を言って集まりに貢献した。ジョージ・セイヤーは卓越したルイス伝の中で、インクリングズの集まりはルイスを「すっかり幸せ」にしたと書いている。[*51]

インクリングズは、たまたま男だけの集まりだった。しかしルイスには女性の友人も多く、彼女たちを称賛し、緊密に連絡を取りあった。回心した後、彼は「月並な人などいはしない」[*52]と確信し直し、多くの者と定期的に文通を続けたが、そのほとんどが女性だった。「途方もない量の手紙で連絡を取り合っている相手は、主には男性ではない。女性なのだ[*53]」——友人に宛ててそう書いている。「ご婦人には幸福な方もいれば不幸な方もおり、意見が合う方もいれば合わない方もいるが、本来男よりずっと手紙に適した方なのだ[◆72]」。彼は、英国の作家であるドロシー・セイヤーズや詩人のルース・ピッター、小説家のローズ・マカーリー、それにアングロサクソンの学者、ドロシー・ホワイトロック[*54]と定期的に文通を続けた。

ルイスは、友人パディ・ムーアの母親と妹の面倒を見る約束に取り組んだのと同様に、相当な勤勉さと誠実さをもって文通に取り組んだ。彼は受け取った手紙はいずれも返答したが、それは、重要な指導者による手紙から、彼も知らない子供や寡婦からのものにまで及ぶ。彼は毎日、極めて忙しい予定をこなす前に返事を書いた——「ご存知と思いますが、わたしにとって郵便物は、日々の予定に着手する際の最大の難関なのです」。ルイスは同じ友に宛ててこう書いている——「わたしは時折、仕事を始める前の午前八時半から十一時まで、必死になって手紙を書かなければなりません。ほとんどは、まだ会ったことのない文通相手のものです。わたしはこの返答のほとんどが何の益にもならないと思いますが、相手は時々わたしからの返答が自分たちの助けになったと考え、あえて文通を止めようとしないのです[◆73]」。

ルイスの回心は、他人に対する評価を劇的に変えた。彼はフロイトのような、他の者を大いに酷評し、信用もしない内向きな人間から、どんな人々にも手を差し伸べ、彼らを尊重するような人間へと変わった。彼の主張によれば、人の行なうどんな決定も、その者を作った位格との関係に向かわせるか、その関係から引き離すものであるが、その関係のためにこそ、その者は創造されたのである。「わたしたちは一日中、ある目的や他の目的に向かって、ある程度お互いに助け合っているのです」。「彼はとても親切で思いやりのある人物でした」[◆74]――伝説的な演劇評論家で作家のケネス・タイナンの言葉である。彼はルイスの初期の生徒だった。[＊55] 絶望の中にあった時にルイスと出会い、タイナンは後日こう書いている――「彼の話に耳を傾けていると、私の問題は次第に小さくなり、適切な大きさのものに変わったのです。自殺を考えながら彼の部屋に入りましたが、陽気な気持ちで部屋を後にしました」。タイナンは、一度でもルイスの霊的な世界観の陣営に迷い込むなら、「ルイスの論法のおかげで、『奇跡論』など数冊の本で述べられている通りになるでしょう（個別指導の時間に彼が生徒に何かを押しつけることは決してありませんでした）」と書いている。

残念なことに、フロイトは隣人を「（彼を）侮辱し、苦痛を与え……たくなる[＊56]」者と見なしていた。彼の隣人は、彼から信用と愛を得ることが求められる存在なのである。彼は六十歳になろうとする頃、自分を利用したり裏切ったりしない友人を生涯を通して探し求めていた、と語っている。回心前のルイスも、人々に対するこうした疑い深く防衛的な接し方を共有していた。後日彼は、いかなる個人も永遠に生きている存在とみなす――「いずれ死ぬだけというような人になど話しかけたことは一度もないのです」[◆75]。さらにこう付け加える――「国家、文化、芸術、文明、こうしたものはいずれ命数尽きる」。他者との関係を特徴付けているのは「真の高価な愛」に違いない。「罪にもかかわらず罪びとを愛するという、その罪に対する深い思い入れを秘めたものでなければならず、浮薄が明るさに似て非なるものであるように、愛に似て非なる単なる見のがしや甘やかしであってはならないのです」[76]。愛に対するルイスの考え方は、明らかに彼の人生を富ませ、彼がまったく違う人物になる助けとなってくれた——まさに「新生」である。

第8章　痛み

苦しみという問題をどう解決できるのか

人生を送るということは痛みを被ることだ。身体や感情の痛みを経験しない者はいない。痛みは、私たちの存在にとって本質的な構成要素だ。私たち自身が痛みをもたらす原因となり、誕生の瞬間から痛みを経験するが、それは様々な形で生涯を通して続く。痛みの中で世を去る者は多い。

フロイトにとって、また変化前と変化後暫くの間のルイスにとって、すべてを愛する慈悲深い創造主という観念と人間の苦しみを両立させる問題は、霊的な世界観の受け入れに対して最大の障害となった。実際に、痛みの問題とそれに関わる災いの問題は、歴史を通じて、信仰者の中心的な難問である。

フロイトもルイスも問いを発した――「神が絶対であって、本当に全世界に対して責任を持ち、本当に私を愛しているなら、私がこんなに苦しんでいるのをどうして放っておけようか。神は存在していないか、全世界を支配していないか、本当は気にかけていないのではないか」。フロイトは神は存在しないと結論を下し、ルイスは別の結論にたどり着く。

私の診療室を訪れる人々は、主に感情の痛みを緩和しようとしてやって来る。臨床上、感情の痛みはしばしば、身体の痛みよりかなり耐え難いものだ。身体の痛みには一時的な長い中断もあるが、感情の痛みにはほとんど緩和の余地がない。私たちは不安で苦しみを覚える状態と、落胆や絶望でさらに苦しい状態の間の、どこかを彷徨っている。こうした苦しみを覚える心の状態から逃れられる期間を体験することもあるが、その期間ははるかに短い。さらに、まわりの者が人生で受ける苦しみに気付き、それに敏感になればなるほど、私たちはフロイトが〈予期不安〉[*1]と呼ぶ状態の中で生活することになりそうだ。

そしてついに、必ず死ぬということに気付けば、それも痛みの原因となる。私たちの最も根強い欲求は永遠を求めることであり、最も行き渡っている恐れは愛する者との別離なのだから。詩編の作者は「残りの日々を数えるすべを教え、知恵ある心を私たちに与えてください」〔詩編90編12節〕と語っている。だが、その気付きにも痛みを見出す。

私がはじめて、ルイスが〈痛みの問題〉と呼び、フロイトが〈死という痛ましい謎〉と呼ぶものに出会ったのは、大病院の病棟で外科のインターンを務めていた頃だ。そこでは耐えられないような苦痛を目にした。幼い子供たちが亡くなるのを見つめ、悲嘆に暮れるその家族の叫び声を聞いた。私はその光景に取り憑かれ、眠れなかった。この地上の（あるいは天上の）誰かにこんな事を防ぐ力があるなら、どうしてできないのか。私はたまたま、病院の図書室のテーブルにC・S・ルイスの『痛みの問題』が一冊置かれているのを見つけ、この本が助けになることが分かった（ただしこの本が、何年も経ってから自分の教える課程で主な教材になるとは、まったく考えもしなかった）。ルイスは大変な苦しみに遭い、苦しみをこう表現するに至る。フロイトも、身体的にも感情的にも苦しみに遭遇する。

フロイトは三歳の時、最愛の子守女を失う。人生の後半では多くの愛する者を死によって失うが、その中には大好きな娘と最愛の孫だった男の子も含まれる。こうした死別は、彼が生涯を通して苦しむ鬱病の一因となった。

だがウィーン、特にウィーン大学で遭遇した広く行き渡った反ユダヤ主義ほど、フロイトに感情的な痛みを負わせたものはない。おそらく、偏見や偏狭さを体験した者だけが、子供にも大人にも及ぼす強烈で感情的な痛みを理解できるのだ。私は臨床の仕事だけでなく友人や同僚からも、子供の頃に偏見を体験するとその傷が生涯を通して残ることを学んだ。ユダヤ人のある親友は、他の子供たちが〈キリスト殺し〉という言葉を使うのを聞いたことを、今でも生々しく覚えている。アフリカ系アメリカ人の同僚からは、許容はされていても歓迎されていないと感じさせる、より微かだが間違いようのない明白な人種差別的表現に気付かされた。

フロイトが反ユダヤ主義を、日常的に、それも幼い頃から体験していたのは明らかだ。彼は『夢解釈』の中で、学校（ギムナジウム）の生徒だった頃、「国にとって余所者《よそもの》である民族の出であるということがどういう結果を招いているのかを理解するようになり、また同級生たちの間の反ユダヤ的な心の動きを感じ取るようになって、はっきり覚悟を決めねばならぬと思っ」[*2]た。十歳か十二歳になる頃には父親から、歩道で脅され、素直に従うように言われた出来事を聞かされる。

フロイトにとって、「それは、少年の私の手を引いて歩いて行く、この堂々たる偉丈夫に似つかわしくない卑屈なことのように思われた」[*3]。大カルタゴの将軍ハンニバルは、父親に向かってローマへの復讐を誓う。「若き日の私にとって、ハンニバルとローマとは、ユダヤ人の頑張りとカトリック教会組織との間の対立を象徴していた」[◆1]。当時のウィーンは極めてカトリック色が強く、カトリックは、彼に反ユダヤ主義を想起させた。カトリック教会は、その後の彼の生涯で敵と見なされることになる。

十七歳の時、フロイトはウィーン大学に入学する。若き青年は、仲間に受け入れられる以上に必要なことはないのを経験する。何十年も経った頃でさえ、大学生の頃に受けた拒絶の体験をはっきりと思い出すことができた。「私が大学に進んだのは、一八七三年である。入学当初、はっきり幻滅を感じることにいくつか出くわした。とりわけこたえたのは、ユダヤ人である以上、国民には属さない劣等な存在であることを自覚せよという不当な要求だ[*4]」。最初の頃、彼の反応はハンニバルのようなものではなかったが、おそらく長期にわたる不屈の姿勢が、かの偉大な戦士を真似ることになる。「私を受け入れようとしない国民共同体のほうは、さして無念に思うこともなく見切りをつけた。……とまれ、大学から受けたこうした最初の印象は、のちのち重大な結果をもたらすことになった。つまり私は、野党的な立場にたち『安定多数派』からは追放されるという運命に、あまりにも早く親しんでしまったのだ。私がものごとを判断するさいのある種の自主独立性は、こうして準備された[◆2]」。

成人後のフロイトは、反ユダヤ主義が精神分析に対して多くの抵抗と敵対の原因になっていると強く確信を抱いた。彼は〈アーリア人〉と〈ユダヤ人〉の文化の違いは認めたが、「アーリア人の科学とかユダヤ人の科学というようなものがあってはならない。科学上の結論は、たとえその表現がちがうことはあっても、同一でなければならない[◆3]」と論じた。だがそうではなく、精神分析は〈ウィーンの文化〉に起因する、と多くの者がほのめかす傾向もあった。これに対しては、反ユダヤ主義をわずかにごまかした表現に過ぎないと考えた。『精神分析運動の歴史のために』の中で次のように書いている――「我々の誰もが、精神分析の成り立ちをウィーンの環境から説明する試みを耳にしたことがある。……精神分析は、あるいは、神経症が性生活の障害に起因するという主張は、ウィーンのような街でしか成立し得なかったというのである。ウィーンには、他の街では見られない、官能性と不道徳が入り混じった雰囲気があり、精神分析はこうしたウィーン独特の事情を写したもの、いわばその理論的投影であるとされる。さて、実際のところ私は郷土愛の士ではないが、こうした理論は私には常にこの上もなく馬鹿げたものに思われた。あまりに馬鹿げているので、私は時々、ウィーンの特性を批判するのは、公に持ち出すのが憚られる何か他の批判を婉曲的に代理しているのではないかと想定しかけた」[4]。

彼は同僚に宛てた手紙の中で、彼の理論を拒絶する背景には反ユダヤ主義が潜んでいるとの確信を明らかにする――「スイス人は抑圧された反ユダヤ人感情を、私に向けるわけにもゆかぬので、あなたの方に一層強い力で向けているのであると思います。けれども私の考えでは、我々ユダヤ人は、もし他の人びとと協力するつもりならば、多少のマゾヒスムを涵養して、ある程度の不正を忍ぶ覚悟をしなければならないのです。協力するにはこの他の方法はありません。もし私の名がオーベルフーベルならば、私の考えた新しい思想は他の全ての要素にもかかわらず、今よりはずっと小さな抵抗しか受けなかったに相違ないとあなたも思うでしょう」[5]。

早くも一九一二年、フロイトは精神分析がユダヤ人の科学とは見なされないと請け合おうとして困難な目に遭い、苛立ちを表明する――「それについて大事なことはただ一つ。私は、セム人とアーリア人、もしくは非セム人に、精神分析を一緒に利用させようと願ったが、再び水と油のように分かれてしまっている」[◆6]。

ドイツの医者や他の科学者から拒絶され嘲られたことで、フロイトは厳しい落胆の念を呼び起こす。絶望に打ち克ち、〈抵抗〉の一環として仕事を続けようと雄々しく闘いはしたが、彼は生涯を通してこの拒絶に苦しんだ。ほぼ八十歳になろうとする頃にはこう書いている――「そのいちじるしい傲岸さや良心のかけらもない論理軽視、論駁のさいの下品さや悪趣味ぶりには、弁解の余地はない。……なんとも心苦しいかぎりだった」[◆7]。

『ある五歳男児の恐怖症の分析』と題する論文で、フロイトは反ユダヤ主義の精神分析的な解釈を提案している。「去勢コンプレクスは、反ユダヤ主義が根ざす無意識の深層である。男の子はすでに子供部屋で、ユダヤ人はペニスの何がしかを――子供はペニスの一部をと考えるのだが――切り取られると耳にし、これが彼にユダヤ人を軽蔑するのを正当化している。女性に対する尊大さもまた無意識に根ざしているが、そこでも去勢不安以上に強力なものはない」[◆8]。

晩年に書かれた『モーセという男と一神教』では別の理由を挙げて、「強烈かつ持続的なユダヤ人憎悪という現象」のためには一つ以上の理由が必要だと述べ、その後で幾つかの理由の分析を試みる。ユダヤ人は「たいていの場合、異なる諸民族のなかで少数派として生活している」[*5]と述べ、「つまり、集団の共同体感情は、より完全なものになるために局外に立つ少数者に対する敵愾心を必要とするのであり、除外された者の数の上での弱さが、今度は抑え込みを促進してしまう」[◆9]。

もう一つの理由はこうだ。「それは、すなわちユダヤ人がありとあらゆる圧政に抗し続け、極端に残酷な迫害ですらもユダヤ人を根絶やしにできず、それればかりかユダヤ人はかえって実業生活で成功をおさめる能力を発揮し、事情が許すならば、すべての文化的営為において価値高い寄与をなす能力をも発揮するという事実なのだ[*6]」。

彼はついに、反ユダヤ主義の〈より深い動機〉を三つ選ぶ。第一に、人々はユダヤ人が選民であることを妬んでいる。「私はあえて言明するが、おのれを父なる神の長子にして優先的に寵愛を受ける子供であると自称する民族に対する嫉妬が、こんにちなお他の民族のあいだでは克服されていない。それゆえ、まるで他の民族はユダヤ人の自負の正しさを信じてしまっているかのようなのだ」。第二は、改めて去勢の恐れである――「ユダヤ人を他から区別している諸慣習のなかで、割礼という慣習は不愉快で不気味な印象を与えてきたが、この印象が去勢される恐怖を思い起こさせるがゆえに生じるのは明らかであ[*7]」る。

第三の動機として、フロイトはこう主張する。ユダヤ教に由来するキリスト教は、しばしば人々の意志に反して押しつけられてきたので、反ユダヤ主義とは、実のところキリスト教に対する敵意であり、この敵意はその後、ユダヤ人に取って代わられた。「こんにちきわめて露骨にユダヤ人憎悪を示しているすべての民族が、歴史時代もかなり経過してから初めてキリスト教徒になった事実、しかも多くの場合、流血の惨を見る強制によってキリスト教徒にさせられた事実が忘れられてはなるまい。……彼らは、この新しい、彼らに押しつけられた宗教に対する恨みの念を克服できずに、この恨みの念をキリスト教の源泉へとずらしたのである[*8]」。そして読者に念押しする――「四つの福音書が、ユダヤ人のあいだの、そして元来はユダヤ人だけを描いている歴史を物語っている事実も、このような遷移が起こるのを容易にした」。結論は、「彼らのユダヤ人憎悪は根本においてキリスト教憎悪なの」[*9]だ。これを確認するものとして、彼は、ナチズムがキリスト教とユダヤ教の「双方に対する敵愾心に満ちた取り扱い」をした、と指摘している。[◆10]

ナチスによる敵意を、フロイトは直接知っていた。一九八〇年六月二十三日にロンドンにあるアンナ・フロイトの診療所を訪れた時、私はパウラ・フィヒトルという、半世紀以上フロイト家に仕えた女中にインタビューを行った。ミス・フィヒトルは、ナチス占領下のウィーンでの生活の恐怖の瞬間を、幾つか私に分かち合ってくれた。彼女は、フロイト家にヒトラー親衛隊がやってきて、尋問のためにミス・フロイト〔アンナ〕を連れ去った時の様子を語った。彼女によると、ミス・フロイトが家を去る前に父親が青酸カリの錠剤を手渡し、ナチスが彼女を拷問に掛けようとしたら服用するように命じたという。[*10]

だがフロイトは、ドイツ人とオーストリア人だけから敵意を感じた訳ではない。ナチス支配下のオーストリアを逃れて英国に渡った後、八十代で書いた手紙の中で、英国人についてこう述べている――「基本的には誰もが反ユダヤ主義なのです。反ユダヤ主義者はどこにでもおります。反ユダヤ主義はしばしば潜伏し隠れておりますが、そこにいるのです。当然ながら例外はあります。……ですが、ここでは大衆は反ユダヤ的で、どこでもそうなのです」。[◆11]

「あなたがたの特別号に掲載される文章〔反ユダヤ主義について〕は、むしろ私のように個人的に巻きこまれてはいない非ユダヤ人にこそふさわしいと思いませんか」[*11]――フロイトは死のわずか十ヶ月前、英国の刊行物である『タイム・アンド・タイド（時代と潮流）』の編集者に宛てた手紙で、こう尋ねている（この雑誌はフロイトの言葉を引用していた）。彼は、その編集者が「この国にも反ユダヤ主義が一定の広がりを見せている」と認めた対象《もの》に非ユダヤ人が気付き、それに対して率直に意見を述べるべきだと強く感じていた。

この手紙の中で、フロイトは彼自身の痛切な体験を要約している――「四歳の子供のとき、私はモラヴィアの小さな町からウィーンに出てきました。七十八年ののち、そのうち半世紀以上は研究に没頭していたわけですが、私はこの故郷を去らねばなりませんでした。私が設立した科学協会は解体され、われわれの研究施設は破壊され、われわれの出版社は侵略者によって接収され、私が公刊した著作は没収されて廃棄され、私の子供たちはその職から追放されました」[12]。

❄

フロイトの不幸のすべてを反ユダヤ主義のせいにするのは公平ではない。彼は鬱病の発作や恐怖症、特に死の恐れ、さらに心身症の症状で苦しんでいた。生涯最後の十六年間は、口蓋癌による苦しみで肉体的にも苦痛を味わった。

一九二三年初頭、六十七歳の時、彼は顎と口蓋に厚くなった白い部分が広がっているのに気付く。彼は医師として、この白斑《はくもう》がヘビースモーカーによく見られる白板症だと分かった。フロイトは一日に葉巻を何本も吸う、重度のニコチン中毒だった。この病変が癌になり得ると気付いてはいたが、彼は二ヶ月待ってから若い専門医であるフェリックス・ドイッチュ博士に相談した。フロイトはドイッチュに向かって、診察結果が苦痛以外の何物をもたらさないなら、自分が「見苦しくなくこの世から去る」[*12] 手助けをしてくれるように頼んだ。

ドイッチュは癌と診断する。彼はフロイトが自殺するのを恐れてこの診断を口にせず、この病変は外科的に除去し、喫煙を止める必要があるとだけ伝える。だが、フロイトは真実を推し量った。

「私は、二ヶ月前に、右側のあごと口蓋に白板症（ロイコプラキア）様の腫瘍ができているのを見つけ、二十日にそれを切除しました」[*13]――フロイトは一九二三年四月に、同僚のアーネスト・ジョーンズに宛てて書いている。「私は今だに仕事をしておらず、食物を飲み込むこともできません。その腫瘍は悪性のものではないと保証されています。……私自身は上表種だと診断しましたが、受け付けられませんでした。喫煙がこの組織の障害の病因であると責められています[◆13]」。

この最初の手術は上首尾とはいかなかった。彼の主治医の一人は、後日それを〈グロテスクな夢魔〉と描写している[◆14]。フロイトは、マルクス・ハイエク博士を手術の執刀医に選んだ。彼を個人的に知っていたのである。ハイエクはフロイトに、手術の手順は「極めてわずかの処置」であり、その日の内に自宅に戻れるだろうと言った。家族を心配させないように、フロイトは手術のことを伏せておいた。

ハイエクはこの手術の場所に、適切な設備のない一般的な教育実習病院の外来患者向け診療所を選び、局部麻酔によって執刀する。合併症が起こった。

フロイトはおびただしい出血に見舞われた。ドイッチュはこう書き記している――「フロイトは手術後すぐに家に帰れるだろうという条件で、われわれは一緒に病院に行った。しかし彼は予想以上の出血を起こした。緊急事態のため、彼は（部屋がなかったので）痴愚性小人症の患者と一緒に（悲喜劇的な偶然の一致と言ってよい）病棟の小さな部屋の簡易ベッドで休まなければならなくなった」[15]。

診療所はフロイトの家族を呼び、家族は成り行きを知って愕然とする。妻と娘のアンナが診療所に到着すると、彼は台所の椅子に腰を下ろし、椅子は血で覆われていた。夫人とアンナが昼食で席を外していた時、フロイトは再び出血し始めた。彼は話すことも助けを求めることもできず、ベルを鳴らそうとしたが鳴らなかった。小人は彼が問題を抱えているのに気付いて急いで助けを求め、おそらくこの対処によって彼の命は救われる。この後はアンナが彼を一人にさせなかったが、夜中に彼が失血で弱まり、かなりの痛みを覚えていることに気付く。アンナと看護婦は彼の状態に不安を覚え、看護婦は家庭医を呼んだ。家庭医はベッドから起き上がるのを拒む。

フロイトを担当した医者の一人は何年も経ってから、ハイエク博士は複雑な手術を行うに当たって「間違いなくその資質を欠いていた」と記している。ドイッチュ博士はついに、ハンス・ピヒラー博士という著名な口腔医の手に委ね、博士は癌の侵入に対抗するため、さらに徹底した手術を施す。

残る生涯で、フロイトは三十回ほど手術を受けることになる。そのどれもが局部麻酔で行われた。外科医は彼の上顎を切り落とした後、口腔と鼻腔を分離するために金属製の補形物を挿入する。呼吸と食事は極めて困難になった。彼の生涯はその後十六年間続くが、何度も繰り返されるX線とラジウム治療による中毒作用が、この期間に経験することになる苦しみを増し加えた。

フロイトは一人での食事を好むようになる。一度、彼と娘のアンナが列車の中で朝食を取っていた時、出会ったばかりの米国人の二人連れと会話を楽しんでいた。「突然、血がひとすじフロイトの口からほとばしった。パンのかたい皮が組織の一片をゆるめたのにちがいなかった」[16]。それにもかかわらず、彼は休暇になると旅に出て、苦痛を一定の無感覚を伴って受け入れる。だが時には、怒りを爆発させた。友人のオスカル・プフィスターに書き送った時のように――「この場に限って無礼な言い方を許してほしい。私たちがこの世で経験したり覚悟するようになるあらゆることと、道徳律が存在するという君の前提とを、どうやって悪魔が君に和解させてくれるのだろう」[◆17]。代わりに、彼はこう結論付ける――「何だかはっきりしない冷酷無情な力が人間の運命を規定している」[◆18]。

❈

C・S・ルイスも途方もない苦しみを経験した。感情的な苦しみも、身体的なものも。反ユダヤ主義がフロイトの生涯で最大の苦しみの原因となったのなら、ルイスにとっては、子供の頃に母親を失ったこと、そして五、六十年後に最愛の妻を失った際にその時の記憶が甦ったことが、最も長く引き延ばされ、最も強烈な苦しみの原因となった。彼が母の死について「父はその後この痛手から完全には立ち直らなかった」[*14]と書いた時、おそらく、彼は自分自身に対しても同じことを言っていたことになる。

自伝の中で彼は、母親が死ぬかも知れないと伝えられた時、彼と兄が感じた恐怖を思い起こす。子供たちは痛ましい体験を抑え込みがちで、その結果、子供時代の思い出は顕著なほど前向きなものになる。大人になるにつれて、暗闇や捨てられるのを怖がるという、どの子供にもある恐怖は忘れがちだ。大人は子供時代の初期を、平安で幸福に満ちたものと記憶している。

しかしルイスの場合、母親の死の痛みはあまりにも苦痛に満ちたものだったので、ほぼ半世紀後に自伝を書いた時も、彼はそのことを鮮やかに思い出す。「わたしたち兄弟は、母を喪《うしな》う前に、母とは事実上死別していた。母は徐々にわたしたちと生活をともにすることが少くなり、看護婦の世話と譫《せん》語《ご》とモルヒネのなかに沈んでゆき、わたしたちの生活全体がよそよそしい緊迫した雰囲気につつまれ」ていった。[◆19]

彼は過去を振り返り、子供と大人は悲しみから異なる体験を抱くものの、子供たちはその体験を通してまわりの者から孤立し疎外されたように感じるのだということを、はっきりと理解する――「もしわたしの経験したことが正しければ、大人が歎いたり心配したりしている光景は、子どもたちには、よそよそしい無益な印象しかあたえない」[*15]。彼と兄は父との距離がさらに拡がってしまったのを感じ、その結果「二人は日々に親密になり、臆病なこのいたずらっ子たちは、荒寥《こうりょう》たる世界のなかで、互にぬくもりを求めあった」。彼は「母の死の床に連れてゆかれた」のを思い出す。死体を目にした時のことについて、「悲しみなどは恐しさのために消えてしまった」と書いている。彼は「母の死につづく入棺、供花、霊柩車、葬列などに、わたしは恐怖を覚えた」[*16]。ルイスは、母の死によってあらゆる幸福は「わたしの生活から消え去った」と書いている。[◆20]

私たちはすでに、寄宿学校で過ごしたルイスの初期の年月がどれほど困難であったかを見てきた。だが、彼の問題はとてもそこでは終わらなかった。十九歳の時には、第一次世界大戦で前線に配備されるという恐怖を体験する。砲弾で傷付き、傍らにいた友人たちは殺された。彼はこの体験について詳しくは書き残さず、「この前の戦争の記憶は何年にもわたって私の夢に出没した」[◆21]と語るに止めている。

彼は〈塹壕熱〉に罹り、前線近くの病院に三週間入院を許可され、それから「ドイツ軍が大規模な攻撃を仕掛けてくる」[22]のに間に合わせて塹壕に戻る。「冬の間中、疲労と水が主たる敵であった。わたしは行軍しながら眠ってしまい、目をあけるとまだ相変らず歩いていたことがある。塹壕のなかでは膝の上まで水があふれるのにそなえて、腿まで覆うゴムの長靴をはいて歩いた。見えない有刺鉄線で長靴に穴をあけた時、氷のように冷たい水がなかに入ってきたのをまだ覚えている」[23]。彼は頻繁に戦争の夢を見るものの、戦争体験の最も恐ろしい光景は記憶の中に隠れがちなのに気付き、次のように記している――「寒さ、火薬の臭、押し潰された甲虫のようにわずかに体を動かすだけの無惨な重傷者たち、坐っていたり、立ったままの恰好をした屍体、草一本生えていない赤土の風景、夜昼はきつづけで足の一部分になってしまったようなゴムの長靴、これらすべてのことが、記憶のなかに時たま幽《かす》かによみがえる」[24]。初めて弾丸の音を聞いたのを思い出し、「恐怖ともちがう……不思議な感情に襲われた」が「『これが戦争だ。これがホメロスが書いたとおりのことなのだ』という、震え声の合図のようなものだった」[25]と感じる。

ロンドンの病院で傷を癒やしている間、ジョージ・セイヤーによれば、ルイスは「孤独と鬱症状で烈しく苦しんでいた」[26]。戦争の夢のおかげで、眠ることも困難だった。

今日ならルイスを、戦場で傷付いた若者には珍しくない心的外傷後ストレス障害（ＰＴＳＤ）と診断するかも知れない。確かに彼は、今日精神科医がこの障害だと診断する際に用いる多くの条件に当てはまっている。生命を脅かされる体験をし、重大な傷を負い、恐怖心や無力感、戦慄を伴う反応を起こしている。悪夢が頻発するのも標準的な症状だ。

後日彼は、オクスフォードの教授陣の拒絶によって悩む。たぶん彼らはルイスと世界観を分かち合わなかったか、その人気を妬んだため、彼に教授の椅子を与えなかったのだ。ケンブリッジ大学が彼に、中世及びルネッサンス期文学の教授の椅子を与えたのは、彼が五十代半ばになってからのことだった。

ルイスにとって最悪の死別にして痛みの根源となったのは、言うまでもなく、六十二歳の時にジョイ・デイヴィッドマンを失ったことだ。この種の死別を、彼は生涯を通して恐れ、避けようとしていた。彼は再び、子供時代初期のあの恐怖を追体験し、絶望的なまでに自分の感情を抑え続けようとする――おそらくは、人生の初期に自ら育んだ方法によって。彼は自分の感情の複雑さと強烈さを理解し、その感情で苦しまないように鋭敏な知性を用いた。自分の考えと感情をすべて紙に書き出し、悲しみがたどる複雑な過程を理解しようと努めたのである。『悲しみをみつめて』の中ではこう書かれている――「だれひとり、悲しみがこんなにも怖れに似たものだとは語ってくれなかった。わたしは怖れているわけではない。だが、その感じは怖れに似ている。あの同じ肺腑のおののき、あの同じやすらぎのなさ、あのあくび。わたしはそれをかみころしつづける」[27]。

ルイスは、彼の悲しみが時には酩酊したり頭に一撃をくらって目が眩んだような感じだと記している――「悲しみはほろ酔いか、あるいは震盪《しんとう》のような感じだ」。この体験で彼は人々から遠のき、他人との触れ合いは難しくなった。「一種目に見えぬ毛布が、世界とわたしを隔てている。わたしはだれの言うことも耳にははいりにくい」[28]。だが彼は、本当に一人になりたかったのではなかった。「それなのに、わたしはほかの人たちがまわりにいてほしい。わたしは家がからになった瞬間がこわいのだ。もし彼らがお互いに話しあって、わたしには話しかけずにいてくれるだけだといい[29]」。彼は、私が臨床で観察してきた事実《こと》を語っている。喪に服している者は、人々と話をしないで一緒にいたがる。家族や友人は、ただそこにいるだけで助けになる。

痛みを和らげようとして、ルイスは彼自身に話しかけ、自分が力強く、自分自身を制御していると感じるようにし向けた。彼は、自分には「機転」と呼ばれるものがたくさんあり、結婚前には十分役割を果たしていたと自らに言い聞かせる。だがその後でこう書いている――「人はこの声に耳を貸すことを恥じるけれど、ちょっとの間ならその声にも、もっともな言い分がありそうにきこえる。かと思うと、灼熱した記憶の刺突《ジャブ》の不意打ちに見舞われて、この『常識』はすっかり炉の口の蟻のように消えてしまうのだ[30]」。

ルイスには二人の連れ子が残されたが、母親との死別に対処しようとしている姿を見て、子供の時に自分が母親の死にどう反応したかを思い出す。彼はこう記している――「わたしは子供たちに彼女のことを話すことができない。話そうとしたとたん、子供たちの顔には悲しみでも、愛でも、怖れでも、憐れみでもなくて、あらゆる絶縁体の中でもっとも致命的なもの、すなわち困惑が現われる。彼らは、まるでわたしが、はしたない事をしているような顔をする。彼らは、わたしがよせばいいと願っている。わたしは自分の母の死後、父が母のことを口にすると、ちょうど同じ感じをいだいたものだった。わたしは子供たちをとがめるわけにはゆかない。子供とはそうしたものだ[31]」。

ルイスは自分の感情を紙に書き留めることで、それを吟味する必要があると問う――「わたしは、はてしない毎日を悲しみのうちに暮らすばかりでなく、毎日を悲しみのうちに暮らすことについて考えながら毎日を暮らすのだ。これらの覚え書きは、悲しみのその面ばかりを誇張するのではあるまいか。ひとつの主題をめぐる、心の、単調な、踏み車のような歩みを、ただ裏書きするだけではあるまいか[*17]」。彼は、唯一つの可能なやり方で自分自身を擁護する。「だがわたしはどうすればいいのか。なにか麻薬がなしではすむまい。それにしても読書は今は充分に強い麻薬ではない。すべてを書きとめる（すべてだって？――否、百に一つにすぎないのだ）ことによって、きっとわたしは、少しはその外側へ出るのだろう。と、このようにわたしはHに対して弁解しよう[◆32]」。

ルイスは、このやり方が自分自身を哀れむ気持ちを強めるかも知れないと悩む――「だが、自己憐憫に浸り、おぼれ、またそれにふける。いやらしく、ねばねばした、甘いたのしみ――それはわたしをうんざりさせる[*18]」。悩みは続く――「こんな覚え書はみな、苦しみは苦しむ以外、処理するすべの無いことを認めたがらぬ男が、わけもなくもがいているにすぎぬことにはならないか。苦痛が苦痛でなくなるような何か工夫が（見つかりさえすれば）あるとでも、まだ思っているその男が。歯医者の椅子の腕木にしがみつこうが、膝の上に両手をたらしていようが、どっちみち格別のことはありはしない。ドリルはまわりつづけるのだ[*19]」。

ルイスが悲しみに対処するに従って、妻のジョイが彼の人生に、それまで知らなかった親密さを与えてくれていたことに気付かされる。「結婚がわたしに与えたもっとも貴重な賜物は、きわめて近く親しいものでいながら、常にまぎれもなく他者の、抵抗の返ってくる、一言にしていえば生きた、この何ものかに、たえずぶつかることであった[*20]」。彼は、妻が戻って来るのを切望して叫ぶ――「おお妻よ、愛する妻よ、ひととき戻ってきて」おくれ[◆33]。妻を失うのは自分の一部を失うことでもあった

――「たった今わたしは松葉杖にすがって動きまわることを学んでいる。あるいはやがて義足が買えるだろう。しかし二度と二本足にはならないのだ[◆34]」。

ルイスは、肉体の苦痛と感情の苦痛の違いを述べる――「悲しみは、旋回する爆撃機が頭上にめぐってくるたびに爆弾を投下するようなものだが、肉体の苦痛は、第一次大戦の塹壕に浴びせられた、とめどない弾幕砲火のように、つづく数時間は一瞬の休止もないのだ。想念はけっして、じっと留まって動かぬということはないが、苦痛は往々にしてそうだ[◆35]」。だが痛みを伴う思いは、決して止みそうになく感じられた――「いったい、いくたび、このひどいむなしさは、まるで新しいことのように、わたしをおどろかせ、『今の今まで自分の失ったもののことに気づかなかった』と言わせるのだろうか。……同じ一つの脚が何度でも切られるのだ。くり返し、くり返し、肉に突き立てられるメスの感じは初めてのときと同じだ[◆36]」。

ルイスはついに、最も重大な問いを発する――「ところで、神はどこにおられるのか」。苦しみを受けた多くの者が発する、悲痛な叫びである。そしてこう続ける――「人が幸福なとき、あまりに幸福で、神をもとめる気にすらならぬとき、あまりに幸福で、自分に対する神の要求をうるさいとおもいたくなるとき、もしそのとき思いなおして感謝と讃美をもって神にむかうなら、ひとは双手《もろて》を挙げて歓迎されるだろう。少なくともそういう気がするだろう[*21]」。しかし彼が最も神を必要とした時、神はいないように思われた。「だがもし窮状まさにきわまるとき、ほかのどんな助けもむなしいとき、そのとき神に赴《おもむ》くとすれば、いったいどうなるのか。目の前でぴしゃりと閉ざされる扉、そして内側では二重三重にかんぬきをおろす音、その後は、沈黙。これでは引き返した方がましだ。待つほどに、いよいよ沈黙は深まるだろう。……いったいこれはどういうことだ。なにゆえ神は、わたしたちの繁栄のときには、かくも身近く君臨しながら、困窮のときには、なにゆえかくも救いの手をばかくすのか」[◆37]。ある友人が彼にこう念押しする。ナザレのイエスも大いに必要とする時に「わが神、わが神、なぜ私をお見捨てになったのですか」〔〈マタイによる福音書〉27章46節〕と叫んだ、と。彼はこう答える――「そのことがらが、いっそうわかりやすくなるものだろうか」[*22]。

ルイスは、最も必要とする時に神が存在するかどうかだけではなく、この苦痛すべてが神について何を語っているかに対しても悩み抜いた。「わたしが神を信じなくなる危険が大きいわけではない（と思う）。ほんとうの危険は、神に関してこのようなおそろしいことを信じるようになるということだ。わたしが怖れる結論は、『それではけっきょく神はないのだな』ではなくて、『それじゃ神の、ほんとうのありていがこれなんだな。もう欺かれてはならないぞ』なのだ」[*23]。

ルイスは、彼を愛する万能なる存在が、なぜこんな苦痛を許すことができるのか理解しようと苦悶する。彼は、おそらく誰もが神を良心的な善意の外科医と見るべきだと考えた――「しかし自分の対面するものが、まったく善意の外科医だとしたらどうだろう。親切で良心的であればあるほど、いっそう容赦なく彼はメスをふるいつづけるだろう。彼がこちらの懇願に屈するなら、もし手術の完了前に手をとめるなら、今までの苦しみはことごとく水の泡になるだろう」[*24]。だが彼は、そうした痛みや苦痛は本当に必要なのかと疑う。神の答はこうだ――「必要か否か、さあ、自分で決めるがいい。責苦は起こるのだ。もし不必要なら、それなら神は無いか、あるいは悪しき神があるかだ。もし善き神があるなら、それなら、こうした責苦は必要なのだ。なぜなら、もし必要でないとするなら、いやしくも善である以上、いかなる存在も、およそ、そのような責苦を及ぼし、または、赦したもうということは、ありえぬことであろうから[*25]」。彼はこう問い質す――「『神の善なるを知っているから、わたしは神を怖れない』という人々は、いったいどんな気でいるのだろう。歯医者にも行ったことがないのだろうか[◆38]」。

詮索好きの心からルイスは質問の集中砲火を浴びせたが、彼は決して信仰を失わなかった。『永遠の愛に生きて』（原題『シャドーランズ』）の舞台版と映画版では、彼が信仰を捨てたかのようにほのめかしている。彼の書簡と多くの知人によれば、実際にはジョイの死後、彼の信仰は以前より強まったことが証明されている。彼が際限のない質問をしたのは、信仰の対象についてだけだ。

ルイスは、扉を叩けば開かれるだろうという新約聖書の約束を思い出す。だがそこに見出したのは「錠のおりた扉、鉄のとばり、真空、絶対零度[◆39]」だけだった。彼は、自分がただ扉を叩いていただけではなく、絶望的なまでに困窮して扉を蹴破ろうとしていたのに気付く。そしてこう尋ねる――「叩くとは、気ちがいのように扉を乱打し、足を蹴りつけることであろうか」。ついに彼は、絶望や、助けにしがみつこうとする姿勢が、助けを受け入れる力を妨げていたのかも知れないと気付く――「そしてまた『持つものには与えられるであろう』ということもある。つまりは受けいれる力がなければならない。さもないと全能者でさえ、与えることはできないのだ。たぶん、自分自身の激情によって一時的にその力が破壊されるのだ[◆40]」。

神の存在は、暖かい夏の夜明けのように、少しずつ戻ってくる。「神にむかうとき、わたしの心はもはや閉ざされた扉に出会いはすまいし、また、わたしの心に描く彼女の姿に、やきもきするようなこともいっさいあるまい。わたしのメモが少しはその事の進捗を示しはしたが、さりとて期待していたほどのものでもない。たぶん二つの変化はまったく気づかれぬほどのものであった。突然の、いちじるしい、そして感情的な転進は、何ひとつなかったのだ。部屋がぬくもってきたり、日ざしが明るくなってくるようなものだ。初めてそれと気づくときには、すでにその変化はかなり進んできていたのだ[◆41]」。

ルイスは、自分の問いのすべてに答が与えられた訳ではない。だが彼には、「いささか特殊な『応答なし[*26]』」と呼ぶものが与えられる。「閉じた扉なんかではない。押し黙った、憐れみがないなどとは、こんりんざい言えないまなざしに、もっと似ている。まるで神が、その首を横に振るのは、はねつけるというのではなくて、その問いはここしばらくお預けにしようというみたいだ。『子どもは静かになさい。お前には分かりはしないんだから』と言うように[◆42]」。

ルイスは喪の頃を振り返り、その経過をより複雑にしていたことに気付く。彼は神にではなく、自分自身に関心を寄せていたのだ。彼は、「神はわたしの信仰や愛の内容を探るために試みてきたのではない」ことに気付く。「神はそんなことなら前からご存知だ。ご存知ないのはわたしのほうだ[◆43]」。おそらく彼は、二十年ほど前に『痛みの問題』で書いたことを、個人的な体験を通して理解し始めたのだ——「こうした疑問に対してわたしは、苦しみ自体はよいものではないと答えようと思います。痛みの経験に何かよいことがあるとしたら、それは苦しむ者にとっては神の意志への服従ということであり、他の者にとっては、その苦しみを見て彼ら自身のうちに起こる同情、またその結果として生まれる愛の行為なのです。楽園の状態から堕落して、ただ部分的に救われているのみであるこの宇宙において、わたしたちは次の四つのものを弁別できるでしょう。（1）神からくだる単純な善、（2）反逆した被造物の生ぜしめる単純な悪、（3）（2）の悪を、わたしたちを救拯《きゅうじょう》するという目的で神が用いられる場合、（4）さらに（3）によって生じる複合的な善で、人間が苦しみを受け入れ、罪を悔いることは、この善に寄与します。さて神が（2）の単一な悪から、（4）の複合的な善を創り出すことがおできになるからと言って、そうした悪を行なう人々が――神の慈悲によって救われることはあっても――罪を問われないということはありません[◆44]」。

❈

ルイスが最終的には苦痛と信仰とを和解させたとしても、フロイトはそうはいかなかった。彼自身も彼の愛した者たちも生涯で味わわされた苦痛は、すべてを愛する全能の創造主という概念を、彼の頭から追い出させた。実際に苦痛の問題は、創造主の存在に反対する彼の主要な議論の一つに火を付ける。

『ある宗教体験』という論文で、フロイトは「神は……残酷なことも起こるがままにしている」と主張し、「それは私の責任ではありません[*27]」と述べる。ボストンに住むジェームズ・ジャクソン・パットナム博士に宛てた手紙の中でも同様に、彼は怒りと反抗を表明している――「私は全能者を全くおそれていないことをつけ加えておきましょう。全能者に会うようなことがあれば、彼が私にとがめるよりももっと多くの非難を私は彼にすることになるでしょう[◆45]」。苦痛を多く経験した者なら、おそらく彼の怒りが理解できるだろう。だが無神論者なのに、彼は誰に向かって怒っているのか。

フロイトは臨床の仕事を通して、苦痛がどこにも存在することに気付く。彼は、感情的に甚だしく(精神病を患うほどに)病んでいる自分の患者たちが、しばしば耐え難いほど苦痛な現実を逃れようとしてそんな状況になっていることを観察する。自分の外側や内面の現実が辛抱するにはあまりにも困難になると、患者は自分自身の世界を作り出すのだ。彼は『精神分析概説』の中でこう書いている「臨床的経験がわれわれに教えるところ……によれば、精神病の発症の契機は、現実が耐え難いほど苦痛なものとなったか、欲動が非常な高まりに至ったかであるが、このふたつは、エス[*28]と外界が自我に対し競合しながら要求を行うなかで、同じ作用を及ぼすに違いない[◆46]」。

フロイトは、おそらく彼自身の苦痛を理解しようと努める中で、痛みの第一の根源を確認しようとし続けた。彼は『ある錯覚の未来』の中でこう書いている――「一方には人間の力ずくの試みをすべて嘲笑うかに見える自然の猛威、たとえば揺れ動いては引き裂け人間の営みや人間の手になるものすべてを覆い尽くしてゆく大地、ひとたび氾濫すれば一切を押し流し呑み込んでゆく水流……がある。他方には、最近になってようやく実は他の生物からの攻撃であることが分かった各種の疾病、死というやるせない謎がある。この死に対しては、それを抑止してくれそうな薬草は何ひとつ見つかっておらず、また今後とて見つかることはあるまい[◆47]」。

数年後、『文化の中の居心地悪さ』の中で、フロイトは痛みの源をもう一つ追加している。それは他人だ。「この第三の源泉に由来する苦しみは、おそらく他のいずれの苦しみよりも痛切に感じられるのかもしれない[*29]」。彼は「個人にとって生きるのに耐えてゆくことはやはり難しい。……何かがやって来はしないかという不安に絶えず苛《さいな》まれ」[◆48]ると結論を下す。

彼は、神は自分の意志に従う者を祝福するという前提を攻撃するために苦痛の問題を利用し、こう述べる――「まわりを見てみろ、悪い奴も良い奴も苦難を被っている」。『世界観というものについて』の中ではこう書いている――「人間があるきまった倫理的要請を満たしさえすれば保護と幸福を約束してやるという宗教の主張も、じつは信ずるに足りないものであることはいつの時代でも見抜けたはずなのです。……父母のような注意深さで個人の安寧を見守り、その身にかかわるいっさいに幸福な結末をもたらしてくれるような力が、この宇宙に存在するなどということは、とうていありそうにもありません。……地震、洪水、火災は、信心深い善男善女であるか、信仰心のない悪人であるかを区別いたしません」[49]。

人々の間の関係の話になると、フロイトは、善人はしばしば貧乏くじを引いて去って行くと語る。「乱暴で狡猾で見境いのない輩が、人のうらやむこの世の財をかっさらい、信仰厚い者が徒手で帰るという事例は、あちこちにころがっています。何だかはっきりしない冷酷無情な力が人間の運命を規定している」。彼は、「宗教が世界支配の根拠に用いてきた賞罰のシステムなど、どこを見ても存在していないようです」と論じる[50]。

一方で、ルイスは異なる提案を行う。「世界の支配」は一時的に敵の手中にあるのだと示唆し、こう書いている――「わたしが新約聖書を、初めて真剣に読んだとき、ひどく驚いたことの一つは、それが、宇宙にある闇の力について――死と病と罪の背後にある力として考えられている強力な悪の霊について――非常に多くの言葉をついやしているということであった。……われわれは反逆者によって占領された宇宙の部分に住んでいるのだ、と考える。敵に占領された領土――これがまさにこの世界の現状である[◆51]」。

この議論に対するフロイトの反応は古典的なものだ。人々は自らの苦痛と愛情深い神の概念を調和させられず、その責を負わせようとして悪魔を呼び出すのだ、と彼は言う。だが悪魔の概念をもってしても、神は窮地から脱することはない。彼は最後に、神は悪魔を作らなかったのではないかと問う。『文化の中の居心地悪さ』の中では次のように書いている――「あえて神を弁護し放免しようというなら、殺し文句は悪魔に限る。……しかしその際にも、悪魔の存在と、悪魔が体現する悪の存在について神に釈明を求めていいはずだ[◆52]」。ルイスは、神が悪魔を作ったことに同意する。だがそのことで、神が悪になったとか、悪を創造する者になったという訳ではない。

ルイスはこう書いている――「キリスト教は、この闇の力を神によって創造されたものと考え、創造された時は善いものだったのだが、その後間違った方向へ行ってしまったのだと考える[*30]」。彼は、自由と悪の可能性の関係を説明する。「神は自由意志を持ったものを創造した。自由意志を持ったものとは、間違ったこともできるし正しいこともできる、そういう被造物のことである。ある人たちは、自由であってしかも間違ったことの絶対できないものを想像できると考えているが、わたしにはそんなものは考えられない。善を行なう自由を持つものは、かならず悪を行なう自由も持っているはずである。それにまた、悪の存在を可能ならしめたのは、まさに自由意志なのである[*31]」。それでは何故、自由意志をまず第一に許すのか。彼はこう答える――「自由意志は確かに悪を可能にするが、しかしそれはまた、持つに値する愛や善や喜びを可能にしてくれる唯一のものだからである。自動人形――つまり機械のように行動する生物――の世界は、わざわざ創造するに値しないだろう[◆53]」。

だが人は不思議に思う。神はこうなってしまうのが分からなかったのか。この悪、この恐ろしい苦痛のすべてが、結果として生じることになってしまう、と。彼はこう答える――「神は、むろん、初めから知っていた。にもかかわらず、自由はそのような危険をあえておかすに値するものだ、と彼は考えたらしい[54]」。

ルイスは無神論者だった頃、自分自身、神に怒りを抱いていた。このように書いている――「わたしが神を否定する論拠は、宇宙があまりにも残酷かつ不公正であるように思われる、ということであった。だが、そうだとすれば、わたしはこの公正・不公正という観念をいったいどのようにして手に入れたのか。人は、直線という観念を多少とも持っていなければ、一本の線を見てこれは曲がっていると言うことはできない。……こうして、神は存在しない――つまり、実在するものはことごとく無意味である――ということを証明しようとする努力そのもののうちに、わたしは、実在の一部――すなわち、わたしのもつ公正の観念――は十分なる意味をもっている、ということを前提せざるをえなくなったわけである。以上述べたことから、無神論はあまりにも単純すぎる、ということが分かる[55]」。

彼は、新約聖書の信仰についてこう指摘する――「キリスト教は、苦痛という取扱いの厄介な事実をも、その中に何とか組みこまねばならないような一つの体系――といったものでは決してありません。むしろそれ自体が事実なのです。わたしたちが自ら作りだした何らかの体系の中に組みこまねばならない、取扱に困難を覚える、事実の一つなのです。ある意味では、それは痛みの問題を解決するよりは、むしろ作りだします。なぜなら、この苦しみ悩みに満ちた世界の日ごとの経験と相並んで、究極の現実は義であり、愛であるという良き保証を受けている場合にこそはじめて、痛みというものが問題となるのでしょうから[◆56]」。

かつてアンナ・フロイトと対談した時、私は、彼女の父親が苦痛の問題にとても興味を示していたようだと話した。彼女は同意し、私にこう尋ねた――「あなたはどう思います？ 天国《あそこ》には『あなたは癌になる、あなたは結核になる』という者がいると思いますか」。私は、たぶんオスカル・プフィスターなら、この世の苦痛の幾つかを悪しき力に帰するだろう、と答えた。彼女はこの考え方に興味を示したようで、会話の中でこの話題に戻ろうとし続けた[*32]。父親が父親なら、娘も娘だ。

フロイトもルイスも共に、悪魔について広範に書いている。ルイスの想像力に富む風刺文学『悪魔の手紙』は、二人の悪魔が取り交わす書簡を描いたものだ。二人の中で年配のスクルーテイプは、後輩の甥に向かって、どうしたら人間を最も上手いこと堕落させられるか教え込もうと、鋭敏で心理学的な眼識を求めている。この本が広く影響を及ぼしたことはルイスを驚かせた。初版からほぼ二十年経って出版された再版の序で、彼は「売れ行きは最初（わたしのものとしては）驚異的であり、以後もずっと着実であった[*33]」と記している。この本が成功したことで、彼は『タイム』誌の表紙に登場した[*34]。彼は本当に悪魔を信じていたのか。その答は「わたしは信じる」。言いかえれば、わたしは天使を信じ、また天使のいくたりかが、彼らの自由意志の濫用により、神の敵、したがってわれわれの敵、となったことを信じるのである。彼らをわれわれは悪魔たちと呼んでよいであろう」。彼は、「悪魔たちの指導者ないし独裁者なる」サタンは堕落した天使であり、従って「神のではなくて〔大天使〕ミカエルの対立者である」と信じていることを明言している[*35]。

『標準版ジグムンド・フロイト心理学著作全集』の索引〔第24巻〕には、悪魔に関する項目が多数見られる。[*36]

学者たちは、フロイトが悪魔に没頭し、魅了されていることについて指摘してきた。たとえば彼は、二十代でギュスターヴ・フロベールの『聖アントワーヌの誘惑』を読み、この本への強烈な反応について詳細に記している。[◆57] 彼が最も頻繁に引用した文学作品は、ゲーテの『ファウスト』である。安楽死に選んだ日に読む最後の本はバルザックの『あら皮』であり、ここでも主人公は悪魔と協定を結ぶ。『ファウスト』でも『あら皮』でも主人公は科学の信奉者であり、人々に認められず成功もできずに憂鬱になり、自殺を考える。

おそらくフロイトは、こうした主人公ばかりでなく悪魔自身をも認知している──悪の体言者としてだけではなく、権威に対する究極の反逆者、権威に反抗し降伏を拒否する者として。彼が大学生だった頃、心が揺れ動き、友人に宛てて自分はもはや唯物論者ではないし、有神論者でもないと書いた時、「僕は……降参するつもりはない」[*37]と誓った。三十歳の時に書いた手紙では「僕はいつも、教師たちと烈しく反目していた」と述べている。[*38] 婚約者宛に二人の将来について苦慮を表明した時、彼は好みの文学作品であるミルトンの『失楽園』から引用しているが、そこではアダムとエバや神の言葉ではなく、悪魔の言葉を用いている。

希望があればその希望から、どのような再起の力をかちとることができるか、
そしてもし、それが不可能ならば、どのような決意を絶望からえられるか、
そういうことを相談したいと思うのだ。[◆58]

フロイトは著述を通して、しばしば悪魔に言及している。時には比喩的な表現として、時には偉大

な文学から引用しながら。たとえばユングに宛てた手紙の中では、精神分析学の理論を普及させるに当たって、いかに彼らが「才能ある者の助力を緊急に必要として」いるかを強調し、『ファウスト』から、「魔女にこの術を教えたのは悪魔なんですが、悪魔が自分でこれをやるわけにはいかないのです」[◆59]を引用している。

フロイト自身は、悪魔と協定を結んだと、ある程度感じていたのだろうか。学者の中には、この問いに肯定的な回答をする者もいる[◆60]。もちろん彼にとって、悪魔を客観的に現実のものとして扱うのは理に適ってはいないだろう。一九二三年に書いた論文では、悪魔と協定を結んだ画家の事例を描いた十七世紀の手書き草稿を分析しているが、これは彼の見方を説明してくれる[*39]。彼は、悪魔が画家に与えねばならなかったものについてこう述べる――「なぜなら悪魔は、永遠の魂を貰い受ける代わりに、人間がありがたがるありとあらゆるものを与えてくれるからだ。富、一切の危険からの回避、人間そして自然を操る力、魔術、そして享楽《ゲヌス》、とりわけ美女たちを味わう享楽を、悪魔は人間に与えてくれるのである」[◆61]。彼は画家が「気のふさがった状態から解放されたいがために、悪魔と契約を結んだ」ことを指摘する。この画家は、父親が亡くなり「メランコリーに陥った」。「そこで悪魔が彼に近づき、なぜそれほどまでに悲しみにうちひしがれているのかと尋ね、画家に向かって『どんなことをしてでも助けてあげよう、手を貸してやろう』と約束した」[*40]。画家は契約を結ぶ。亡くなった父親を九年間元に戻してくれるなら悪魔に自分の魂を与える、と。

彼はそれから、悪魔の存在について心理学的な説明を与える。エディプスコンプレクス理論に基づくものだ――「というのもわれわれは、この驚きを鎮めてくれるいくつかのことを知っているからだ。第一に、神が父親の代替者であること、より正確な表現を使うならば、神は理想化された父である。別の言い方をすれば、神は人が幼児期に目にし体験した父の残像である」[41]。彼は、父親に対する気持ちには両価性があると指摘する。それは「情愛を伴いながら父への服従と、敵意をもっての父への反抗という、ふたつの対立する感情の動きを包摂するようになることが分かっている。われわれが理解する限り、これと同じ両価性《アンビヴァレンツ》が人類と神性との関係も支配している。父への思慕と、父に向けられた不安または父に対する息子の反抗との間で繰り広げられる終わりのない衝突から、諸宗教に見られる重要な特徴やそれら諸宗教がたどった運命的な出来事が導きだされる」[62]。肯定的な気持ちはその人物の神の概念として再度現れ、否定的な気持ちは悪魔の概念として再度現れる。

❉

ルイスは数冊の著作で苦痛の問題に対する反応を展開させているが、最も評判の良い二冊は、この問題の知的な面を扱った理性的な著作である『痛みの問題』と、より感情的で妻の死に対する本能的な反応である『悲しみを見つめて』であろう。

彼は並外れた能力を持ち、複雑な問題をまさにその本質まで絞り込むことができた。この問題を驚くほどの明晰さで述べている――「もし神が善であるとしたら、被造物を完全に幸福にすることを願うでしょう。またもし神が全能なら、そうした願いを実現することができるでしょう。しかし被造物は幸福ではありません。とすると、神は悪しき神であるか、それとも力を欠いているか、もしくはその両方ということになりますが？」[63]。彼は、これが痛みの問題の最も単純な形態だと説明する。

苦痛の問題を理解するために、彼は、私たちが〈幸福〉とか〈善〉〈全能〉〈万能〉といった言葉を使う時に、それが何を意味しているかをまず理解しなければならないと主張する。仮にこうした言葉に通俗的な意味を与えるなら、「この議論に答えることは不可能だ」と書いている。たとえば〈全能〉という言葉は「『すべてを、どんなことをもなしうる能力』という意味です[*42]」。聖書の中では「神にできないことは何一つない」と言われている[*43]。しかし彼は、これは神がどんなことでもできるという意味ではないと言う。たとえば、神は「青という色は何マイルあるか」といった無意味な質問には答えられない。同じように、神は互いに排他的な二つの事柄には、どちらも答えられない。たとえば、神は自由意志を持つ被造物を創造すると同時に、被造物に自由意志を与えないでおくことはできない。そしてこう書いている――「神の〈全能〉とは、内在的に可能なすべてをなす能力を意味し、内在的に不可能なことをなしうるという意味はもっていません。奇跡を神に帰することはできますが、たわごと《ナンセンス》を神の属性とすることはできないのです[◆64]」。

ルイスは、被造物が自由意志を持つのであれば「選択肢が存在」する環境があるに違いない、と説明する。従って、正しい選択もあれば誤った選択もある。道徳律を拒む選択をすれば、重力の法則を拒む選択をするのと同じように、痛みを被る。そしてこう続ける――「けれども物質がそのような中立な場としての役割を果たすには、それ自体の一定の性格をもつことが必要です」。しかもその性格はそこに住む者の気紛れで変わるようなものではない。「一方、もしも物資が一定の性質をもち、不変の法則に従うとしたら、ある個人のさまざまな願いにとって、物のすべての状態がひとしく好都合だということはないでしょう[◆65]」。さらにこう続く――「自然的秩序と自由意志の存在に伴う苦しみ痛みの可能性を排除しようとすることは、人生そのものを排除するのも同じだということに、あなたは気づくに相違ありません[66]」。

彼は、神の善や愛と、私たちの抱くやさしさという考えを混同してはならないと警告し、次のように書いている――「愛が単なるやさしさよりもっと厳しく、もっと輝かしいものだ……〈愛〉にはもちろん、やさしさも含まれます。けれども〈愛〉とやさしさは完全に重なるものではありません。上述の意味のやさしさが〈愛〉の他の要素と分離するとき、それは対象そのものに対して根本的な意味で無関心となって、軽蔑に似たものをさえ、まじえることがあるのです[67]」。そしてこう指摘する――「愛はその本質上、愛する者が完全になることを求めるということです。愛の対象が苦しみさえしなければすべてを大目に見ようという、単なる『やさしさ』は、この点、〈愛〉とは北極と南極ほどに違うのです[68]」。

やさしさについて考えると、それは時に愛の妨げとなるかも知れない。たとえば私たちはやさしさから、子供に歯が痛くないようにと歯医者にやらないかも知れないが、愛は、子供に最善を求める気持ちから、後になってもっとひどくならないように、今は痛みに直面しなさいと子供に申し渡すだろう。ルイスはこう主張する――「わたしたち人間は本来、わたしたちが神を愛するためにではなく（もちろんそのためでもありますが）、神がわたしたちを愛してくださるために、愛の神の『心にかなう』ものとなるように、造られたのでした[*44]」。この状態に達するために、彼は私たちの側に〈変化〉が必要だという。「人間の苦しみと愛の神の存在とを矛盾なく理解しようという問題は、わたしたちが〈愛〉という語に通りいっぺんの意味を付している限り……解決できないのです[69]」。彼は、幸福に対する私たちの考え方をも変えなければならないと強調する。創造主があらゆる幸福の源であり、何世紀にもわたって体験されてきた不幸と悲惨さのほとんどは、この源から離れて幸福を見つけようとする努力に起因していると彼は信じ、こう書いている――「この絶望的な試みから、われわれが人間の歴史と呼ぶもののほとんどすべて――金・貧困・野望・戦争・売春・階級・帝国・奴隷制……は、神以外に自分を幸福にしてくれるものを見出そうとする人間の、長くも恐ろしい物語である」[*45]。そしてこう結論付ける――「神には、ご自身と結びついていないような幸福や平安を与えることができないのだ。もともとそんなものはないからである。神から離れた幸福や平安などというものは、そもそも存在しないのである」[*46]。

大切なことを一つ言い残したが、他の者から経験させられる痛みが私たちの苦痛の大方の原因だということについては、ルイスはフロイトに同意する。ルイスはこう書いている――「人間が悪しきものとなったときに、この可能性がお互いを傷つけあうために用いられることは確かです。おそらくこれによって人間の苦しみの五分の四は説明されるでしょう。拷問台、鞭、牢獄、奴隷制、銃、銃剣、爆弾等を発明したのは人間で、神ではありません。人間の間に貧乏と過重労働が存在するのも、人間の貪欲や愚かしさのせいで、自然が邪悪だからではありません」[◆70]。

彼は旧約／新約聖書の研究を続けるにつれて、創造や堕落、それに償いや贖いといった教理を新たに理解することになった[*47]。彼は次のように説明している――「神はすべてのものを善きものとしてそのもの自体によかれと願ってつくられた。けれどもそうした善きものの一つである理性的動物の自由意志は、それ自身の性質のゆえに悪の可能性を含んでいた。そしてその動物――人間――は、この可能性を自らのために用いて悪しきものとなってしまった」。「人間が神にとっても、自分自身にとってもいまわしい存在で、この宇宙にもしっくりしないのは、神がそのように人間を創造なさったからではなく、人間が自由意志を濫用した結果だというのです[◆71]」。

創造主の意志を逸脱する自由意志の悪用は、苦痛や病、死の主な原因である。ルイスは、五十歳の時に書いた手紙で次のように説明している——「私は神が、私たちにあらゆる善きものを送り届けるという意味で、病や戦争を〈送り届ける〉とは思いません。ですから〈ルカによる福音書〉13章16節[*48]では、私たちの主が病を父の行為にではなく、明らかに悪魔の行為に帰しています。私はあなたがまったく正しいと思います。すべての苦痛は罪から来るのです[◆72]」。

ルイスは、痛みは悪だという。神は痛みを生み出さないが、善きものを生み出すために痛みを用いる。多くの者は、痛みや大きな危険に遭うまでは神を認めない。たとえば、乗っている飛行機が乱気流に出くわした場合だ。彼はこう書いている——「しかし苦痛はあくまでもわたしたちの関心を要求します。神は、楽しみにおいてわたしたちにささやきかけられます。良心において語られます。しかし苦痛においては、わたしたちに向かって激しく呼びかけたもうのです。苦痛は耳しいた世界を呼びさまそうとしたもう神のメガホンです[◆73]」。だが彼は、痛みはまた、人々を神から離れさせるかも知れないと警告し、次のように書いている——「たしかに神のメガホンとしての痛みは恐ろしい道具です。それは最終的な、悔改めのない反逆に導く可能性もあります[*49]」。彼は、神は痛みを、私たちに必要だと気付かせるために用いるかも知れないが、私たちは、時には神に向き直るのではなく背を向けるように反応する、と述べている。私はかつて、医学関係の同僚がこう語るのを聞いた——「神があの種の恐怖を許すというなら、僕は神には何の関心も持ちたくない」。

フロイトはその生涯で苦痛に直面し、そこには、彼がしばしば〈あきらめ〉と呼ぶものが伴っていた。彼は『ある錯覚の未来』の中で、人々が霊的な世界観を拒否すると人生はどのようなものになるかについて描いているが、それはたぶん彼自身の体験を描いているのだ。「人間は……自分が全く孤立無援で寄る辺なく、宇宙の営みの中で取るに足らない非力な存在であること、もはや被造物の中心でも、懇篤《こんとく》な摂理の情愛に満ちた心遣いの対象でもないことを認めざるをえなくなるでしょう。……そして、逃れるすべのない一連の大きな運命の必然については、人間はまさに従容としてそれらに耐えることを学ぶでしょう◆74」。

苦痛の渦中にある他人を元気付けようとしても、フロイトには「慰めを与える言葉は一つも」なかった。諦めつつ苦痛に耐えるよう助言するだけなのだ。友人の妻が夫を亡くした後、彼女に宛てた手紙の中で、彼は次のように哀悼の言葉を贈っている――「私たちは諦めつつ、あなたもすでにご存知の運命の一撃に服従するより他にありません。私にとって彼を失ったことがとりわけ苦痛なのを、あなたは憶測していらっしゃるでしょう。老年のわがままで、たぶんわが人生の短い期間であれば、彼は容易に生き長らえさせて下さると思っていたのですから」。同僚のアーネスト・ジョーンズが唯一人の娘を亡くした時、フロイトは彼に手紙を書いてこう述べた――「信仰を持たない運命論者として、死の恐れに直面した時、私はただ諦めの状態へと崩れ落ちるしかありません◆75」。自分の孫息子ハイネレが死んだ時、彼はジョーンズに生きる望みをすべて失ったと告白する――「私は人生に永遠に疲れてしまいました◆76」。フロイトは自分が、危機の時に頼るべき霊的な手段を欠いていることに痛切に気付いていたようだ。娘のゾフィーが亡くなった後、彼は同僚に宛ててこう書いている――「こんな時には悲嘆にくれたり愚痴を並べてみてもはじまらない、無力な哀れな人間としては人間の手の届かない力がなした仕業の下で黙って首を垂れるよりほかに仕方がないのだ[*50]」。彼は「私はその順番がこの後遠い先ではないことを願いたくなる」と思い巡らす[◆77]。

C・S・ルイスも世界観が変わる前は、痛みについて同じような見方をしていた。『痛みの問題』の序で、彼はこう説明を付け加える――「わたしが無神論者であったころ、もしも誰かがわたしに、『あなたはなぜ、神の存在を信じないのですか』ときいたら、わたしはおよそ次のように答えたでしょう。『われわれの住んでいる宇宙をごらんなさい。その大部分は真の闇にとざされた、想像を絶するほど寒冷な空間から成り立っています。……生物の棲息しうる衛星はどうやら地球を除いてありそうにないのです。また地球そのものにしても、何百万年もの間、生命なしに存在し続けたのですし、あらゆる生命が死滅した後、さらに何百万年かにわたってそのまま存続しないとも限らないのです。一方、地球上に生物が存在している間、それはいったい、どのような世界であるでしょう？　生命の諸形態は例外なしに他を餌食とすることによってのみ生命を保つことができる――そんな仕組みになっています。……つまり生物は生まれることによって苦痛を起こし、他に苦痛を加えることによって生きながらえ、多くは苦痛のうちに死ぬのです[*51]』。人間は生まれながらに理性を持っているので、「自分自身の死」と同じく「自己のこうむる苦痛を予知することができ」、「幾多の巧妙な手だてによって……はるかに多くの苦痛を与えることができます」。「人間の歴史は大掴みにいって、犯罪、戦争、病気、恐怖のそれであって、……しかしすべての文明は過ぎ去ります。文明のもとにあっては、……その文明固有の苦痛が人間に加えられるのです。……宇宙そのものが衰亡の一路を辿りつつあり、……人類はことごとく滅亡の運命を担っています[*52]」。そしてこう続ける――「このような宇宙を、慈愛に富んだ、全能の霊力の創造したものであると信じろと言われるなら、わたしは答えます。『あらゆる証拠はまったく逆の方向を指し示している。宇宙の背後にはいかなる霊も存在しないか、存在するとしたら善悪に全く無関心であるか、邪悪な霊であるか、どっちかだろう』と[◆78]」。

痛みはどんな人生にも起こる。それにどう対応するかで、私たちの人生の質にどう影響が及ぶかが決まる。もしもルイスのように、至高の存在が私たちを愛し、私たちの運命を究極にまで支配すると信じるなら、私たちは忍耐と希望を抱いて耐えるかも知れない。しかし唯物論者の世界観に固執するなら、私たちは、自分たちの直面している厳しい現実に従えというフロイトの戒めと一緒に放っておかれる。彼はこう結論を下している――「最終的に神の『究め尽くしえぬ定め』を云々することを余儀なくされる信者は、苦しみの中で最後の慰めの可能性や快の源泉として自分に唯一残されているのが、無条件の帰依であるのを認めていることになる。ただ、そこに落ち着くのもやぶさかでないというなら、何もわざわざ回り道しなくてもよかったではないか[◆79]」。

第9章　死　死は私たちの宿命なのか

この地球に生を受けて間もなく、私たちは自らの存在の最も根元的な事実に気付く――それほど長くここにはいないということに。平均的な寿命は三万日を下回る。その三分の一は眠っているので、私たちの体験する日数は二万日もない。死ぬべき運命を否定しようとしても、叶えられた者はいない。思い出が一つずつよみがえる――夏の休暇が終わっても戻らない級友がいる。春の美しいある日、車を運転して仕事に出かけると、突然、一台の霊柩車に率いられ、照明を灯けた車の列が眼の前に現れる。新聞には日々、数多《あまた》の死亡記事が掲載される。

〈詩編〉の作者は、残りの日々を数える知恵、この世は私たちの家ではないことに気付く知恵があると語っている[*1]が、気付きの過程には尋常ではない痛みを伴う。私たちの生涯が信じ難いほど短いという事実は、永遠を求める根強い願望や、愛する者との別離という生涯にわたる恐れ、すなわち、幼ない頃から老年に至るまで取り憑かれている恐れと対立する。

フロイトが〈死という痛ましい謎〉と呼ぶものを、私たちはどのように解決し、諦めて受け入れるのだろう。ソクラテスは「真正に哲学する者たちは死ぬことを練習している」と語っている[*2]。フロイトとルイスを含む大著述家のほとんどは、この主題を広範に扱っている。二人の著作の幾つかの注釈はとりわけ重要である。彼らが友人や家族の死にどう対応し、彼ら自身の死にどう向き合ったかは、各自の世界観がこの〈痛ましい謎〉にどう向けられていたかの理解を助けてくれるだろう。フロイトはショーペンハウアーから「何よりも死という問題が、理論形成の出発点になったに違いないだろう」◆1という言葉を引用する。実際に死の問題は、フロイトとルイスが具体的な人生哲学を選択する上で影響を及ぼした。

『夢解釈』の中でフロイトは、死を意識するのは幼い子供の頃に始まったと打ち明けている。彼が二歳の時、弟のユリウスが亡くなった。自己分析をしていて、彼はこの死への対応を思い起こしたと主張する。この幼児を妬んだために、罪悪感を覚えたのだ。「僕は一歳下の弟（この弟は二、三ヶ月で亡くなりました）を邪悪な願望と子どもの本物の嫉妬で迎えたということ、そして、この弟の死によって非難の萌芽が僕のなかに残ったということ、これらのことを示唆することができる」◆2。

フロイトは母親との会話も思い出す。母親は彼に「われわれ人間は土から作られたのだから、また土に還らなければならない」と教えた。幼い少年は疑いを顕わにした。そこで母親は〈証拠〉によって自分の言葉を裏付けた。「すると母は手のひらを揩り合わせ——ただ手の中に練り粉がないだけのことで、あとは団子を作るときとまったく同じ仕草で——、われわれがそこから作られている土の見本として、手をこすり合わせたときに剥げてきた黒ずんだ表皮の垢を、私に示して見せたのである。こういう証拠を《目の前に》突きつけられて、私の心の中には驚愕が止めどなく広がったが、しかし、そのとき私は確かに、何かを得心したのである。それは、後年、汝は自然に対して死という負債を負っている〔Du bist der Natur einen Tod schuldig〕[*3]、という言葉の中に、私が聴き取るようになる何かである」[◆3]。

一九一四年に書かれた手紙の中でフロイトは、臨床の仕事に由来する、戦争についての洞察を分かち合っている――「原始的で粗野で邪悪な人間の衝動は、いかなる個人にあっても消え失せることはなく、無意識という抑制された状態であっても存在し続ける。精神分析はそう結論付けています。……」。こうした衝動は後日現れる「機会を待つ」ものであり、戦争はそうした機会を提供するので、戦争は今後も繰り返される歴史の一部となり続ける。人類がもっと多くの教育を受け、さらに知識が増すに従って、戦争は少なくなるどころか、より頻繁に起こり、より破壊的になった。その理由は「私たちの知性は、脆弱で他に左右される玩具であり、衝動や感情の道具であるからです」[◆4]。

戦争は、私たちの基本的な衝動がはるか昔の祖先の衝動とほとんど変わっておらず、また私たちは、礼儀正しさの陰で相も変わらず非文明的で粗野だということを教えてくれる。戦争が示しているのは、「われわれの無意識は、原始時代の人間とまったく同様に、自分の死を思い描くことに対しては受け入れようとせず、敵に対しては殺してやりたいと思い、愛しい人に対しては葛藤含み（両価性《アンビヴァレンツ》）に陥る」[◆5]ということだ。

一九一四年、フロイトは『戦争と死についての時評』と題した小論で、死は無意識の心には存在しないという興味深い見解を述べている。私たちの心は永遠を願うように作られているらしい。彼はこう書いている――「すなわち、われわれの無意識は自分の死を信じることがなく、不死であるかのように振舞う」[◆6]。私たちは「自分自身の死というものは、どうしても思い描けないものである。何度も思い描こうとしてわかることは、それについてわれわれは、本当のところ、傍観者にとどまり続けるということである。そこで、……誰も自分の死を信じていない」[◆7]。この刺激的な見解について、彼はいかなる哲学的な解釈を与えることも避けている。おそらくルイスなら、死は、元々あった〈創造の計画〉の一部ではないので、私たちの心は死を拒否するのだと説明するだろう。

フロイトは、戦争と死についての小論を結ぶに際して奇妙な示唆を与える――「汝が生に耐えようと欲するなら、死の準備をせよ」[*4]。彼は、精神医学に関わる多くの者が長年観察してきたことに気付いていた。人生をまっとうするには、死の問題を解決しなければならない、と。未解決のままでは、死を否定したり死に取り憑かれて、余計なエネルギーを費やすことになる。彼はこの問題をどう扱うかについて、疑問の余地を残さなかった。彼は死に取り憑かれるようになり、異常なほどに死を恐れ、迷信を信じた。彼は、絶え間なく死を夢に見る。担当医は、彼が死に没頭している様を「『迷信』が何十年も執拗につづき」[*5]と描写している。

三十八歳の時、フロイトの意見によると「僕はまだ四、五年から八年さまざまな愁訴に苦しみ、その間良い時期や悪い時期があり、それから四十と五十の間に心臓破裂で美しく、突然死ぬ、というものです。もしそれが四十にあまりにも近くなかったら、それはそれほど悪くはありません」[◆8]。

彼は五十三歳の時、米国にただ一度となる訪問を行った。そこで米国の著名な哲学者にして心理学者のウィリアム・ジェームズに会う。ジェームズはフロイトに、前向きで「あとあとまで（残る）印象」を与えた。特に、ジェームズが彼自身の死にどう向き合っているかについて――「ささやかな情景を私はいまも忘れることができない。散歩の途中、彼は不意に足をとめ、鞄を私にあずけて先にいってくれといったのだ。『いま狭心症の発作が起こりかけていますが、治まったらあとから追いかけますからね』。一年後、ジェームズは心臓病で亡くなった。私はそれ以来、遠からず死に直面するときには、彼のような恐れのない態度でありたいと願ってやまない[9]」。

五十四歳の時、フロイトは手紙にこう書いている――「私たちは、学生生活のささやかな楽しみをはじめて分かち合って以来、年を重ねてきました。今や人生は尽きようとしています[10]」。彼にとって誕生日は喜びと祝福の時ではなく、絶望の時であった。「六十回目の誕生日にどれほど喜びがないか分かっていたら、一回目の誕生日にもたぶん楽しみはなかったでしょう。これは、最良の場合であっても、鬱病の祝福にしか過ぎません[11]」。

六年後、彼はまだ自分が間もなく死ぬと思い続けていた。友人に宛ててこう書いている――「あなたもいよいよ六十歳の誕生日を迎えられたわけですね。私の方は六歳年長ですから、人生の終りに近づいて、やがてこのかなり不可解な、そして必ずしも面白くない喜劇の第五幕の終るのを期待してよいわけです[12]」。手短に言えば、彼は四十一歳で死ぬと確信していた。これは五十一歳、六十一歳、六十二歳と延び、七十歳になると八十歳で死ぬと確信した。

彼はどのように、こうした特定の期日に行き当たったのだろう。C・G・ユングに宛てた次の手紙は、彼の考え方がむしろ奇怪で迷信的な過程を経ている様を例示している――「わたしは六十一歳と六十二歳のあいだで死ぬであろうという確信にとりつかれたのは何年か以前のことであります。……その後わたしは兄とつれだってギリシャに旅行いたしましたが、六一と六〇の数字が一と二に結びついて、いっさいの対象が数字と関連して命名されている場合には、……ひどく無気味に思えたものでした。……憂鬱な気分でアテネのホテルに着いて二階の部屋に通されたときには、『ここなら部屋番号が六一であったりするはずがない』から、一息つけるだろうと願いを托するばかりになっておりました。だがしかし、部屋番号はかろうじて三一号（宿命にたいする情状酌量がほどこされ、六一—六二の半分）にありついたのでした。……[*6]」。彼はその後、三一という数字に以前より頻繁に出くわすのに気付くことになる。

だが彼が、自分は六十一歳と六十二歳のあいだで死ぬであろうという確信を初めて抱いたのは、いつ、どのようにしてだったのか。一八九九年、彼はこの確信に夢中になり始めた——「その当時、二つの事件が同時に起こりました。一つは『夢解釈』の公刊です。……二つめはわたしの電話番号が新しくなった事実で、……一四三六二番です。……わたしが『夢解釈』を書いた一八九九年には、わたしは四十三歳でした」。彼は数占い師のようにこう結論付ける——「電話番号の末尾の二つの数字は、わたしの寿命が六一か六二で終るという暗示となっているのと同然ではないのか」。説明は続く——「わたしが六十一歳と六十二歳のあいだに死ぬという根拠のない確信《アーバーグラウベ》は、わたしが夢解釈において生涯の仕事を完成し、もうこれ以上余分のつけ加えをせずとも安らかに死ねるという自信《ユーバーツォイクング》の等価値である事実があきらかになったのです」。おそらくは自分自身を安心させるため、彼はこう付け加える——「おわかりいただけるとは思いますが、この補償のあとであれば、根拠のない確信はもはや無意味のものとは聞こえません[◆13]」。

八年後の一九一七年、彼はまだ、六十一歳で死ぬだろうと信じていた——「仕事をし過ぎて疲れ切ってしまい、世の中を嫌悪するほどいやなものに感じはじめています。私の一生が一九一八年二月に終る予定になっているという迷信じみた考えは、しばしば、まったく思いやりのあるものに思われます[14]」。

特定の年齢で世を去るというフロイトの〈迷信〉は八十歳になるまで続き、彼には平安がなかった。この頃彼は、「父や父の兄弟が達した人生の限界に」達しようとしているものの、自分は間もなく死ぬだろうと確信していた。「それにはまだ一年足りない……私が、父や父の兄弟の年齢まで達するのか、母の年齢にまでも達するのかどうかと、一方では、休息への願望とこれ以上の生存がもたらす新たな苦痛へのおそれを抱きながら、他方では今なお私が愛情を感じているものに別れる苦痛を予知し、その葛藤にさいなまれていらいらしているときいても驚かないはずです[15]」。

彼は手紙で、彼自身の恐れについて開けっぴろげに語っている。「僕については僕は偏頭痛、鼻の分泌物、今日のような死の不安の発作を記録しています[16]」——まだ三十代だった頃、友人のフリースにこう書いている。アーネスト・ジョーンズはこう記した——「フロイトの人生のなにがしかを思い起こす限り、彼は死についての考えを抱いていたようで、私の思いつくどんな偉人よりもその傾向があった。……私たちが出会って間もない頃でさえ彼には当惑させる習慣があって『さようなら、君はもう僕に会うことはないかも知れない』という言葉で別れたのだ」。そしてこう続ける——「不安が局限される点はただ、時折発作的に死のおそれがおこること（Todesangst）……であった[*7]」。「四十代の若い頃でも彼は年を取るのを嫌っていて、年を取るにつれて死の思いはやかましさを増した。彼はかつて、人生において毎日死について考えていると口にしたが、これは間違いなく異常なことだった[17]」。

晩年には、彼は末期の病による痛みを恐れていた。しかし、若い頃にそこまで悩ませたのは何だったのか。こうした恐れは彼の世界観に関わっているのだろうか。

フロイトは『夢解釈』の中で、この恐れの手掛かりを与えている。彼は、この書には「私が発見者となる幸運を得た発見の中で最も貴重なものが含まれている」[*8]と記している。彼の観察によると、子供たちはしばしば競争相手の兄弟姉妹が死ぬのを夢に見るが、この夢は自分の競争相手がいなくなって欲しいという無意識の願望を反映している。子供たちは他の子供の死を願うほど邪悪ではないと反対する者に対して、彼は、子供たちは大人ほど死を概念化したり恐れることはないのだと念を押す。それから彼は、大人が死について恐れると考えているものを列挙する――「死後の腐敗の悲惨や墓の下の世界の冷たさ……永劫の虚無」。さらに、「来世に関わるありとあらゆる神話が証明しているように」[◆18]大人はこうした恐れに耐えられない、と付け加える。彼は、人々が宗教的な世界観を受け入れるのは、死を恐れ、永遠を願うからだと信じていた。だが自分自身は、大方の者よりも「永劫の虚無」に没頭し、不信仰者であり続け、自分の世界観の残酷な現実に甘んじて従った。

ルイスの場合はまるで逆だ。彼は、変化が起こる前の自分の心の状態を、極度に悲観的で、どんな形でも人生が続いて欲しいとは願わなかったと描写している。「わたしは実在するものを無意味で呪わしいと考えた。……わたしは現実から逃避すること以外に何も考えていなかったのかも知れない。……わたしはかえってどんなものでも自分の願望と相容れなければ、それが現実的なものなのだと思ったりした」[◆19]。だが彼は一つ例外があると言う――一つだけ願いがあることを認めていた。

逆説的だが、ルイスはフロイトの理論とは反対に、無神論に惹かれることで「わたしの願望を満足させ」たと主張している。この願望は、人生に干渉するどんな権威からも自由になりたいという強い欲求であるだけでなく、状況が耐え難くなった時の手っ取り早く簡単な解決策でもあった。「唯物論者の世界は……大きな魅力をもっていた。……死がすべてを解決するからだ。万一耐えられないほどの災難に見舞われたとしても、自殺することによって一切が解決する。これに対してキリスト教の恐しいところは、〈出口〉と書かれた扉がないことであった」[*9]。

フロイトが死によって愛する者を失った時、彼はすっかり希望をなくしたと感じた。ジョーンズ宛の手紙にこう書いている――「父を亡くした時、私はあなたとほぼ同い年（四十三）でした。父の死は私の魂を根底から変えました。現代ほど死に満ちた時代を思い出せますか」[*10]。フロイトの『夢解釈』には、父親の死が頻繁に登場する。彼は第二版のまえがきにこう書いている――「この本は、……私にとってのもう一つの主観的意義を有していたということである。こうして私には、この本が私の自己分析の一片であること、父の死という最も意味深い出来事……に対する反応であることが、分かってきた」[*11]。

一八九六年、彼はこの出来事についてフリースに手紙を書いている――「昨日僕たちは、十月二十三日の夜に亡くなった老父を埋葬しました。父は最後まで立派な態度をとり続けました。父はそもそも非凡な人間だったのです。最後には髄膜出血が起こったに違いありません。……それらの発作から父は熱の下がった状態で覚醒していました。最後の発作の後に肺水腫と本当に安らかな死が続きました。……僕は実際またそのために相当に疲れきっています」[◆20]。一週間後、彼は喪に服しつつこう述べる――「老父の死は僕を深く感動させました。僕は父を非常に高く評価し、大変よく理解していました。そして父は、深い知恵と信じられないほど軽率な考えの父特有の混合によって、僕の人生においても大きな役割を果たしていました。父が死ぬずっと以前にもう父の人生は終わっていました。しかし、この死に際して心のなかには恐らく過去のすべてのことが甦ったことでしょう[21]」。

六十四歳の時、フロイトは若くて美しい娘を失う。彼には六人の子供がおり、息子が三人、娘が三人だったが、娘のゾフィーほど愛した者は世界中どこにもいなかった。彼女は一九一二年に結婚した。ゾフィーと夫はハンブルクに住んでいたが、八年目に、彼女は突然急性の感冒で具合が悪くなる。「まだ若い盛りのあのゾフィーが昨日朝……亡くなったのです[22]」一九二〇年一月二十六日、フロイトは母親に宛ててこう書いている。彼の説明では、妻のマルタは気が動転して「旅行はちょっと無理のようです。それにゾフィーの死目にはどっちみちあえるというわけでもないのですから。私たちの子供の中では、私たちよりもこうして早くあの世へ行ってしまった最初の子供ということになります[*12]」。その翌月、スイスの精神科医であるルートヴィヒ・ビンスヴァンガーに宛てた手紙では、自分も妻も「子どもが親より早く死ぬという恐ろしい事実に打ち勝つことができませんでした[23]」と述べている。おそらく彼は、この死別から決して完全には立ち直れなかった。ほぼ十年後、彼はビンスヴァンガー宛の手紙をこう書き始めている――「ちょうど今日、死んだ娘が生きていれば三十六歳になったはずです[24]」。他の手紙でも「私は徹底的に非宗教的ですから、誰を責めることもできませんし、苦情をいうべき対象はどこにもないことも知っています。……きわめて深いところに私はいやされることのない深いナルシシズム的な傷の感情があるのを探ることができます[25]」。

それから三年も経たない内に、フロイトはもう一度、家族との死別に苦しめられる。ゾフィーの息子で、母親が亡くなった時には一歳ほどだった。この子の死はフロイトに、どの死別よりも大きな反応を引き起こす。「私どもはハンブルクからゾフィーの下の男の子、四歳半になるハイネレを連れてきました。……実際この子は魅力的な子供で、私自身もこれまで一人の人間を、おそらく一人の子供も、この子ほどに愛らしく思ったことはありませんでした」——彼は何人かの友人宛てにこう書いている。[*13] 彼はこの子が、ハンブルクでは適切な治療を受けられず、彼と一緒に生活するためにウィーンに来たと述べている——「このハイネレが二週間ほど前にまた病気になりました。熱は三十九度から四十度位あり、頭痛がし、……どうやら粟粒結核で、この子は駄目なのではないかと、しだいに思われてきました。目下、不全麻痺を伴う昏睡状態にあり、……医師たちは、さらに一週間、ひょっとするともっと長くこの状態がつづくだろう、恢復は見込あるまいと言っています」[*14]。それから、悲痛の内にこう叫ぶ——「私は、こんな悲しみを経験したことがないように思います。このショックのために、私自身の病気はおそらく悪くなるでしょう。私はひたすら仕事をしています。なにもかもが私には意義を失ってしまいました[◆26]……人生に歓びも感じません[◆27]」。彼は男の子の父親に宛ててこう書いている——「私はあの子を悲しみつつ、人生でこれ以上ない暗闇の日々を送りました。そしてついに……あの男の子について静かに思い巡らし、涙なしで話すことができます」。彼はもう一度、慰めに頼る手段はないのを認める——「私にとって唯一の慰めは、私の年齢ではあの子にそんなに会えなかっただろうということです」。ジョーンズによれば、「フロイトが涙を流したのが分かっているのは、生涯この時だけである」[*15]。

その七年後、フロイトは家族でもう一度死を体験する。一九三〇年の夏、母親が世を去った。彼女は九十五歳で、彼は七十四歳だった。父親に対して抱いた様々な思いの入り混じった感情と、子供時代の母親との特別な関係（これは彼の自己分析で思い起こされ、エディプスコンプレクス理論に反映される）のために、母親を失ったことは父親の時よりも心をかき乱す状況におちいったと予想するかも知れない。だが実際には、まったく逆だったようだ。ジョーンズ宛の手紙で彼はこう告白している——「たしかに、こういう経験が深い層で何をするのかは見当がつきません。……でも表面的には、感じているのは二つだけです。ひとつは自分が獲得した個人的自由の増大。というのも、自分が母より先に死んだらと思うとぞっとしました。もうひとつは母が天寿を全うし、長い人生からようやく解放されたのだという満足感です」[*16]。彼は苦痛や悲しみを体験しなかったのだろうか。フロイトは、弟は悲しみを体験したが自分にはそういうものは一切なかったと認めている——「苦痛もなく、悲しみもありません。そして、このことは……彼女の大変な高齢と、彼女の絶望的状態において我々の感じていたあわれみの終ったことから、おそらく説明されるものでしょう。それに伴い、自由、解放の感情があり、そのわけは私にはよくわかっているつもりです。彼女が生きているかぎり、私は死ぬことを許されませんでしたが、今は私は死んでもいいのです」。この時もう一つ、唖然とさせる告白がある——「私は葬式には出ませんでした」[◆28]。当時の彼はまだ非常に活動的かつ生産的で、動き回ることも多かった。どんな理由で葬儀への出席を避けたのだろう。あまりに死を恐れて出席をためらったのだろうか。

　父親の死に対するフロイトの烈しい反応は彼の心を深くかき乱したが、母親に対して「苦痛もなく、悲しみもありません」という体験をしたことは、死に際してしばしば観察される奇妙な臨床上の反応の例となっている。亡くなった家族、とりわけ両親のどちらかに対して否定的で未解決の思いがあればあるほど、その人物との死別を解決するのは難しくなる。

❈

フロイトは死を恐れ、自分がいつ世を去るかということに取り憑かれていたが、彼は、自分の時がいつ終わりを告げるのか主治医から教えて欲しかったと断言し、四十二歳の時の手紙にそう書いている——「僕のときには、より一層の敬意をもって僕を扱い、いつ僕が覚悟をするべきか僕に言ってくれる人が誰かいればよいと思います。僕の父はそれをはっきり知っていて、それについて何も言わず、最後まで立派に平静を保っていました」[29]。

彼が深刻な病に陥り、医者たちが癌と診断した時、若き専門医フェリックス・ドイッチュ博士は、外科医と共にこの診断を伝えるのを差し控える。ドイッチュはフロイトから、彼が苦しんで死ぬ運命にあるなら、慎み深さを持って世を去る手助けを求められた、と報告している。ドイッチュが話すのをためらったのは、彼が自殺を企てるだろうという恐れからだった。後になってその経緯を知った時、フロイトは裏切られたと感じる。ドイッチュは彼の担当医として、医者と患者の関係に求められる、彼からの完全な信頼を失ってしまうのを恐れ、診断結果を差し控えたとほのめかす。彼は納得し、二人の職業上の関係は終わりを告げたものの、友情は保たれた（後日、フェリックス・ドイッチュは精神分析医となり、やはり分析医であった妻のヘレーネと共にマサチューセッツ州ケンブリッジに引越す。ドイッチュは、私が精神医学の訓練を受けていた頃の分析医だった）。

フロイトがナチスから逃れるためにロンドンに渡った時、家族全員と家政婦のパウラ・フィヒトル、それに主治医で専門医でもある四十一歳のマックス・シュール博士のビザを何とか手に入れた。シュールは、フロイトの疾病の最終段階の治療を担当している。シュールは、彼の最後の数ヶ月と死の現場に居合わせたことから、彼が自分の死にどう直面し対応したかについて、私はシュールの話に大いに頼ることになる。

フロイトは家族と共に、一九三八年六月六日にロンドンに到着したが、旅行中に彼は、主治医が〈ささやかな心臓の症状〉と呼ぶものを発症させていた。彼は上顎にも新たな病変を幾つか発症させ、主治医は癌だと恐れた。その年の九月に外科医が手術を行ったが、癒えるのに時間がかかり、痛みもひどいものだった。

フロイト一家は一九三八年九月二十七日に、ロンドン北西のハムステッド州にあるマレスフィールド・ガーデンズ二十番地に移った。ちょうど一年後の一九三九年九月二十三日、彼はその家で死を迎える。

残された最後の日々、シュール博士が記しているように、フロイトは「蔵書から慎重に本を選んだ」[*17]。亡くなる数ヶ月前、彼はラヘル・ベルダッハの『皇帝、賢人、死』を読む――「神秘的で美しい貴著は非常に楽しかったので、私は自分の判断に自信がなくなったほどです。……私は、長いあいだこれほど実質的で詩的に完成された作品は読んだことはありません！[◆30]」。彼は著者に宛ててこう書いている――「あなたが死に優先権を認められているところから判断すると、あなたは非常に若いのではないかと結論したくなります。いつか私を訪ねてきてくださらないでしょうか[*18]」。

マックス・シュールは、この本がどれほど彼を深く感動させたか、そしてシュール自身、何度も繰り返しこの本を読んだことを記している。ベルダッハは死の現実とそれが引き起こす恐れに焦点を当て、多くの質問を投げかけている。たとえば、人間だけが人生の途上で死について苦しむのだろうか。信仰者と不信仰者は互いに、自分たちが死をどう理解しているかについて分かち合う。ある司教とアラビア人の医者の間で交わされる論争では、ナザレのイエスによるラザロの奇跡的な復活と、もう一度死と直面しなければならない難しさに焦点を当てている。フロイトの好きな詩の一つは作家のハイネによるもので、『ラザロの歌』という題名だ。[*19] ラザロの物語にフロイトが引き寄せられたことは、彼自身永遠を願っていることを映し出しているのだろうか。ベルダッハの本の主人公は、ある夜目が覚め、異様な静けさの中で死ぬ。町の住民は皆去ってしまい、死の天使によって彼だけが取り残されたのである。彼は、恐慌と絶望と諦めの中で死ぬ。[*20]

一九三九年九月二十二日、安楽死の前日、フロイトは書棚からバルザックの『あら皮』[*21]を選ぶ。彼はあと数時間以内に、担当医に自分の生涯を終わらせるよう依頼するつもりでいた。生涯で読んだ何百冊もの本の中から、なぜ『あら皮』だったのか。物語の筋は簡単ではない。主人公のラファエルは富や名声を切望する「若くて科学的な心の持ち主」であり、自分自身を、大いに才能はあるが正当に認められず、敗北者と見なしていた。彼は自殺を図ろうとする。「ピストルの銃口をみずからにむけて魂の平和を得ようとするのは、そのように強いるこころの嵐がそれだけはげしいからにちがいない」[◆31]——著者は、自殺する者についての幾つかの注釈の中で、こう表現している。

ラファエルは悪魔に会い、悪魔は、若者の富と名声への切望をすべて実現すると約束する。「立憲君主よりも豊かで、権力があって、尊敬される人間にしてやろう」[*22]——悪魔はそう約束する。だがこの協定の一部として、ラファエルは〈野生のロバの皮〉を身に付けなければならない。主人公が願いを叶えられる度に皮は少し縮まり、彼の寿命は短くなる。悪魔はラファエルに警告する——「人生のおおきな秘密を、あんたに手短に教えてあげよう。人間というのは、生の源を涸らす本能的なふたつの行為によって衰えていくものじゃ。そのふたつの死因はさまざまなかたちをとるが、それは結局『欲する』と『できる』というふたつの動詞で表される。……『欲する』ことはわれわれを焼き尽くし、『できる』ことはわれわれを滅ぼす」[*23]。

　主人公が裕福になり、その願いがさらに叶えられるにつれて、彼には他の者が自分に対して腹を立てているのが分かる。主人公が彼自身について語るに従って、読者は、フロイトが主人公と自分をどれほど同一視していたかも知れないかを理解することができる。「思考はあらゆる宝の鍵で……私は世界をかけまわったが、私の楽しみはいつでも知的なものじゃった」[*24]——主人公は物思いにふける。「哲学に対する好奇心、度を越すほどの勉学、読書熱といった、七歳のときから世の中に出るまで絶えずぼくの生活を占めてきたものが、容易に発揮できる力をぼくにあたえ、……その力のおかげでぼくは自分の考えを表現でき、人間の知識という広大の領域のなかで前進できるのではないだろうか？……自分には定められた運命があるという崇高な信念、……おそらく天与の才に変わるあの信念が、ぼくを救ってくれたのだ」[*25]。

　ラファエルによると、彼が他の者の「凡庸」さに気付かせると「妬まれ、憎まれ」、「ラファエルに自分たちの力の大きさを思い知らせ、彼を村八分にし」[*26]た。フロイトは間違いなく、この思いを自分と同一視することができた――とりわけ、科学と医学の世界で体験した追放と拒絶について。

この小説には、イエス・キリストの有名な絵画についての記述だけでなく、神の存在と性質に関わる議論も含まれている。そこでラファエルは「神が善良な人間を苦しめて喜ぶとは思えない[*27]」と口にする。

ラファエルの願いはさらに叶えられる。皮は縮み続け、主人公は自分の生涯が終わりに近づいていることを知る。皮を伸ばす方法を見つけようとするが上手くいかない。彼は叫ぶ――「ぼくは破滅だ！　この皮には神が宿っているんだ。ぼくは死ぬしかない[*28]」。この小説は、主人公が絶望で気も狂わんばかりに死んでいく情景で閉じられる。彼は美しいポーリーヌと恋に落ちる。だが、彼女を求める度に皮は縮み、残る人生は短くなる。そこで、彼は彼女のもとから去る。彼女に見つけられると、彼は彼女を求める気持ちを抑えられなくなり、皮がおしまいにもう一度縮んで彼を殺すのを恐れる。主人公は恋人に向かって叫ぶ――「出て行ってくれ、ぼくをほっといてくれ……帰ってくれ。君がそこにいたら、ぼくは死んでしまうんだ。ぼくが死ぬのを見たいのか？[*29]」。そう言って彼女に皮を見せる。彼女への思いがふくらむと皮は縮み出す。その瞬間、彼女は何が起こっているかを悟り、別の部屋に閉じこもって、ラファエルを救うために自殺を図る。彼は自分が死の間際にあるのに気付き、彼女に向かって叫ぶ――「君のそばで死にたいのだ！[*30]」。彼は扉をたたき壊し、部屋の中に駆け込んで彼女をかき抱いた。自らの願い、あるいは死への恐れを抑えられないまま、彼は恐慌状態の中で息絶える。

文芸批評家の多くは、ラファエルをもう一人のファウストだと言う。私たちはゲーテの『ファウスト』こそ、フロイトが他の何よりも頻繁に引用した作品だということを思い出さざるを得ない。バルザックによるこの作品が、世を去る前に読む最後の本としてフロイトを引き寄せたのは何だったのか。彼は両親の世界観に背を向けた時、彼自身悪魔と協定を結んだと感じていたのだろうか――この小説の主人公のように、名声と富を得るために科学的な世界観を抱いた時に。彼は心の研究を、自分の恋人だと口にしていた。彼は、ベルダッハやバルザックの主人公らのように、恐れと恐慌状態で気も狂わんばかりに死ぬのを恐れていたのだろうか。担当医は、彼が何年も前、父親の死を描写するのに〈縮む〉という言葉を使っていたと述べている――「彼が彼自身の物語に『終わり』と記すまえにこの本を選んで読んだということは、なんと不気味なことであろう！」[◆32]。

『あら皮』を読み終えたその日、フロイトはシュールの手を取り、この主治医が初めて彼の治療を始めた時に交わした約束について念を押した――「そのときあなたは、事ここに至るまでわたしを見捨てないと約束してくれました。あとになってそれは苦しみでしかないし、もう何の意味もありません」。医者は約束を思い起こす。彼は感謝し、「このことをアンナに言ってください」とつけ加えた[*31]。

アンナに伝えた後、シュール博士は、彼に二センチグラムのモルヒネを投与する。これは大変な量であり、投与は十二時間にわたって続いた。一九三九年九月二十三日の午前三時、フロイトは息を引き取った。一九三九年九月二十六日の朝、ロンドン北西の小さな村ゴルダーズ・グリーンで、彼は埋葬される。

C・S・ルイスも、私たちが死ぬべき運命にあることについて、広範に書いている。彼は『痛みの問題』の中で、自分が無神論者として、人の抱える苦悩の問題、特に「人間は永生を強く願いながら、自分自身の死を予見する」[*32]能力の問題が、創造主への信仰をいかに難しくしているかについて述べている。回心する前には、死とは、希望がなく悲観的な存在へと向かう、避けることのできない最期であった。死は消滅に等しく、畏怖の念を与え怖がらせるものではあっても、解決を与えてくれた。十七歳の時、彼は友人のグリーヴズに宛ててこう書いている――「家に帰ると父親がとてもみすぼらしく思えて、僕の風邪をうるさいほど心配する。だから何もかもが不愉快で、再び決心したんだ。言うまでもなく、また自殺しようとね[◆33]」。多くの事実が滑稽に語られている。彼の自伝からは、自殺を人生が耐えられなくなった時の逃避策と考えていたことが分かる。

回心した後のルイスは、人が死ぬ時を定める唯一の存在は、その人物に生命を与えた位格であると信じるようになる。『悪魔の手紙』の中で、彼の悪魔は、殺人と自殺をけしかける。悪魔は、地上で自分の代役を務める者に向かって「彼が情緒的でだまされやすい人なら、旧派の二流詩人や、五流小説家で彼を養い、しまいには、『愛』は抗し難くあり、またともかく本質的に価値のあるものだと信じさせなさい」と助言する。「この信念は、なるほど、行きずりの不貞をさせるにはあまり役に立たないが、長期にわたる、『気高い』、ロマン的、悲劇的な姦淫で、もしすべてがうまくゆけば殺人や自殺に終わるもののためには類のない秘法である[◆34]」。

世界観が変わってから、ルイスは、死は神の律法に対する違反の結果であり、神の本来の計画の一部ではないと理解する。死は、堕落した世界の結果であり、また堕落に打ち克つための唯一つの希望でもある。[*33]「死に対して人間精神が自然にとる態度が、二つある」――『奇跡論　一つの予備的研究』と呼ばれる古典で、彼はこう説明する。「一つは、ストア派のうちで最大強度に達したもので、死は〈問題にならない〉……無関心に眺めるべきだという高潔な見方である。もう一つは、死についてのほとんどすべての私的会話や人類の存続に関する現代思想の多くのうちに黙認されている〈自然な〉考え方、すなわち、死はあらゆる悪のうち最大のものだという見方である」[*34]。

しかし死に関するこの二つの見方のいずれも、新約聖書の見方を反映していない。これは相当に理解が難しいとルイスは言う――「一方において、死はサタンの勝利であり、堕罪への刑罰であり、また最後の敵である」。だが彼は、死はどの人間をも打ち負かす敵というだけでなく、神が私たちを贖うために用いる手段でもあると説明する――「だが他方、……キリストの死が堕罪に対する救済手段なのである。死は事実、現代のある人たちが〈アムビヴァレント〉（反対感情の両立）と呼んでいるものである。それはサタンの強力な武器であると同時に、神の強力な武器なのだ。死は……私たちの最大の恥辱にして唯一の希望、キリストによる征服の対象にして、同時にまたその手段なのである」[*35]。そして読者に念を押す――「キリストはラザロの墓で涙を流し、ゲッセマネで血の汗をしたたらせた」。そして「私たち以上にこの醜悪な刑罰を憎んだのだ[◆35]」。

ルイスは、新約聖書の物語の中心となる概念は死に焦点を合わせている、と主張する。ナザレのイエスの死は、「どういうわけか、われわれを神との正しい関係に置き、またわれわれを新しい出発点に立たせてくれた[*36]」。この特別な死は、「歴史におけるまさにあの一点、すなわち、人間の力では絶対に想像しえぬ何物かが、外《そと》からわれわれの住むこの世界へと突入してきたあの一点、である[*37]」。彼は、この概念は人の心には理解が難しいものの、理解するよう期待されている、と諭す。「もしキリストの死という真実をわれわれが完全に理解しえたとするなら、その事実は真実ではなかったということがそれによって証明されたことになるだろう。なぜなら、その真実はこう自己主張しているからである――絶対に考えられぬもの、神の創造によらぬもの、自然の彼方からきたもの、それが電光のように自然の中に突入してきた、それがこのわたしである、と[36]」。

年を取ることを嫌い、老化の過程を絶えず否定的、悲観的な言葉で表現していたフロイトとは違い、ルイスはこの過程を楽しんでいたように見える。世を去る一ヶ月前、友人宛てに書いた手紙で、彼は力を込めてこう語っている――「秋は四季のうちでもっともすばらしい季節でしょう。私は、老齢が人生最良の時期ではないなどとは思いません[37]」。

彼は、回心する前に読んだ異教徒の神話に、これと共通する主題が含まれていることに気付いた。友人に宛ててこう書いている――「血と死、そして復活というあの永続的な主題の中には何もないなどと、誰が信じられようか。この主題は、あらゆる偉大な神話を黒と緋色の紐のように貫いている。……ボールダーやディオニソス、アドニスを通して。……君がこのすべては何かの現実がキリストと共に到来した、その何かの最初の影のような接近だったのだと推測するなら、人間の精神史は、確かによりつじつまが合う。たとえ今は、その何かが十分に理解できないとしても[38]」。学生の頃、死に行く神について書かれた異教徒の大いなる神話の数々に彼は大いに感動したものだが、今はそれを道標と見ていた――すべての神話は、人類史の中のあの決定的な瞬間、彼が大いなる奇跡と呼ぶ、あの復活を指している。

ルイスは第一次世界大戦で戦闘に加わった時、負傷して死ぬだろうと思った。彼は、その時のことを後日思い起こす――「はっきり覚えていることが二つある。……一つは弾丸に撃たれた直後、自分の息が止まろうとしていると考え（そう考えただけなのかも知れない）、これが死なのだと観念した瞬間のことである。不思議なことに、恐れや他のどんな感覚からも自由になっているのが彼自身分かった。『ここに瀕死の重傷を負える男あり』という命題が、無味乾燥で情緒のない、事実を告げるだけの教科書風な記述として頭に浮んだ。死ぬかも知れない自分に何の興味も覚えなかったのだ[39]」。

しかしこの瞬間を除くと、彼はどの戦争にもつきものの、あらゆる恐怖を経験した。欧州で第二次世界大戦が始まった時にはこう書いている――「先の大戦の記憶が、何年にもわたって夢の中に出没した。野戦勤務には……つかの間のいかなる悪しき脅威もある――痛みと死は病での恐れ、愛する者との別離は異境生活での恐れ、独断的な司令官や不公平、屈辱の下に負わされる労役は隷属状態ゆえの恐れ、飢えや渇き、寒さ、野ざらしは貧困ゆえの恐れ」。彼は「もう一度戦争の只中で生活するくらいなら、死んだ方が遙かにましだ[40]」と結論付ける。

同じ年にオクスフォードで行われた《戦時の学問》と題した講演で、ルイスは、戦争で「死亡の頻度が増すわけでない」と強調している。「わたしたちの一〇〇パーセントが死ぬのですから、死亡率そのものは高まりようがありません」、戦争はただ「幾多の死が早められはします」と述べ、戦争の積極的な面は少ないが、その一つはわたしたちに、「己が死すべきさだめを常に……自覚」させてくれることだと言う。「野戦勤務によって人が死への心づもりをする気にならぬとしたら、いったいほかにどんな状況の連鎖によって人はその気になるものでしょうか[41]」。彼は、人はいずれ死ぬことに気付けば知恵を得る、という詩編の作者に同意する――「残りの日々を数えるすべを教え、知恵ある心を私たちに与えてください」〔〈詩編〉90篇12節〕、と。

彼は『悪魔の手紙』の中で、戦争が人々に死を考えさせ、その備えをさせることに悪魔が不平を述べる箇所で、こう強調する――「そして、死の思いが戦争によって絶えず強いられるということは、われわれにとってどんなに災難なことであろうか。われわれの最善の武器である満ち足りた世俗根性は役に立たなくなる。戦時には、いくら人間でも、自分は永遠に生きるのだと信じることは不可能になる」。悪魔はこれを不運と考える――「〈すべて〉の人間が贅沢な療養院で、うそをつく医者、うそをつく看護婦、うそをつく友人たちに囲まれ、われわれが教えたとおりの彼らのうそによって、死にかかっている者に生命を約束し、病気だからどんな気ままでも許してもらえると思う気持をたきつけ、もしわれわれの方でいらぬ手出しをしなければ、病人に本当の容態を知られないですむように坊主のことは誰もおくびに出さずに死なせてくれたら、その方がどれだけありがたいか分からない」[42]。

二十三歳の時、ルイスは父親宛に手紙を書き、二人ともよく知っている老教師の死について意見を述べる――「僕はかなり頻繁に死に出会ってきたので、死は決して驚くべきこと、むしろ信じ難いことだという見方はできません。実際の人間はまさに存在そのもので、明らかに生き生きとしており、置き去りにされる身体とは違います。何かが何もないものに変わってしまったとは、誰も信じられないのです」[43]。この言葉は、私が担当している医学生数名の意見を反映している。自分たちの知っていた患者の死体を初めて眺め、その人物が一つの肉体を遙かに超える存在だったのに気付いてから発せられた意見である。

一九二九年、ルイスが三十歳でまだ無神論者だった時、父親が亡くなる。彼の反応は、父親に感じていた相反する強烈な感情を反映していた。友人宛の手紙に、その気持ちが描かれている――「ぼくは、ほとんど痛みのない者の病床の傍らを訪れている。その人物にはほとんど愛情を感じたことがなく、その者との長年にわたる関わりでは不快なことだらけで、楽しいことなどなかった……それにもかかわらず、ぼくにはこの状況がほとんど耐えられず……精神的な共感はないものの、深くて猛烈な生理的共感が……ある。父とぼくは、肉体では生き写しだ。しかもここ数日は以前にも増して、父がぼくに似ていることに気付いている[44]」。彼は自伝の中で、父親の死についてはほとんど何も触れていない。「……多くの細かい事実を省くことにしたい。この物語では父の死には、最後の病床で示した（おどけたような）毅然たる態度とともに触れないでおく[45]」。この記述は、彼自身の自己洞察をほとんど示さないこの自伝にあって、わずかしか登場しない表現の一つだ。

一九六〇年、長患いの末にジョイ・デイヴィッドマンが亡くなった時、彼は友人に宛ててこう書いている――「愛するジョイが亡くなった。……最後の十日間まで彼女も希望を抱いているだろうと願っていたが、そうはならなかった。……午後一時半、救急車でジョイを病院に連れて行った。彼女は人生が残り少ないと気付いていて、薬のおかげで痛みはほとんどなく、その日の夜十時十五分頃、親しい者の見守る中、安らかに息を引き取った。……これ以上書く元気がないのは分かってくれるだろう[46]」。

彼は、この出来事への応答として『悲しみをみつめて』を出版し、読者はそこに、怒りや憤り、孤独、恐れ、そして悲嘆に暮れる過程が絶え間なく続く様を感じ取る。自身の状態を分析する最期で、神が「宇宙を蔽《おお》う嗜虐狂《サディスト》、劣悪愚昧の徒」[*38]ではないかと疑う時、彼の怒りは明白になる。そしてこう不平を述べる――「『死は存在しない』とか、『死はたいしたことではない』という人々には我慢がならない。死はあるのだ。そしてあるものはすべて重大なのだ。……生まれることとなんてたいしたことではない、と言うほうがまだしもだろう」[*39]。彼は自分の心に、この離別を受け入れようとする。「わたしは夜空を見上げる。そうしたすべての広大な時間と空間の中で、もしわたしがそれらを探ることをゆるされたとしても、どこにも彼女の顔、彼女の声、彼女の感触を見出すことはないのだ、ということほど確実なことがあろうか。彼女は死んだ。彼女は死んでいる。この言葉がそんなに解しがたいのか」[◆47]。読者は次の記述で、彼の痛みを感じ取る――「癌、そして癌、また癌、わたしの母、わたしの父、わたしの妻。つぎにつづくのはだれであろうか」[◆48]。

ジョイ・デイヴィッドマンは、ルイスが子供時代に被った恐ろしい死別を再体験する危険を避けようと、彼の周囲に張りめぐらしていた殻を打ち破った。自らにとって最大の恐れが生じ、彼は叫ぶ――「ああ、神よ、なぜこの生き物が今、のろのろとあとずさりして殻へと吸い込まれる運命にあるのなら、そいつを殻から出してこんな目に遭わせるのですか」。だが彼は、悲しみを徐々に乗り越えるにつれて、こう理解するようになる――「離別は愛の体験のすべてに欠くことのできぬ一部なのだ。求愛の後には結婚が、夏の後には秋があるように、結婚の後にはそれがあるのだ」[◆49]。

自分が死ぬかも知れないと知った時のルイスの考えや気持ちを理解するには、彼の手紙を読み、その頃彼が読んだ本を考察する必要がある。彼はユーモアのセンスを決して失わなかった。彼の病状が重いと知ってどれほど驚いたかを書き送ってきた婦人に対して、返信にこう書いている――「一体全体、私が死ぬという噂が流れているのが、どうして問題なのでしょう。死ぬのに恥ずべきことなど一つもありません――最も尊敬すべき人々も亡くなることを、私は存じております！[50]」。

二年後の別の手紙ではこう書いている――「誰かが〈病的だ〉と思われるのを恐れることなく『神から呼ばれるのは幸せです』と言えないとしたら、私たちは何という状態に陥っていることでしょう。詰まるところ、聖パウロはちょうど同じことを言っています。……どうして私たちは、死が目前に迫ってくるのを楽しみに待つべきではないのでしょうか……」。彼は、人は死に対しては三つのことしかできないと結論付ける――「死を望むこと、死を恐れること、あるいは死を無視すること。三番目の選択肢は現代の世の中で〈健全〉と呼ばれているものですが、これは間違いなく三つの中で最も容易ではなく、また危ういものなのです[51]」。

数年後、ルイスはこの同じ文通相手が、彼女自身重い病に罹っていると明らかに告げられたことを知った後で、こう元気づけようとする――「あなたと私はこの世を去る以外何をすることがありましょう。数ヶ月前、私が危ないと言われた時、私は心配した覚えがないのです。もちろん私がお話しているのは死ぬことについてであって、殺されることについてではありません。砲弾がこの家に落下し始めたのであれば、私はまったく違った風に感じるでしょう。外部からの、目に見え（さらに悪いことには）耳に聞こえる脅威が自己保存の本能をすみやかに呼び覚まし、荒々しい振る舞いをさせるのです。自然死には、同じような恐怖があるとは思いません[52]」。

数ヶ月後に書かれた別の手紙では、こう書いている――「あなたは死を、友人や解放者と見ることはできないでしょうか。死は、あなたをひどく苦しめているあの身体を脱ぐということなのです。まるで硬い毛織りのシャツを脱いだり、地下牢から抜け出すように。恐れているのはどんなことですか。……この世があなたにとても親切にしてくれるので、残念な気持ちでそこを去ることになるということでしょうか」。それから彼は、自分が死ぬことをどう考え、どう感じるかを表現する言葉で彼女を慰めようとする――「あとに残していくどんなものよりも、前途には好ましいものがあるのです。……私たちの主から『平安あれ、子よ、平安あれ。リラックスして、さあ参りましょう。あなたの下には永遠に続く腕があるのです。……それほど私を信頼しないのですか』と言われるなどとは考えないで下さい。もちろん、これは終わりではないかも知れません。ですから、良き予行演習を致しましょう」。手紙はこう結ばれている――「敬具（旅の終わりが近付いて、疲れた旅人のあなたのようなジャック[53]より」。

一九六一年六月、前立腺肥大に苦しんだルイスの症状は、泌尿器障害と腎臓への感染、そしてついに心臓の症状を伴う毒素血症へと進む。その後数ヶ月の間は改善を示し、教師と著述の仕事を続け、友人たちとあちこちを訪れる。一九六三年七月十五日、彼は心臓の発作を起こし、昏睡状態に陥る。再び回復するものの長くは続かず、それから数ヶ月は静かに、幸福に過ごした。最後の日々の記録は、快活さや落ち着き、内的な平安、さらに期待とも言える証言となっている。この時期、彼は友人のアーサー・グリーヴズに手紙を書く――「僕は決して不幸とはいえないけれど、七月に回復したのはむしろ惜しかったと感じざるを得ない。つまり、あの門の手前までは次第にあれほどまでに痛みが失せていたので、面前で門を閉じてもらったり、この一連の過程がいつの日かまた消えてしまうに違いないと知るのは難しく思えるのだ……哀れなラザロ！」。

彼は晩年を通してユーモアのセンスを保ち続けたが、それにもかかわらず、死がもたらす、愛する者たちとの別離は痛切に感じていた。この同じ手紙で彼は、「快適で快活」だったものの「……唯一つ本当に心に引っ掛かるのは、君と僕がこの人生でまた会うことが決してなさそうに思えることなのだ。このことで、僕はとても悲しんでいる」[◆54]と記している。

別の友人にはこう書いている――「思いがけず僕は長い昏睡状態から回復したが、これはたぶん、友人たちのほぼ絶え間ない祈りのなせる業《わざ》だ――ところがこの昏睡状態は贅沢なほどくつろいだ旅だったので、面前で扉を閉めてもらうのをほとんど残念に思ったものだ。……君が亡くなったら、僕を訪ねて欲しい。……それはむしろまったき楽しみ――心からの楽しみ――じゃなかろうか」[◆55]。

ルイスの伝記作家の一人である親友は、彼が最後の日々を次のような愛読書を再読して過ごしたことを記している――「ギリシャ語で『オデュッセイア』『イリアス』それにプラトンを少々、ラテン語で『アエネイス』、それにダンテの『神曲』、ワーズワスの『序曲』、さらにジョージ・ハーバートやパトモア、スコット、オースティン、フィールディング、ディケンズ、トロロープの著作」[◆56／*40]。

一九六二年一月にはこう書いている――「僕が危険なことは分かっているが、気落ちしてはいない。どの本もかなりじっくりと読んだ」[◆57]。亡くなる三週間ほど前、彼は友人に、生涯を通じて楽しんできた習慣、素晴らしい古典文学の読書のために自由な時間があって幸せだ、と書いている。「僕が幸せじゃないなどと思わないでくれたまえ。……『イリアス』を再読しているけれど、これまでで一番楽しんでいる」[◆58]。

亡くなる二週間前、ルイスは教授陣の同僚の一人、リチャード・W・ラッドバラと昼食をとる。これはルイスの招待によるもので、彼が読んだばかりの本について意見交換するためだった。誰かが彼に、ピエール・ショデルロ・ド・ラクロの『危険な関係』[*41]を一冊貸してくれたのである。「何という本だ！」[◆59]――彼は叫び、「モーツァルトの台本を本気で読んでいるみたいで、血も凍るような体験」だと語る。私たちは彼が、人生の初期に大きな楽しみをもたらした古典文学を読んだことは理解できる。だが、一七八二年に初版の出たこのフランスの小説の、どこが彼を惹き付けたのだろう。

この小説はフランスの貴族階級に属する人物の間で交わされる往復書簡の形式で展開され、当時貴族社会に蔓延していた策略や情欲、腐敗を暴いている。男の主人公であるヴァルモン子爵と女主人公であるメルトイユ公爵夫人は、二人とも野心と権力と自尊心で動いている。目的を達成するためには策略と誘惑を用い、社会的な特権を弱者を食い物にするために用いる。批評家はこの小説を、〈極悪非道〉であり「特権者の腐敗と男性が支配する社会での女性の運命の告発」としている。ある批評家は、主な登場人物を「神を超えたつもりでいる連中」として描き、「自分たちが与える価値以外には価値はない世界に存在している」[◆60]と評している。

ルイスはなぜこの本を読む気になったのか。まず、ある同僚が彼にこの本を貸して、偉大な小説だと推薦したのかも知れない。この小説は一九四〇年代から一九五〇年代にかけて徐々に注目を集め、ついに批評家たちは「十八世紀で最も偉大なフランス文学」と見なすに至った。その名声の故にこの本の著者は、アレクサンドル・デュマやヴィクトル・ユーゴと並び称される。そのためルイスは、重要な文学作品とみなしたのかも知れない。しかし私は、答は別のところにあると思う。詰まるところ、彼は『悪魔の手紙』はもちろん、他にも悪魔に関する著述を残している。彼は自尊心や野心の持つ危険性、さらにあらゆる人間には贖いが必要だということについて、頻繁に書いている。『危険な関係』では、陰謀を巡らす者は自分たちを取り囲むすべてを破壊する。たぶん彼は、この本の〈邪悪な〉側面と人間の性質の暗い面に引き寄せられるものを感じ、人気を誇る『悪魔の手紙』であれほど魅力たっぷりに描写した自らの観察とその暗い面が一致しているのを見出したのだ。

昼食をとりながらこの小説について語り合う間、ラッドバラはルイスが「いつもの幸福そうでユーモアを湛えた一面」を見せていたと記している。だが彼は、ルイスが自分の終わりが近いと気付いているのを感じた。「どういうわけか私は、それが私たちの会う最後の機会だと感じ、いつもの礼儀正しさで私を扉まで連れて行く間、今度はルイスがそう感じていると思った。これほど良く備えができている者はまずいない[61]」。

ルイスにしろ他の誰にしろ、この「罰の忌まわしさ」を前に、快活さや落ち着き、内なる平安だけでなく、実際に期待を抱いて死への「備えができている」にはどうすれば良いのだろう。ルイスは彼の世界観によって、その手段が与えられていたのだろうか。たぶん私たちは、彼自身の言葉の中に再びその回答を見つけるだろう――「私たちが、自分が信じていると口にすることを本当に信じているなら――家はどこか別の場所にあって、この人生は『家を見つけるための放浪』だと本気で思っているなら、なぜ私たちは死の到来を楽しみに待たないのでしょうか[62]」。

一九六三年十一月二十二日、兄のウォーレンは午後四時のお茶をルイスに運んできた。彼は、ルイスがうとうとしてはいるが、静かで快活そうだったと記している。ルイスが亡くなって二週間経った頃の手紙の中で、ウォーレンはこう書いている――「夏以来ずっと、弟は確実に坂を降っていくようだった。私たちは皆その事実に目をふさごうとしていたが、弟はそうではなかった」。ウォーレンは、ルイスには自分が死のうとしていることが分かっていて、それを自覚した上で、静かで平安だったと書き残している。「死の一週間ほど前、彼は私に向かって『僕はこの世で為すようにと送り出されたことをすべてやり終えた。逝く準備はできている』と言った。私はこれほど平穏な表情を示す死に出会ったことがない……」。

ウォーレンは、弟の人生の最後の瞬間をこんな風に記している――「先月二十二日の四時、私は彼の寝床にお茶を持って行き、若干の仕事のため書斎に戻った。五時半、弟の部屋ですさまじい音が聞こえたので駆け込むと、床に仰向けに倒れていて意識はなかった。その後五分ほど息をしていたが、意識は戻らなかった。臨終《おわり》が来た時、同じように逝きたいと誰もが望まないだろうか」[63]。

エピローグ

フロイトとルイスは一度でも出会っていたのだろうか。この可能性には期待を感じずにはいられない。フロイトは英国に移住した後、ロンドンの北西部、オクスフォードからも遠くないハムステッドに住む。この期間に、オクスフォード大学の若い教授がフロイトを訪問しているが、それが誰かは確認されていない。ルイスだったのかどうか。

　これについては、まず分からないだろう。だが両家庭の不思議な結びつきはよく知られている。第二次世界大戦中、ロンドンの空爆を避けるためジル・フルーエットという若い女性が、ロンドンの自宅から郊外に移り、ルイスとムーア夫人と一緒に住む。ルイスに出会う前、フルーエットは作家としての彼に心酔していた。ルイスと知り合うようになると、彼女はこの若い教授に夢中になる。ルイスは彼女に優しく相対し、彼女がルイスの家を去ってからも、何年にもわたって連絡を取り続けた。ジルはついに結婚し、生涯の伴侶はジグムント・フロイトの孫、国会議員のクレメント・フロイド[*1]となる。ある日、ジル・フロイドは、彼女の家族が夕食をともにする約束を取り付けようとルイスの家に電話をする。ところが彼女は、ルイスがその日の午後に亡くなったと知らされる。

仮にフロイトとルイスが出会っていれば、ルイスがオクスフォードのあの若い教授で、ハムステッドのフロイト宅を訪れていたのなら、その期間はフロイトが英国に居住し、亡くなるまでの十五ヶ月間、一九三八年六月から一九三九年九月までとなる。当時フロイトは八十代で、ルイスはその半分にも満たない年齢だった。

二人は互いに、何か重要なことを口にしただろうか。確かなのは、アルバート・アインシュタインが何年も前にフロイトを訪問した時、二人には共通の関心事がほとんどなく、言葉を交わすのはほんのわずかだったという。友人に宛てた手紙の中で、フロイトはアインシュタインの訪問についてこう書いている——「彼の心理学についての理解は私の物理学についての理解と同じ程度であったため、我々は大変愉快に話しあいました[◆1／*2]」。

これとは対照的に、ルイスとフロイトは話題の対象に事欠かなかったろう。二人は精神分析と同様に、文学についても関心を分かち合ったはずだ。文芸批評の新たな父として知られていたフロイトは、ルイスのような批評家たちに人間の行動を解釈するための新たな手段を提供していた。

たぶん二人は、自分たちが読書を楽しんだ大作家について議論したことだろう。フロイトは、ミルトンの『失楽園』を二冊の〈愛読書〉の一冊に挙げている（奇妙なことに、二番目の愛読書はユダヤ人の大作家ハインリヒ・ハイネの『ラザロの歌』[*3]なのだが、ハイネはルイスの世界観を受け入れ、この作品は聖書の中の物語を題材に取り上げている）。当時ルイスはすでにミルトンの権威であり、ただ、有名な『〈失楽園〉序説』を出版したのはおよそ三年後のことだ。

フロイトは致命的な病の苦しみの渦中にいたので、二人は苦しみの問題について議論したかも知れない。二人とも、懸命に理解に努めた問題である。フロイトは十年前に、愛する者の病や死別に直面して感じた悲観的な思いや絶望的な気持ちを友人と分かち合っており、それをルイスと共有したかも知れない。その友人にはこう語っている――「信者でない者には……無情な必然に沈黙の服従あるのみです」[◆2]。

ルイスは年配のフロイトに敬意を表し、『痛みの問題』の中で書いたような多くの議論を展開するのはおそらく避けただろう。彼はただ、自分がどのようにして個人的な信仰を持つに至ったかということ、またその信仰が、この上なく苦しかった幾つかの体験を通して自分を助けてくれたということを、フロイトと分かち合ったかも知れない。フロイトは聖パウロを称え頻繁に引用していたので、ルイスは、自分の変化がパウロほど劇的ではなくはるかに穏やかだったものの、決して劇的な要素に乏しく状況を一変させるようなものでなかった訳ではないことを告白したかも知れない[*4]。

二人の議論は広範な分野をさまよい、性や愛、死、幸福、そして当然ながら最も重要な話題、神についての問いにまで及んだかも知れない。何を議論していたにせよ、二人の会話を立ち聞きしたなら、それは胸躍る体験となったことだろう。願わくは、私は読者にそれに次ぐものを提供したと考えている。二人の書簡や豊富な出版物の中から、こうした問題について述べられた二人の考え方を考察してみたのだから。

❉

C・S・ルイスとジークムント・フロイトの著作が、二人の死後半世紀を経てもなお、私たちの文化に深い影響を与え続けているのはなぜだろう。二人が影響を与えている理由の一つは、私たちが気付いているかどうかはさておき、フロイトが主張した唯物論的な世界観か、ルイスが主張した霊的な世界観のいずれかの型を、私たちが受け入れているためかも知れない。しかし、もっと表に出にくい理由があるかも知れない。たぶんフロイトとルイスは、私たち自身の矛盾する部分を体現しているのだ。一方は権威を物ともせずに声をあげ、フロイトと一緒にこう叫ぶ——「私は降参しない」。もう一方はルイスのように、自分自身の中に創造主との関係を求める根強い憧れがあるのを認める。

フロイトもルイスも、最も重要な問いが神の存在に関わるものだということには同意している。宇宙を超える知性は存在するのだろうか？　二人とも、人生の相当な部分を割いてこの問いに取り組み、私たちの出自や目的、宿命[*5]を理解するための深遠で密接な関係を感じ取っている。

しかしフロイトと、変化が起こる前のルイスは、その証拠となるものに面と向き合うことを避けた。誰もが、避けるのは簡単なことだと分かる。気を逸らしておく自分を正当化する。そんな重量級の（しかも不安を呼び覚ます）主題について考えるのはもっと年を取ってからにしようと自分に言い聞かせ、その問いを求める年代になる頃には、以前ほど大きな問題ではなくなっているという訳だ。その頃には、もっと差し迫った問題を抱えている。変化が起こる前のルイスがそうだったように、誰も本当は知りたくないのだ。私たちは〈意図的な盲目〉や〈権威に対する根深い嫌悪感〉を育くみ、〈超越的な干渉者〉という概念に嫌悪感を覚える。フロイトとルイスがそうだったように、自分の人生に対してこう感じる——「これは私が携わっていることなのだ、私だけが」。

だがルイスとフロイトは、絶え間なく脳裏に浮かぶ根強い憧れをも体験した。二人はこの気持ちを、ドイツ語の言葉*Sehnsucht*《ゼーンズーフト》〈憧れ〉で表現する。六十六歳の時、フロイトは「全く別な種類の生活を求める不思議な秘密の憧れが……私の中におこっています」[6]と口にしている。ルイスはこの憧れの体験を、彼の「人生の中心をなす物語」[7]と表現する。彼は変化が起こった後、この体験は「別なる世界の消息を告げるものとして」、すなわち創造主を指し示す〈道標〉[8]として価値があることを悟る。おそらく私たちは、誰もがこうした憧れを体験し、フロイトのようにそれに途惑い続けるか、ルイスのようにそれを道標と認めるのだ。

　フロイトとルイスの著作は、私たちがこの道標を見据える時に抱きがちな難しさ——すなわち、神のイメージを歪めようとする傾向——を理解する助けとなる。臨床上有益だと証明済みのフロイトの理論の一つに、無意識の内に起こる転移の過程と関わりを持つものがある。これは子供の頃の権威者から現在の権威者へと自分の気持ちを移し換える傾向であり、現在の権威者を歪め、その人物と衝突する原因になる。私たちが親の権威、とりわけ父親から現在の権威者へと気持ちを移し換える、あるいは転移させる傾向が強いとしたら、私たちの感覚では経験できない究極の権威という概念は、さらにどこまで歪めてしまうことか。この理解が正しいなら、注意すべきなのは、私たちの抱く神の概念が、不信仰者として神を拒絶しようが、信仰者として礼拝しようが、神経症的に歪められたものではなく、歴史上に現れた創造主に堅く基づいているかどうか、という点なのである。

　私たちはまた、神を概念化したり、誤りを犯しがちな被造物の罪深い行為によって判断しないよう注意しなければならない。それが、聖書に登場するその類の人物だろうと、刑務所送りになるテレヴァンジェリスト[9]や、子供たちにみだらなことをしでかす司祭であろうと。このいずれもが期待を裏切っている。ナザレのイエスは、井戸端で許しを求めた女には優しく寛容さを示したが[*10]、自らの語る通りに生きていない宗教指導者には厳しかった。

私たちには、神を歪め、自分自身の神を造ろうとする傾向がある。それは、時には愛の神ではなく憎悪の神であり、この傾向は、人々が何世紀にもわたって神の名の下に（テロも含めて）罪深い行為を重ねてきて、今も重ね続けている理由を説き明かしてくれるかも知れない。自分自身の神を造ろうとするこの傾向は、十戒の最初の戒めがなぜ「汝我面《なんじわがかほ》の前《まへ》に我《われ》の外何物《ほかなにもの》をも神《かみ》とすべからず」[*11]なのか、そのための識見を備えさせてくれる。

フロイトとルイスが実父に対して強烈な反感を抱いたことで、二人とも、神に対する否定的な態度という影響が及ぶ。ルイスは変化が起こった後で、自分の中にあるこの傾向に対し、注意深く監視を行う。彼はこう書いている――「わたしの『神』の観念は神聖なる観念ではない。それはくり返し打ちこわさねばならない。神は神自身それを打ちこわす。神はおおいなる偶像破壊者である。この破壊こそ神の存在のしるしの一つだと、ほとんどそう言えぬであろうか。……現実はすべて偶像破壊的である[◆3]」。

神をめぐる問いに対する答には、この地上での人生に対する深遠な暗示が含まれていて、フロイトとルイスもこれに同意している。私たちには、その証拠となるものを見つける責務があり、それはおそらく、旧約及び新約の両聖書から始めることになる。だがルイスは、証拠は私たちの周囲にもあると念を押す――「神の臨在をわたしたちは無視するかも知れませんが、それを逃れることはどこでもできないのです。世界は神で充満しております。神は、あらゆるところをお忍びで歩まれます。そして、このお忍びを見抜くのは必ずしも困難ではありません。大事なのは覚えていること、留意することです。要するに、目覚めていること。それ以上に、目覚め続けていることです[4]」。

注 [原注・訳注]

本書では、原注は引用箇所の一部にしか付されておらず、その他の箇所は示されていないため、訳者が（分かる範囲で）訳注の形で補った。原注で邦訳のある場合は訳書名を、ない場合は原注のまま表記した。原注の番号は◆、訳注の番号は＊で示した。また、原文の補足は〔　〕で示した。岩波書店版「フロイト全集」（全22巻）については、第21巻であれば「岩21」のように表記し、他にも複数回引用される文献に関しては、最初の引用箇所に二回目以降の表記名を示した。聖書の引用は、特に断りのない限り『聖書　聖書協会共同訳』（二〇一八刊）による。

プロローグ

＊1　ジグムント・フロイト記念館編『フロイト最後の日記1929〜1939』（日本教文社、二〇〇四刊〔以下、『フロイト最後の日記』と表記〕）三二三頁
　この箇所は、次のような言葉に続いて読まれた――「二十世紀の人間である我々は誰もが、彼なくしては、物の考え方や理解の仕方が異なっていたでありましょう。また我々の心の中に彼が与えてくれたあの力強い刺激がなければ、我々はより狭く、不自由、不正確に物を考え、判断し、感じていたことでしょう」。

◆1　一九九九年三月二九日号

◆2　Barondes, *Mood Genes*, p. 25

＊2　この「世界観」には、ドイツ語の「Weltanschauung」が使われている。フロイト自身、この言葉を次のように定義している――「私の考えております世界観とは、この私たちの生をとりまくあらゆる問題を、何らかの上位の仮定にもとづいて統一的に解決してくれる知的構築のことでして、したがってそこでは、未決のまま放置されている問いは何ひとつ存在することはなくなりますし、私たちの関心を引くものはすべて、きちんとしかるべき場を見出すことができるわけです」（岩21『続・精神分析入門講義』第35講「世界観というものについて」〔以下、岩21・35と表記〕二〇七頁）。
　参考までに、ルイスを中心にした私的な集まりである「インクリングズ」について、メンバーの一人、オウエン・バーフィールドは「共有していたのは……信条というよりも世界観（ヴェルトアンシャウング）だった」と推測し、ドイツ語のこの言葉を用いている（C・ドゥーリエ著『トールキンとC・S・ルイス　友情物語』（柊風舎、二〇一一刊〔以下、『友情物語』と表記〕一二九頁）。

＊3　新約聖書〈ヨハネによる福音書〉11章25節。文語訳より引用。聖書協会共同訳では「イエスは言われた。『私は復活であり、命である』」。

＊4　この葬儀については、A・N・ウィルソン著『C・

S・ルイス評伝』（新教出版社、二〇〇八刊〔以下、『評伝』と表記〕）四三四～五頁を参照。

＊5　戦時中のラジオ放送でC・S・ルイスが語った内容は、一九四二年から四四年にかけて三冊の書物として出版され、後に『Mere Christianity（まじりけのないキリスト教）』というタイトルで一冊にまとめられた。この邦訳が『キリスト教の精髄』（新教出版社、一九七七刊〔以下、『精髄』と表記〕）。

＊6　一九四七年九月八日号の特集「Don v. Devil」。

＊7　原題『Shadowlands』。ビル・ニコルソンの演出によるテレビドラマがブライアン・シブリーによって出版され、一九九三年に米国映画としてリチャード・アッテンボロー監督により制作された。

＊8　『天路逆程』（あるいは『天路逆行』）については、竹野一雄著『C・S・ルイス歓びの扉　信仰と想像力の文学世界』（岩波書店、二〇一二刊）第2章を参照。

＊9　『ベーコン随想集』（岩波書店、一九八三刊）「五〇　学問について」二一九頁

＊10　プラトン『ソクラテスの弁明・クリトン』（岩波書店（文庫）、一九六四年改版）「ソクラテスの弁明」28　五二頁

＊11　『世界の名著24　パスカル』（中央公論社、一九六六刊）「パンセ」一六五　一三五頁、一三九　一二一頁

＊12　旧約聖書〈出エジプト記〉5章1節など。文語訳をベースに表現。「聖書　聖書協会共同訳」では「主はこう言われる」。

＊13　一九二七年にフランクフルトで創設された文学賞。賞金一万ライヒス・マルク（当時四千三百RMで四ドアのオペルが買えたという）。受賞の公式通知には「この賞は、その仕事を通じて著名になり、さらにその創造的影響がゲーテを記念して捧げられる栄誉にふさわしい人物に贈られねばならない」とある。八月二八日の授賞式には末娘のアンナがフランクフルトに出かけた。受賞演説の中で、フロイトは偉人を解読しようとする伝記作家や精神分析家の試みを擁護し、ゲーテを「慎重な秘匿者」と呼んだ。

＊14　岩21・35　二二二頁

＊15　前掲書　二二二、三八七頁

＊16　前掲書　二二三頁、

＊17　前掲個所

＊18　C・S・ルイス著『偉大なる奇跡』（新教出版社、一九九八刊）一四五～六頁

第1章　主唱者たち

◆1　C・S・ルイス著『喜びのおとずれ　C・S・ルイ

ス自叙伝』冨山房、一九七七〔以下、『喜び』と表記〕二五九頁。

＊2 P・ゲイ『フロイト1』七頁

◆2 岩4『夢解釈I』三三一頁

◆3 『フロイト フリースへの手紙 一八八七〜一九〇四』（誠信書房、二〇〇一刊〔以下、『フリース』と表記〕）二七九頁（一八九七年十月三日付）

◆4 Bonaparte, *The Origin of Psycho-Analysis*, pp. 219–20

＊3 『フリース』二八三頁（一八九七年十月十五日付）

◆5 『フリース』二八三〜四頁（一八九七年十月十五日付）

◆6 岩9『強迫行為と宗教儀礼』二一二頁

◆7 『フリース』三〇〇頁（一八九七年十二月三日付）

◆8 『フリース』四三六頁（一九〇〇年四月十六日付）

◆9 *The Letters of Sigmund Freud*, pp. 244–45

＊4 プリム祭については旧約聖書〈エステル記〉9章20〜32節を、過越の祭りについては同〈出エジプト記〉12章1〜13節を参照。

◆10 P・ゲイ『フロイト1』七頁

◆11 岩18『みずからを語る』一三五頁

＊5 ロンドンのメアスフィールド・ガーデンズ20にあり、現在はフロイト記念館になっている。『フロイト最後の日記』VII、XVII、一七三、二六六頁に蔵書の写真が掲載されている。

＊6 ドイツ人のラビ、ルートヴィヒ・フィリップソン（一八一一〜八九）が一八五三年に刊行したドイツ語訳へブル語聖書。単なる対訳だけではなく、文化的な背景も注釈として記された。当時ユダヤ教内部では、ハスカーラーと呼ばれる知性運動が存在し、ルートヴィヒの父親もそのメンバーであった。

◆12 M・シュール著『フロイト 生と死〈上〉』誠信書房、一九七八刊〔以下、「シュール」上／下と表記〕二六頁

＊7 中高地ドイツ語の諸方言にヘブライ語、スラブ語などの語彙が混和して成立した言語。当初はヘブライ文字で書かれていたが、現在ではラテン語表記も存在。主にドイツ以東の国々に住むユダヤ人やこれらの地方出身のユダヤ移民によって用いられる。

◆13 *The Letters of Sigmund Freud to Eduard Silberstein*〔以下 *Silberstein*〕, pp. xxiv–xxv

＊8 P・ゲイ著『神なきユダヤ人』（岩波書店、一九九二刊）一二三頁

◆14 *Silberstein*, pp. xiv–xv

◆15 *Silberstein*, pp. 70–71

◆16 *Silberstein*, p. 95

◆17 *Silberstein*, p. 104

◆18 *Silberstein*, p. 129

◆19 『神なきユダヤ人』三九頁

◆20 *Silberstein*, p. 111

◆21 岩19『ブナイ・ブリース協会会員への挨拶』二五六頁

◆22 *Silberstein*, p. 96

＊9 『キリスト教の本質（上）』第二章の六七頁にはこのような表現がある。「宗教とは人間がもっているところのかくされた宝物が厳粛に開帳されたものであり、人間の最も内面的な思想が白状されたもの」。

＊10 『キリスト教の本質（下）』一六〇頁（第28章「結論」）

◆23 前掲書 一五二頁

＊11 P・ゲイ『フロイト2』（岩波書店、二〇〇四刊）六一七頁上段の原注に、次のような記述がある――「フロイトが、ジョン・W・ドレイパーが一八七四年に出した合理主義のマニフェストである『科学と宗教の闘いの歴史』や、自由な探求を擁護したアンドリュー・ジャクソン・ホワイトの二巻本の『科学とキリスト教神学との戦争の歴史』（一八九六）を読んでいたことを示す証拠はないが、これらの戦闘的なタイトル（それに比べると内容ははるかに穏健だ）は、フロイトの合理主義的な姿勢が、十九世紀の反教会思想にいかに似ており、いかにそれに従っているかを想起させる。……第一世代の精神分析家たちも、宗教は敵だというフロイトの姿勢を共有していた」。

◆24 『神なきユダヤ人』七頁

◆25 岩18『みずからを語る』六八頁（英語版の直訳は「私の生涯で他の誰よりも、私にとって重要であった人物」となる）。

◆26 岩21・35 二〇八頁

New Introductory Lectures on Psychoanalysis, vol. XXII, p. 139

◆27 P・ゲイ『フロイト1』一六一頁

◆28 Gilman, *The Case of Sigmund Freud*

◆29 E・ジョーンズ『フロイトの生涯』（紀伊國屋書店、一九六九刊［以下「ジョーンズ」と表記］）三九頁

◆30 岩18『みずからを語る』六七頁

＊12 『神なきユダヤ人』一三七頁。

金関猛著『ウィーン大学生フロイト 精神分析の始点』（中央公論新社、二〇一五刊）三三頁には、「この頃、ウィーンの街のユダヤ人の割合が約一〇％だった」にも拘らず、「ウィーン大学全体の学生のうちユダヤ人は約二七％だった」ことが記されている。

◆31 岩4『夢解釈Ⅰ』二五八頁

＊13 *The Interpretation of Dreams*, vol. IV; p. 197

『フロイト著作集8・書簡集』（人文書院、一九七四刊［以下、人文8『書簡集』と表記］）八四頁（一八八三年

一二月十六日付）

◆32　前掲個所

◆33　『フロイト最後の日記』一九、二〇七頁（一九三六年四月十二日付）。開業時については「ジョーンズ」一一〇頁を参照。

◆34　Vitz, *Sigmund Freud's Christian Unconscious*, p. 91

◆35　Jones, *The Life and Work of Sigmund Freud*, ［以下 Jones］vol. I, p. 143

◆36　「ジョーンズ」一一四〜五頁

＊14　人文8『書簡集』二四一〜二頁（一八九六年十一月二日付）

＊15　岩15『精神分析入門講義』二五四頁

◆37　前掲個所

＊16　「互いに結びついている情動で供給された表象要素のグループ」を、チューリヒ学派（ブロイラー、ユングほか）がこう呼んだ先例による（岩9『精神分析について』一三八頁より）。

＊17　テーベ王ライオスと后イオカステの子。父を殺し、母を妻とするであろうとのデルフィの神託を受ける。

◆38　『フリース』二八四頁（一八九七年十月十五日付）

＊18　P・ゲイ『フロイト1』五〜六頁を参照。

＊19　岩18『精神分析への抵抗』三三五頁

◆39　『フリース』二八四頁（一八九七年十月十五日付）

◆40　岩18『精神分析梗概』二六六頁

＊20　『喜び』五〜六頁

＊21　前掲書　六頁

＊22　『精髄』一八五頁

＊23　兄ウォーレンの日記（*Brothers and Friends*, 1982）の序に掲載されている簡単な年表では、ルイスは四歳の時「ジャックシー」と呼ばれ、五歳では「ジャック」という表記に変わっている。

＊24　『喜び』九〜一〇頁

◆41　以上、前掲書　一〇頁

＊25　以上、前掲書　一三頁

＊26　以上、前掲書　一三頁

＊27　『評伝』三七〜八頁を参照。この個所の注には、引用元が「ルイス家文書」とある。

＊28　『喜び』一五頁

＊29　前掲書　一九頁

＊30　前掲書　二四頁

＊31　前掲書　二六頁

＊32　前掲書　二七頁

◆42　前掲書　三一〜二頁

＊33　前掲書　三六頁

＊34　『評伝』五四頁

＊35 『喜び』三五頁
＊36 前掲書　四七頁
＊37 前掲書　四四頁
◆43 前掲個所
◆44 前掲書　七六〜七頁
＊38 前掲書　七七頁
◆45 前掲書　七八頁
◆46 前掲書　八一頁
◆47 前掲書　三九〜四〇頁
＊39 前掲書　八八頁
◆48 前掲書　一四〇頁
＊40 前掲書　一三六頁
◆49 前掲個所
＊41 前掲書　一六三〜四頁（この時の状況について）
◆50 前掲書　一八一、七頁
＊42 『評伝』三二九頁を参照
＊43 一八五八年刊行の妖精物語。副題は『男と女のお伽話のロマンス』。『評伝』八六〜八頁を参照。特に大切なポイントとして、「マクドナルドの全著作は彼の少年時代のトラウマ的な喪失、なかんずく母親との死別の生涯にわたる追悼の想いの所産であった」（八七頁）との指摘がある。
◆51 Green and Hooper, *C. S. Lewis*, p. 45

＊44 『喜び』一七八、一八九、二三一頁を参照。
＊45 ロンドンの南西、サリー州の街。この州の地形については『喜び』一八七頁を参照。
◆52 『喜び』一七九頁
◆53 前掲書　一八九頁
＊46 『評伝』八一頁を参照。岩18『みずからを語る』一二九頁には、フロイトがトーテミズムの研究で『金枝篇』を参照したことが記されている。岩12『トーテムとタブー』一九九頁では、『金枝篇』第五部「神を食うこと」五一頁より「……この問題を論ずる文献に通じた者なら誰しも、キリスト教の聖体拝受のトーテム饗宴への還元が本論の執筆者の独創であるなどとは思わないであろう」と引用している。
＊47 C・S・キルビー著『目覚めている精神の輝き』（新教出版社、一九八二刊［以下、『目覚め』と表記］）三一六頁（『天路逆行』IX・5の引用）、及び『評伝』八一頁を参照
＊48 『精髄』九二頁を参照
＊49 アーサー・グリーヴズ（一八九五〜一九六八）。具体的には、前掲書一六五〜七、一九三〜五頁を参照。
＊50 『喜び』一四六頁を参照。
＊51 前掲書　一二二頁
◆54 『評伝』八一頁（*The Letters of C. S. Lewis*, p. 135の

引用）

＊52 オクスフォード大学のカレッジの一つ。一二四九年創設。表記はUC。

＊53 『喜び』一三八〜九頁を参照

◆55 前掲書 二五一頁

＊54 より詳しくは『評伝』第六、八章や三四三、三九五、四三一〜三頁を参照

◆56 *Letters, C. S. Lewis-Don Giovanni Calabria*［以下*Calabria*］, pp. 45–47

◆57 *Calabria*, pp. 51–53

◆58 *Calabria*, p. 15

◆59 letter to Firor dated March 27, 1951 (unpublished), Marion E. Wade Center, Wheaton College, Wheaton, Ill., and Bodleian Library, Oxford University. Used by permission. なお、この時の状況については『評伝』三三一〜二頁を参照。

◆60 Sayer, *Jack*, p. 135

＊55 原題は「Spirits in Bondage」。『評伝』一〇六頁を参照。〈ペトロの手紙一〉3章19節「こうしてキリストは、捕らわれの霊たちのところへ行って宣教されました」による。

＊56 『喜び』八一頁

第2章 創造主

＊1 岩21・35 二一三頁

◆1 岩20『ある錯覚の未来』三三頁

＊2 岩21・35 二二〇〜一頁

＊3 前掲書 二一四頁

◆2 人文8『書簡集』四五〇頁（一九三八年十月三十一日付）

＊4 原語の「seeker」は、聖書の神を求める場合「求道者」と呼ばれるが、ここでは《超自然的な存在》かどうかに関係なく何かを探し求めている者を指していると思われる。

◆3 岩21・35 二一八頁

＊5 岩20『ある錯覚の未来』二九頁

＊6 前掲書 三一〜二頁

◆4 岩21・35 二二〇頁

＊7 前掲書 二一三頁

＊8 前掲書 二一八〜九頁

◆5 岩20『文化の中の居心地悪さ』 九二頁

＊9 前掲書 九二頁

◆6 岩9『強迫行為と宗教儀礼』二一二頁

◆7 岩20『文化の中の居心地悪さ』一五八頁

＊10 Jones - vol.III (1953) p. 352

◆8 *Psychoanalysis and Faith: The Letters of Sigmund Freud and Oskar Pfister* (以下 *Pfister*), p. 125
＊11 『喜び』一〇頁
◆9 前掲個所
＊12 原語では「There is one God and ... Jesus Christ is His only Son.」の十一語。引用元は『精髄』四、七二頁
＊13 前掲書 七二頁
＊14 前掲書 七三頁
＊15 前掲書 七四〜五頁
＊16 前掲書 八五〜六頁
＊17 前掲書 八八頁
＊18 前掲書 九一頁
＊19 以上、前掲書 九二〜三頁
＊20 以上、前掲書 九三頁
＊21 岩20『ある錯覚の未来』三四、五頁
◆10 前掲書 三七頁
◆11 前掲書 三二頁
＊22 前掲書 三九頁
◆12 前掲個所
◆13 『神なきユダヤ人』四二頁を参照。なお、ヴォルテールとディドロについては、アンリ・アルヴォン『無神論』(文庫クセジュ) 七三〜八〇頁に簡潔な記述がある。
◆14 前掲書 二一頁、及び xxvii 頁の注29を参照
◆15 岩20『ある錯覚の未来』三九頁
◆16 岩11『レオナルド・ダ・ヴィンチの幼年期の想い出』八〇頁
◆17 前掲書 七九頁
◆18 岩12『トーテムとタブー』一八八〜九頁。参考までに、この著作の副題は「未開人の心の生活と神経症者の心の生活における若干の一致点」。
＊23 岩20『文化の中の居心地悪さ』七七、八頁
＊24 岩21・35 二一三頁
◆19 前掲個所
◆20 前掲書 二一四頁
◆21 以上、前掲個所
◆22 岩20『ある錯覚の未来』二五頁
＊25 前掲個所
＊26 前掲書 二五〜六頁
＊27 前掲書 二六頁
◆23 前掲個所
＊28 前掲書 三二頁
◆24 『精髄』六六頁
＊29 前掲書 六六〜七頁
◆25 前掲書 六七頁
◆26 C・S・ルイス著『痛みの問題』(新教出版社、一九

七六刊［以下、『痛み』と表記］一一五～六頁
◆27 以上、『喜び』二二〇頁
◆28 『精髄』二一三頁
◆29 Newberg et al., *Why God Won't Go Away*
◆30 C・S・ルイス著作集第二巻『奇跡論 一つの予備的研究』（すぐ書房、一九九六刊［以下、『奇跡論』と表記］一二二頁
＊30 『精髄』二一三～四頁
◆31 前掲書 二一四頁
◆32 『痛み』一九五頁
◆33 『喜び』一〇頁
◆34 岩3『遮蔽想起について』三三九頁
＊31 岩20『ある錯覚の未来』二五頁
◆35 岩13『ギムナジウム生徒の心理学のために』二九三頁
＊32 『喜び』二五頁
◆36 前掲書 二〇五頁
＊33 前掲書 二〇五～六頁
＊34 岩18『みずからを語る』七四頁
◆37 「ジョーンズ」一四五頁
＊35 『喜び』二一九～二〇頁
＊36 岩20『ある錯覚の未来』三一～二頁
◆38 岩18『みずからを語る』一三五頁
＊37 具体的な事例を、人文8『書簡集』から二個所挙げる――「親切な神の御心」五頁（一八七三年六月十六日付、エーミール・フルース宛）、「神の庇護の手」一四頁（一八八〇年七月三日付、カール・コラー宛）。
＊38 人文8『書簡集』二八八頁（一九〇九年五月十日付）
◆39 『喜び』一四七、六頁
◆40 Allport and Ross, "Personal religious orientation and prejudice."
◆41 Strawbridge W J., R. D. Cohen, S. J. Shema, and G. A. Kaplan, "Frequent attendance at religious services and mortality over 28 years." *Am J Public Health* 87, no. 6 (June 1 97): 957–61; Koenig H. G., L. K. George, and B. L. Peterson, "Religiosity and remission of depression in medically ill older patients." *Am J Psychiatry* 155, no. 4 (April 1998): 536–42: McCullough, M. E., and D. B. Larson, "Religion and depression: a review of the literature." *Twin Res* 2, no. 2 (June 1999): 126–36; Koenig, H. G., "Religion and medicine I: Religion, mental health, and related behaviors." *Int J Psych Med*31, no. 1 (2001): 97–109; Koenig, H. G., D. B. Larson, and S. S. Larson, "Religion and coping with serious medical illness." *Annals Pharmacotherapy* 35, no. 3

(March 2001): 352–59; and Koenig, H. G., "Religion, spirituality, and medicine: application to clinical practice." *JAMA* 284, no. 13 (October 4, 2000): 1708

◆42 岩11『レオナルド・ダ・ヴィンチの幼年期の想い出』七九頁

＊39 岩20『文化の中の居心地悪さ』九二頁

◆43 岩20『ある錯覚の未来』五三〜四頁

◆44 前掲書 六頁

◆45 人文8『書簡集』四一八頁（一九三三年五月二八日付、プフィスター宛）

◆46 人文8『書簡集』二八七頁（一九〇九年一月二五日付ユング宛）。

フロイトはプフィスターから論文を受け取り（人文8『書簡集』二八六頁 一九〇九年一月一八日付プフィスター宛書簡）、翌年に『子どもの分析』を出版することになるユングにその旨書き送っている。『フロイト・ユング往復書簡・下』（誠信書房、一九八七刊）三四頁、一九一〇年四月六日付のユングの手紙も参照。

＊40 『精髄』一三一頁

＊41 岩9『強迫行為と宗教儀礼』二一二頁

＊42 Obsessive-compulsive disorder の略。Obsessive-compulsive neurosis と同義。Obsessive neurosis は強迫神経症・強迫観念タイプ、正常な思考と行動に重篤な障害をもたらす強迫観念が起こる。Compulsive neurosis は強迫神経症・強迫行動タイプ、成熟した目的の達成に重要な障害をもたらすもの。この両者は密接に関係している。より詳しくは、A・ニコライ Jr.著『新ハーバード精神医学ガイド』（*The New Harvard Guide to Psychiatry*）一四一〜五頁などを参照。

◆47 American Psychiatric Association, *Diagnostic and Statistical Manual of Mental Disorders*, pp. 417–23

◆48 岩9『強迫行為と宗教儀礼』二〇一頁

◆49 Gallup and Jones, *The Next American Spirituality*, p. 177

＊43 岩20『ある錯覚の未来』三四頁

◆50 岩20『文化の中の居心地悪さ』八八頁

◆51 Gallup and Jones, *The Next American Spirituality*, p. 177

◆52 『精髄』一四六頁

◆53 *Pfister*, p. 122

これに関連して、プフィスターはフロイトに向かって「代理宗教の信者」という表現で非難した（『神なきユダヤ人』二一二頁）

第3章　良心

◆1　岩21・35　二〇八頁
＊1　十戒は〈出エジプト記〉20章前半、二大戒律は〈マタイによる福音書〉22章35節～40節を参照
◆2　『精髄』五四頁
＊2　前掲書　五五～六頁
◆3　前掲書　五八頁
＊3　前掲書　六二～三頁
◆4　前掲書　六三頁
＊4　岩21・35　二一四頁
＊5　前掲書　二一五頁
＊6　前掲個所
◆5　前掲個所
＊7　前掲個所
＊8　『精髄』三八頁
◆6　前掲書　三八～九頁
＊9　*Pfister, February 16, 1929*
＊10　岩21・35　二二一頁
＊11　*Pfister, February 24, 1928*
　参考までに、岩21・35　二二四～五頁で、フロイトは「交通規則などおかまいなしに、高揚した空想《ファンタジー》の衝動のおもむくままに運転するなどと豪語している運転手の車には、私たちとしては誰一人たりとも乗りたいとは思わないだろう」と述べている。
◆7　『精髄』三九頁
◆8　『痛み』一四頁
◆9　『精髄』三三頁
◆10　前掲書　二九～三〇頁
◆11　『目覚め』四八頁
◆12　『精髄』二八頁
◆13　以上、前掲書　四〇頁
◆14　『痛み』四〇頁
◆15　岩21『続・精神分析入門講義』八〇頁
◆16　Hale, *James Jackson Putnam and Psychoanalysis*〔以下*Putnam*〕, letter from Freud to Putnam dated August 8, 1910
◆17　*Pfister*, pp. 61-62
◆18　岩21・35　二二五頁
＊12　岩20『戦争はなぜに？』二五七頁
◆19　前掲書　二七〇頁。ここで欲動とは、憎悪や殲滅に対するものを指す。
◆20　*Putnam*, letter from Freud to Putnam dated November 13, 1913
＊13　岩22『精神分析概説』二四八頁
◆21　前掲書　二四八～九頁

◆22　岩20『ある錯覚の未来』一一〇頁

◆23　岩19『素人分析の問題』一一三ページ

＊14　『痛み』六五頁

〈使徒言行録〉10章44〜46節、11章18節など。

＊15　前掲書　六五〜七頁に展開され、第一の原因として「人間が〈やさしさ〉――〈慈悲〉――という美徳にもっぱら集中してきたために……冷酷さだけを警戒すべき悪徳とする傾きがある」としている。

◆24　以上、前掲書　六六〜七頁

＊16　前掲書　六六頁

＊17　償い（atonement）は、原罪を償う／埋め合わせる／和解させること。贖い（redemption）は、（失われたものを）買い戻すこと。この両者は「魂の救い」という共通項から、「贖罪」という同じ訳語でも用いられる。

新約聖書では、〈ローマの信徒への手紙〉5章10、11節の「和解」という表現で用いられている――「敵であったときでさえ、御子の死によって神と和解させていただいたのであれば、和解させていただいた今は、御子の命によって救われるのはなおさらです。それだけでなく、私たちの主イエス・キリストによって、私たちは神を誇りとしています。このキリストを通して、今や和解させていただいたからです」。

◆25　『精髄』六六頁

◆26　人文8『書簡集』三一三頁（一九一五年七月八日付）

＊18　前掲書　三一四頁

◆27　前掲書　三一三頁

＊19　前掲個所

◆28　『奇跡論』六七〜八頁

＊20　人文8『書簡集』三一三〜四頁

＊21　C・S・ルイス著『悪魔の手紙』（新教出版社、一九七八刊［以下、『悪魔』と表記］）一九九頁

＊22　前掲個所

＊23　前掲個所

◆29　前掲個所

＊24　人文8『書簡集』三一四頁

◆30　Nicholi, *The Harvard Guide to Psychiatry*, p. 282; and American Psychiatric Association, *Diagnostic and Statistical Manual of Mental Disorde; s*, p. 349

＊25　「ジョーンズ」第13章フリース期の後半（二〇八―九頁）に神経症とコカインの関わりに関する記述がある。より詳しくは New York Review of Books 誌二〇一一年九月二九日号、一〇月一三日号の記事“Physician, Heal Thyself: Part I, II”を参照。

＊26　岩21『続・精神分析入門講義』七九〜八〇頁

＊27　前掲書　八〇頁

◆31 前掲個所
＊28 岩12『トーテムとタブー』七、八、一〇頁
＊29 岩18『みずからを語る』一三〇頁
＊30 岩12『トーテムとタブー』一八一、二、四頁
＊31 前掲書 一九六頁
＊32 前掲書 一八七頁
＊33 前掲書 二〇六頁
〈ヨハネによる福音書〉1章1節「初《はじ》めに言《ことば》があった」のもじり。
＊34 岩18『みずからを語る』一三〇〜一頁
◆32 前掲個所
◆33 『痛み』一五頁
◆34 岩20『文化の中の居心地悪さ』一四六頁
＊35 前掲個所
＊36 前掲個所
◆35 前掲個所
◆36 Jones - vol. II, p. 354
P・ゲイ『フロイト1』三八二頁も参照。
◆37 Jones - vol. II, p. 360
P・ゲイ『フロイト1』三八四頁も参照。
＊37 P・ゲイ『フロイト1』三九二頁
◆38 前掲書 三八三頁
◆39 Abraham and Freud, *A Psychoanalytic Dialogue*, letter from Freud to Abraham dated May 13, 1913
◆40 岩21・35 二二一頁
＊38 岩20『ある錯覚の未来』四三頁
◆41 前掲書 四四頁
＊39 前掲書 四三頁
＊40 前掲書 四四頁
＊41 前掲書 四五頁
＊42 前掲書 四六頁
◆42 前掲個所
◆43 *Calabria*, pp. 89–91
＊43 ＊17を参照。
＊44 『精髄』一九二頁
◆44 前掲書 一九七頁
＊45 人文8『書簡集』三一三頁
＊46 岩20『文化の中の居心地悪さ』一一九〜二〇頁
聖句は〈マタイによる福音書〉22章39節。
＊47 前掲書 一三八〜九頁
◆45 前掲書 一三九頁
＊48 『精髄』一五二〜三頁
◆46 前掲書 一六五頁
◆47 「ジョーンズ」三七三頁
＊49 人文8『書簡集』三一四頁（一九一五年七月八日付）

＊50　前掲箇所

＊51　前掲箇所

◆48　前掲箇所

＊52　◆48を参照。

＊53　〈ローマの信徒への手紙〉2章15節

◆49　Wilson, *The Moral Sense.*

＊54　＊18を参照。

＊55　『喜び』二八七頁

第4章　大いなる変化

◆1　岩21・35　二三〇～一頁

＊1　〈ヨハネによる福音書〉3章3節

◆2　ギャラップ社の調査報告書「*Surveying the Religious Landscape*」六七頁。

＊2　ブレーズ・パスカル（一六二三～六二年、フランスの哲学者、思想家）、ジョナサン・エドワーズ（一七〇三～五八年、米国初の哲学者）、デイヴィド・リヴィングストン（一八一三～七三年、スコットランドの探検家）、ドロシー・デイ（一八九七～一九八〇年、米国の社会活動家）、マルコム・マゲリッジ（一九〇三～九〇年、英国のジャーナリスト）、エルドリッジ・クレヴァー（一九三五～九八年、米国の作家）、チャールズ・コルソン（一九三一～二〇一二年、米国のキリスト教伝道者・作家）

＊3　原曲歌詞の第一節後半。前半は「驚くべき恵み、その響きの何と甘美なことか、私のような見下げ果てた者を救って下さった」。

日本の賛美歌集では様々な歌詞が付けられているが、この第一節後半を直接訳出した歌集はない。ただし『聖歌』や『教会福音讃美歌』に掲載されている《神なく望みなく》（原曲はリンカーン・ホール作「Does Jesus Care?」）の後半繰り返しに（原歌詞とは関係なく）この部分が用いられているため、ここに引用した。

＊4　ウィルバーフォースの生涯とニュートンとの関わりについては、イギリス映画『アメイジング・グレイス』（マイケル・アプテッド監督、二〇〇六年作）に詳しい。

◆3　岩20『ある錯覚の未来』三〇～一頁

◆4　*Pfister*, p. 76

＊5　〈使徒言行録〉22章6、7節

＊6　岩19『ある宗教体験』二八四頁

＊7　前掲個所

◆5　前掲書を指す

＊8　前掲書　二八六～七頁

◆6　*American Journal of Psychiatry*, 131: 396-401, 1974

◆7　*American Journal of Psychiatry*, 131: 396-401,

1974
＊9 『喜び』二九六頁
＊10 前掲書 二三〇頁
＊11 Lewis, *letter to Bodle dated December 31, 1947* (unpublished), Marion E. Wade Center, Wheaton College, Wheaton, Ill., and Bodleian Library, Oxford University. Used by permission.
◆8 『喜び』二一一頁
＊12 前掲個所
＊13 前掲書 二三～四頁
＊14 前掲書 二七頁
＊15 前掲書 二三頁
＊16 前掲書 三〇〇～一頁
＊17 前掲書 二九四頁
＊18 前掲書 三〇一頁
＊19 前掲書 二六九頁
聖句は〈ヨハネによる福音書〉1章14節。
＊20 前掲書 二七二頁
＊21 前掲書 二七〇頁
＊22 前掲書 二七五頁
＊23 前掲書 二七四頁
＊24 前掲書 二七一頁
◆9 以上、前掲書 二四三頁
◆10 C・S・ルイス著『被告席に立つ神』（新教出版社、一九九八刊）一一四頁
＊25 『喜び』二四四頁
＊26 前掲書 二八三頁
＊27 以上、前掲書 二八三～四頁
＊28 前掲書 二三六頁
◆11 前掲個所
＊29 以上、前掲書 二八五、四頁
＊30 前掲書 二八四～五頁
◆12 前掲書 二九〇頁
＊31 前掲書 二九一頁
＊32 『評伝』一九六頁
＊33 『喜び』二九〇頁
＊34 前掲書 二九三頁
◆13 *The Letters of C. S. Lewis to Arthur Greeves* ［以下 *Greeves*］, p. 427
＊35 前掲箇所
＊36 Bede Griffiths, *The Golden String: An Autobiography* に引用されているルイスの言葉
＊37 前掲書 二八三頁
＊38 バルドルは、北欧神話の光の神。アドーニスは、ギリシャ神話でフェニキア王キニュラースの息子である美少年。バッカスは、ローマ神話の酒の神。

◆14 『喜び』二九八頁
◆15 前掲個所
◆16 『奇跡論』四〇五～六頁（二三三頁注21の原注）
◆17 *Greeves*, p. 31
◆18 『偉大なる奇跡』二一六頁
◆19 『喜び』二九八頁
＊39 『偉大なる奇跡』二一三頁
◆20 前掲書 二一四頁。聖書箇所は〈ヨハネによる福音書〉8章58節。
＊40 『精髄』二四三頁、対応する聖書箇所は〈ヘブライ人への手紙〉1章5節など。
◆21 前掲書 二四三～四頁
◆22 前掲書 九四頁
◆23 *Pfister*, p. 125
◆24 『G・K・チェスタトン著作集2 人間と永遠』（春秋社、一九七三刊）二八一頁
＊41 『偉大なる奇跡』二一四～五頁
◆25 前掲書 二一二～三頁
◆26 『精髄』九五～六頁
＊42 神の子であるイエスが、人間の肉体を伴ってこの世に現れたこと。
◆27 『人間と永遠』三七六～七頁
＊43 前掲書 三七六頁
◆28 『奇跡論』一九七頁
＊44 *Greeves (18 Oct 1931)*, p. 426–7
＊45 『喜び』二六六頁
◆29 *The Letters of C. S. Lewis*, p. 197
◆30 *Greeves*, p. 447
◆31 *The Letters of C. S. Lewis*, p. 197
◆32 letter to Bodle dated December 31, 1947（未出版）, Marion E. Wade Center, Wheaton College, Wheaton, Ill., and Bodleian Library, Oxford University. 許可を得て掲載。
＊46 以上、『喜び』二九九～三〇〇頁
＊47 前掲書 二六六頁
＊48 *Greeves*, p. 447
＊49 『喜び』二九九頁
◆33 前掲書 六頁
◆34 *Greeves*, pp. 426–27
◆35 Erikson, *Young Man Luther*, p. 261

第5章 幸福

＊1 二〇〇五年（原著刊行の三年後）の米国の自殺率は十万人当たり十一人で、二十二人の日本と倍の開きがあった。二〇一六年では米国は十四人、日本は十五人とほ

ぼ同レベル。
＊2　『ショーペンハウアー全集7』（白水社、一九七四刊）二七二頁
＊3　『ニーチェ全集12　権力への意志（下）』（理想社、一九八〇刊）四三五頁（配列番号一〇二三）
◆1　Nicholi, *The Harvard Guide to Psychiatry*, p. 290
◆2　岩20『文化の中の居心地悪さ』八一頁
＊4　前掲書　八二頁
◆3　前掲書　八一～二頁
＊5　前掲書　一一〇頁
＊6　前掲書　八一頁
＊7　前掲書　八二頁
＊8　岩20『ある錯覚の未来』一四頁
◆4　前掲個所
◆5　岩20『文化の中の居心地悪さ』八九頁
◆6　前掲書　一一〇頁
◆7　前掲書　八九頁
◆8　前掲書　八六頁
＊9　前掲書　八〇頁
＊10　前掲書　八七頁（原注＊8）
＊11　前掲書　九六頁
＊12　前掲書　一六二頁
＊13　前掲書　八二頁
◆9　前掲個所
◆10　前掲書　八八頁
＊14　岩22『モーセという男と一神教』一五四頁
＊15　前掲書　一五四頁
＊16　前掲個所
＊17　前掲書　一五四～五頁
◆11　前掲書　一五五頁
◆12　岩20『文化の中の居心地悪さ』八一～二頁
＊18　『精髄』八八頁
＊19　前掲箇所
＊20　前掲個所
◆13　前掲書　八九頁
◆14　前掲書　九一～二頁
＊21　『被告席に立つ神』二〇六頁
◆15　前掲書　二〇〇頁
＊22　『痛み』一四八頁
＊23　前掲個所
◆16　前掲書　一四八～九頁
◆17　*letter to Ms. Jacob dated July 3, 1941* (unpublished), Marion E. Wade Center, Wheaton College, Wheaton, Ill., and Bodleian Library, Oxford University. Used by permission.

◆18 *The Letters of C. S. Lewis*, p. 248

◆19 *The Letters of C. S. Lewis*, p. 227

＊24 〈ヨハネの黙示録〉4章11節

＊25 『痛み』五四頁

◆20 前掲書　五五頁

◆21 前掲書　六一頁

◆22 前掲書　六三頁

◆23 Nicholi, *The Harvard Guide to Psychiatry*, p. 623

＊26 「ジョーンズ」七二頁には、フロイトが周期的な鬱病に苦しんでいたことが記されている。

◆24 *Silberstein*, p. 15

＊27 P・ゲイ『フロイト1』二六頁（「ジョーンズ」四〇頁も参照）

◆25 *Silberstein*, pp. 135–38

◆26 人文8『書簡集』三四頁（一八八二年八月十日付）

◆27 前掲書　一三三～四頁（一八八四年八月十七日付）

◆28 「ジョーンズ」七三頁

◆29 前掲書　七〇頁

◆30 人文8『書簡集』一八四頁（一八八五年十月二一日付）

＊28 フロイトのコカイン療法については、二冊の文献（①②）と、この両著を紹介している書評誌の記事（③）が参考になる。

①Gerald Imber, "Genius on the Edge: The Bizarre Double Life of Dr. William Stewart Halsted", Kaplan

②Howard Markel, "An Anatomy of Addiction: Sigmund Freud, William Halsted, and the Miracle Drug Cocaine", Pantheon

③The New York Review of Books — Frederick Crews, "Physician, Heal Thyself: Part I, II" (September 29, October 13, 2011)

◆31 『フリース』四三二頁（一九〇〇年三月二三日付）

◆32 『フリース』四七〇頁（一九〇一年三月二四日付）

◆33 「シュール」下　一六〇頁

◆34 P・ゲイ『フロイト2』七〇六頁（シュテファン・ツヴァイク宛書簡）

◆35 Nicholi, *The Harvard Guide to Psychiatry*, p. 292

＊29 厚生労働省による「うつ病の認知療法・認知行動療法マニュアル」（平成二一年度）の冒頭では、こう紹介されている――「精神科の治療方法としての認知療法・認知行動療法は、一九七〇年代に米国のアーロン・T・ベックがうつ病に対する精神療法として開発したものです。その後、認知療法・認知行動療法は、うつ病はもちろんのこと、不安障害やストレス関連障害、パーソナリ

ティ障害、摂食障害（神経性大食症）、統合失調症などの精神疾患に対する治療効果と再発予防効果を裏づける優秀なエビデンスが多く報告されてきたことから、欧米を中心に世界的に広く使用されるようになりました。……わが国では、とくに一九八〇年代後半から注目されるようになってきました。それとともに、わが国での治療効果の検証も進み、厚生労働科学研究費補助金（こころの健康科学研究事業）「精神療法の実施方法と有効性に関する研究」を初めとした研究でその効果のエビデンスが積み重ねられてきています」

＊30　同じアブラハムに宛てた一九二五年七月二一日付書簡（人文8『書簡集』三六六頁）が参考になる。

◆36　「ジョーンズ」四二二頁

◆37　岩20『文化の中の居心地悪さ』九六頁

◆38　*Pfister*, pp. 132-34

＊31　以上、前掲個所

◆39　*Greeves*, pp. 55-56

＊32　『喜び』三〇頁

◆40　前掲個所

＊33　前掲書　八三頁

◆41　前掲書　八一～二、四頁

◆42　前掲書　八二頁

◆43　以上、前掲書　八二～三頁

◆44　前掲書　一四六～七頁

＊34　前掲書　一四六頁

◆45　前掲書　一四七頁

◆46　前掲書　一四八～九頁

＊35　前掲書　八四頁

◆47　Glover, C. S. *Lewis*, pp. 32-33.

＊36　『痛み』三頁

＊37　前掲書　三～四頁

＊38　前掲書　四～五頁

＊39　前掲書　五頁

＊40　前掲書　六頁

＊41　『喜び』二九一頁

◆48　*Greeves*, p. 477

◆49　*Greeves*, p. 26

◆50　*Greeves*, p. 477

＊42　以上、『精髄』三三八頁

＊43　〈マタイによる福音書〉16章25節

＊44　『精髄』三三九頁

＊45　C・S・ルイス著『栄光の重み』（新教出版社、一九七六刊）二八頁

＊46　前掲書　二七頁

◆51　前掲書　二八頁

＊47　ジョン・アダムズはアメリカ合衆国第二代大統領。

その時の副大統領で第三代大統領がトマス・ジェファソン。両者の関係については、ジョン・ミーチャム著『トマス・ジェファソン　権力の技法　上・下』(白水社、二〇二〇刊)に詳しい。
＊48　岩4『夢解釈Ⅰ』二五二頁
＊49　以上、前掲書　二八二頁
◆50　人文8『書簡集』六頁(一八七三年六月十六日付)
＊51　人文8『書簡集』一四八頁、マルタ宛(一八八五年四月二八日付)
◆53　以上、前掲個所
◆54　*Letters of Sigmund Freud*, p. 127
＊52　こうした状況の一例として、アブラハム宛の一九一二年一月二日付書簡(人文8『書簡集』二九四頁)で、フロイトは「おそらく次の世代になってから、晴れて承認されることとなるでしょう」と述べている。
◆55　Jones - vol. II, p. 347
◆56　「ジョーンズ」三六六頁
＊53　岩18『みずからを語る』七二頁
＊54　前掲個所。メルク社は世界で最も歴史の長い医薬・化学品会社。その起源は一六六八年、フリードリヒ・ヤコブ・メルクがダルムシュタットの「天使薬局」を取得した時に遡る。一八二七年には、ハインリヒ・エマニュエル・メルクがアルカロイド類、植物エキスなどの工業規模の生産を開始。一八八八年には比較化学分析の基礎を構築。一九〇〇年には欧州全大陸で事業を展開し、一九一七年には米国支社を設立。
＊55　前掲書　七三頁
＊56　前掲個所
＊57　前掲書　一一〇〜一頁
◆57　前掲書　一一一頁
＊58　P・ゲイ『フロイト2』四三二頁
◆58　前掲書　六六〇頁
◆59　*They Asked for a Paper*, p. 123
＊59　『喜び』一四〇頁
＊60　前掲書　二八七頁
◆60　*Greeves*, p. 339
◆61　*Greeves*, pp. 379-80
＊61　『精髄』一九二頁
＊62　前掲書　一九三頁
＊63　前掲書　一九五頁
◆62　前掲書　一九七頁
＊64　前掲書　一九五〜六頁
＊65　前掲書　一九七〜八頁
◆63　前掲書　一九八頁
◆64　*Preface to Paradise Lost*, pp. 70-71
なお、〈失楽園〉第一巻初行は「神に対する人間の最初の叛逆と、また、あの禁断の木の実について」(岩波文庫『失楽園・上』(一九八一)七頁)。

◆65 *Calabria*, pp. 51-53

◆66 Koenig, H. G., L. K. George, and B. L. Peterson, "Religiosity and remission of depression in medically ill older patients." *Am/Psychiatry* 155, no. 4 (April 1998): 536-92

＊66 『喜び』三〇〇頁

◆67 岩20『文化の中の居心地悪さ』九六頁

◆68 *Greeves*, p. 49

第6章 性

＊1 岩20『文化の中の居心地悪さ』一一〇頁

◆1 岩22『精神分析概説』一八七頁

＊2 前掲書 一八六、七頁

◆2 岩18『みずからを語る』九八頁

◆3 岩17『集団心理学と自我分析』一五八頁

◆4 W・マクガイアー、W・ザウアーレンダー編『フロイト＝ユング往復書簡・上』(誠信書房、一九八七刊)三六頁(一九〇七年四月七日付)

◆5 「ジョーンズ」二三四頁

＊3 岩22『精神分析概説』一八八頁

◆6 前掲個所

◆7 前掲個所

＊4 前掲書 一八七〜八頁

◆8 前掲書 一八九頁

◆9 『フリース』二八四頁(一八九七年十月十五日付)

＊5 岩22『精神分析概説』一八二頁

◆10 前掲書 一八三、四頁

＊6 岩18『みずからを語る』九三〜四頁

＊7 「ジョーンズ」二九九頁

◆11 岩19『素人分析の問題』一三七頁

◆12 *The Complete Correspondence of Sigmund Freud and Ernest Jones*, p. 32

◆13 岩20『文化の中の居心地悪さ』一一四頁

＊8 岩9『子供の性教育にむけて』二二三〜四頁

◆14 前掲書 二二四頁

◆15 岩18『「精神分析」と「リビード理論」』一六六頁

◆16 岩12『性愛生活が誰からも貶められることについて(『性愛生活の心理学への寄与』三連作の第二)』二四一頁

◆17 「ジョーンズ」四八一頁(フェレンツィ宛一九三一年十一月頃の手紙)

＊9 前掲個所

＊10 前掲個所

＊11 医師の倫理・任務などについての、ギリシャ神への

宣誓文。紀元前四世紀の「医学の父」ヒポクラテスによる誓言であるとされ、一五〇八年、ドイツのヴィッテンベルク大学医学部で初めて医学教育に採用。現在では北米のほぼすべての医学校の卒業式で誓われている。「医の神アポロン、アスクレーピオス、ヒギエイア、パナケイア、及びすべての神々よ。私自身の能力と判断に従って、この誓約を守ることを誓う」という言葉で始まる。
◆18 Nicholi, *The Harvard Guide to Psychiatry*, pp. 19–22
＊12 岩18『みずからを語る』八六〜七頁
＊13 前掲書 八七頁
◆19 前掲個所
◆20 岩13『転移性恋愛についての見解』三二三〜四頁
＊14 前掲書 三二三頁
＊15 『精髄』一四六頁
◆21 前掲個所
＊16 前掲書 一五九〜六〇頁
◆22 前掲書 一六〇頁
◆23 前掲書 一六五頁
＊17 前掲書 一六二頁
＊18 前掲書 一六一頁
◆24 前掲書 一六二頁
◆25 前掲書 一六五頁

＊19 前掲書 一五八頁
◆26 前掲書 一五八〜九頁
◆27 前掲書 一五五頁
◆28 前掲個所
◆29 前掲書 一五六頁
◆30 前掲個所
◆31 C・S・ルイス著『四つの愛』(新教出版社、一九七七刊)一二七頁
◆32 前掲書 一二八頁
＊20 前掲個所
◆33 前掲書 一二九頁
◆34 前掲個所
＊21 前掲個所
＊22 前掲書 一三一頁
◆35 前掲個所
◆36 前掲書 一三三頁
◆37 前掲書 一三二頁
◆38 岩20『文化の中の居心地悪さ』六九〜七〇頁
◆39 『四つの愛』一三五〜六頁
◆40 *They Asked for a Paper*, pp. 129–30
◆41 『四つの愛』一三八頁
＊23 前掲個所
＊24 前掲書 一三九頁

＊25　前掲書　一三七頁
◆42　前掲個所
＊26　『精髄』一七二頁
＊27　前掲書　一七三頁
◆43　前掲個所
＊28　以上、前掲書　一七四頁
◆44　「ジョーンズ」三七四頁
＊29　P・ゲイ『フロイト1』二五〜六頁
◆45　Letter to Martha Bernays dated October 28, 1883, in E. Freud, "Some Early Unpublished Letters of Freud."
＊30　P・ゲイ『フロイト1』三七頁を参照
◆46　*Silberstein*, p. 153
＊31　「ジョーンズ」一三二頁。人文8『書簡集』八一〜二頁（一八八三年十一月十五日付）も同様。
＊32　前掲個所
◆47　前掲個所
◆48　前掲書　三七五頁
◆49　前掲書　一〇四頁
＊33　前掲個所
◆50　前掲書　九〇〜一頁
＊34　各々、人文8『書簡集』二一頁（一八八二年七月十四日付）、八一頁（一八八三年十一月十五日付）。

＊35　「ジョーンズ」八五頁
＊36　前掲個所
◆51　前掲書　八五頁
◆52　P・ゲイ『フロイト1』四四頁
◆53　「ジョーンズ」一〇七頁
＊37　M・フロイト著『父フロイトとその時代』（白水社、二〇〇七刊）三二頁を参照。当時のフロイト家を取り巻くステータスの高さについては、D・ベルテルセン著『フロイト家の日常生活』（平凡社、一九九一刊）の八〇〜一頁なども参考になる。
◆54　後半は「ジョーンズ」一一三頁
＊38　P・ゲイ『フロイト1』六四頁
◆55　『フリース』四六頁（一八九三年八月二〇日付）
＊39　岩15『精神分析入門講義』第二〇講「人間の性生活」三六七頁
＊40　『フリース』二〇七頁（一八九六年十一月二日付）
◆56　岩17『嫉妬，パラノイア，同性愛に見られる若干の神経症的機制について』三四九頁
◆57　岩12『自慰についての討論のための緒言』二六九頁
◆58　岩9『「文化的」性道徳と現代の神経質症』二六三頁
◆59　岩21『続・精神分析入門講義』第33講「女性性」一六五頁

◆60 Nicholi, *The New Harvard Guide to Psychiatry*, p. 214
◆61 岩3『私講師ジークムント・フロイトの学問的業績一覧』二八〇頁
◆62『フリース』二八七頁（一八九七年十月二七日付）
＊41 P・ゲイ『フロイト2』五〇三頁（一九一四年七月二二日付）
◆63 P・ゲイ『フロイト2』五〇三〜四頁
＊42『喜び』八七頁
＊43 前掲書　八八頁
＊44 前掲個所
◆64 前掲書　八九頁
◆65 *Greeves*, p. 66
＊45『評伝』八四頁も参照
◆66 *Greeves*, p. 424
◆67 前掲個所
◆68『喜び』八九頁
◆69『痛み』四〇頁
◆70 *Greeves*, p. 214
◆71 *Greeves*, p. 221
◆72 Sayer, *Jack*, p. 68
＊46『喜び』二五三頁に、亡くなった戦友の母親であるムーア夫人を激しく恋し、兄や友人たちを心配させた「入りくんだ重要な事件」があったことは自ら認めている。
＊47 前掲書　二八七頁
＊48 十三歳の時に入学したチェアバーグ校（『喜び』七三頁を参照）
＊49 エール大学のバイネキー図書館が一九一九年に創設した詩賞。一九四八年には、ボーリンゲン財団が米国議会図書館に贈与した基金により〈ボーリンゲン詩賞〉として受け継がれる。一九四九年の初回受賞者はエズラ・パウンド氏。一九五〇年からイェール大学によって運営されるようになる。
＊50 米国の巨大マスメディア企業。主に映画やテレビ番組の製作・供給を行う。表記ＭＧＭ。
◆73 Davidman, "*The Longest Way Round*," p. 23
◆74 *Greeves*, p. 534
＊51『評伝』三八四頁
＊52 前掲個所
◆75 Green and Hooper, C. S. *Lewis*, p. 269
＊53 L・W・ドーセット著『C・S・ルイスとともに　ジョイ・デイヴィッドマン・ルイスの生涯』（新教出版社、一九九四刊）一九五頁
◆76 Green and Hooper, C. S. *Lewis*, p. 269
＊54『悲しみをみつめて』一二頁

◆77 Nicholi, "A New Dimension of the Youth Culture," *American Journal of Psychiatry*, 131: 396-401, 1974
＊55 「ジョーンズ」三七四頁
◆78 『精髄』一六二頁

第7章 愛

＊1 岩20『文化の中の居心地悪さ』一一二頁
◆1 前掲個所
◆2 前掲個所
◆3 岩18『「精神分析」と「リビード理論」』より、「リビード理論」の項「目標制止された性的追及」一七二頁
◆4 岩17『集団心理学と自我分析』一五六頁
＊2 前掲個所
＊3 プラトンの中期対話篇『饗宴』は「エロースについて」という副題を持つ。愛（エロース）は神的な性質を備え、その求める最も美しいものは永遠なる美のイデアであり、イデアは真・善・美をなす恒久普遍な調和的原理でもある。こうした愛が「プラトニック・ラブ」と呼ばれる。
◆5 岩17『集団心理学と自我分析』一五七頁
＊4 〈コリントの信徒への手紙一〉13章1節
◆6 岩17『集団心理学と自我分析』一五七頁
＊5 前掲書 一五八頁
＊6 前掲書 一六九頁
＊7 前掲書 一六九〜七〇頁
＊8 前掲書 一七〇頁
◆7 前掲個所
◆8 前掲個所
◆9 岩13『ギムナジウム生徒の心理学のために』二九二頁
＊9 前掲個所
◆10 Nicholi, *The Harvard Guide to Psychiatry*, p. 13
◆11 岩22『精神分析概説』第6章「精神分析技法」二一二頁
◆12 『フロイト＝ユング往復書簡・上』一六頁（一九〇六年十二月六日付）
◆13 『四つの愛』五頁
◆14 前掲書 一二六頁
＊10 〈ヨハネの手紙一〉4章8節
＊11 『四つの愛』一三頁
＊12 前掲個所
＊13 この個所は『四つの愛』には見当たらない。ただし、祖国愛／愛国心については三三〜四四頁、教会への

愛については四四頁に、この個所に即した言及がある。
◆15 『四つの愛』四五頁。なお、最後の「大いなる犠牲を強いてきた」の原意は「モロクの儀式を行ってきた」。モロクはユダヤ民族の源流であるセム族の神であり、その儀式では子供を犠牲にしたため、意訳となっている。
◆16 *The Letters of C. S. Lewis*, p. 256
◆17 『四つの愛』四七頁
◆18 前掲書 五〇～一頁
◆19 前掲書 五〇頁
◆20 前掲書 四九～五〇頁
＊14 前掲書 五一頁
◆21 前掲書 四八頁
◆22 前掲書 六三頁
◆23 前掲書 六四頁
◆24 前掲書 六二頁
＊15 前掲書 七九頁
◆25 前掲書 七七頁
◆26 前掲書 八〇～一頁。なお、ローマの詩人はカトゥルス（紀元前84年頃～紀元前54年頃）
＊16 岩20『文化の中の居心地悪さ』一一二頁
◆27 『四つの愛』八四頁
＊17 前掲書 八三頁
◆28 前掲書 八三～五頁
◆29 前掲書 八七頁
＊18 前掲書 九五頁
◆30 前掲書 九五～六頁
＊19 前掲書 一〇一頁
＊20 前掲書 一〇二頁
◆31 前掲個所
＊21 前掲書 一二二～三頁
◆32 前掲書 一一六～七頁
◆33 『精髄』一九二～三頁
◆34 『栄光の重み』一一三頁
＊22 前掲書 一二五頁
＊23 前掲書 一二六～七頁
◆35 前掲書 一二八頁
＊24 前掲書 一三〇頁
＊25 前掲書 一三三頁
＊26 前掲個所
＊27 前掲書 一三五頁
＊28 前掲個所
＊29 以上、前掲書 一三六頁
◆36 前掲個所
＊30 以上、『四つの愛』五二頁。接吻の習慣については、セオドラ・ゼルディン著『フランス人・1』（みすず書房、一九八八刊）一一三頁に若干の示唆が見られる。

＊31　引用は、新約聖書〈マタイによる福音書〉19章19節。
＊32　岩20『文化の中の居心地悪さ』一一一頁
◆37　前掲書　一一二頁
＊33　前掲書　一一九頁
＊34　前掲個所
＊35　旧約聖書〈レビ記〉19章18節は「復讐してはならない。民の子らに恨みを抱いてはならない。隣人を自分のように愛しなさい。私は主である。」
＊36　岩20『文化の中の居心地悪さ』一二一頁。聖書では、新約聖書〈マタイによる福音書〉5章44節、〈ルカによる福音書〉6章27節など。
◆38　岩20『文化の中の居心地悪さ』一一九〜一二〇頁
＊37　前掲書　一二一頁
◆39　前掲個所
◆40　前掲書　一二三頁
＊38　前掲書　一二〇頁
◆41　前掲書　一二四頁
◆42　『精髄』一八四、五頁
＊39　以上、前掲書　一八五頁
＊40　引用箇所は〈マタイによる福音書〉22章37節と19章19節。
＊41　『精髄』二〇四頁
＊42　前掲書　二〇七頁
＊43　P・ゲイ『フロイト1』二六四頁
◆43　Wortis, J., "Fragments of a Freudian Analysis." *American Journal of Orthopsychiatry* 10 (1940): 843-49
◆44　Freud, *The Correspondence of Sigmund Freud and Sandor Ferenczi*〔以下 Ferenczi〕, p. 457
◆45　「ジョーンズ」二五八頁
◆46　P・ゲイ『フロイト1』二四一頁
◆47　*Putnam*, p. 175（一九一五年七月八日付。これは人文8『書簡集』三一一〜五頁に該当するが、同書簡を引用した「ジョーンズ」三七四〜五頁の追記「〔このあと、ユングへのはっきりした言及がなされている〕」で分かるように、人文8『書簡集』では、このユングへの言及を削除している）
◆48　Freud, *The Complete Correspondence of Sigmund Freud and Ernest Jones*, p. 190（一九一三年一月一日付。一部は、P・ゲイ『フロイト1』二八〇頁）
◆49　*Ferenczi*, p. 433（一部は、P・ゲイ『フロイト1』二七六頁）
◆50　*Putnam*, p. 189（一部は、P・ゲイ『フロイト1』二八七頁）
◆51　Abraham and Freud, *A Psychoanalytic Dia-*

logue, letter from Freud dated July 26, 1914（一部は、P・ゲイ『フロイト1』二八六頁）
◆52 Binswanger, *Sigmund Freud*, p. 9
＊44 岩18『みずからを語る』一一五頁
＊45 前掲個所
◆53 前掲書　一一六頁
＊46「ジョーンズ」三四二頁
◆54 前掲個所
◆55 *Pfister*, pp. 61-62
◆56 *Pfister*, dated December 25, 1920
◆57 岩20『文化の中の居心地悪さ』一二三頁
◆58 前掲書　一二二頁
＊47 前掲書　一二四頁
＊48『喜び』五一頁
◆59『四つの愛』一六五～六頁
◆60『喜び』一二八頁
＊49 前掲書　一三六～七頁
◆61 前掲書　一三七頁
◆62 Lewis, *All My Road Before Me*（以下 *Before Me*）, p. 23
◆63 *Before Me*, p. 24
◆64 *Before Me*, p. 71
◆65 *Before Me*, p. 73
◆66 *Before Me*, p. 85
◆67 *Before Mee*, p. 91
◆68 *Before Me*, p. 91
◆69 *Before Me*, p. 92
◆70 *Before Me*, p. 108
◆71 *Before Me*, p. 419
＊50 トールキンのファンタジー。出版は戦後だが、執筆開始は一九三七年。
＊51 *Sayer, Jack*, p. 254
「インクリングズ」は一九三〇年に学生が発足させた文学研究会で、ルイスもゲスト参加していた。三三年の解散後、ルイスがその名称を引き継いで三六年に私的な場として再開。この名称の辞書的な意味は「ほのめかし、暗示」で、本来は「内輪の集まり」（H・カーペンター著『インクリングズ　ルイス、トールキン、ウィリアムズとその友人たち』（河出書房新社、二〇一一刊）二一〇頁）を指すが、元々学生たちが「執筆に憧れていたことに基づく駄洒落」（『友情物語』一二二頁）で「インクに手を汚している者たちの寄り合い」（『評伝』二四四頁）の意味があり、トールキン自身は「曖昧で未完成の暗示や発想をする人々と、インクの中でもがく人々を連想させる」（『インクリングズ』九四頁）と語っている。
＊52『栄光の重み』一一八頁

＊53 *The Letters of C. S. Lewis*, p. 242
◆72 *The Letters of C. S. Lewis*, p. 242
＊54 ドロシー・セイヤー（一八八一－一九五八）、ルース・ピター（一八八七～一九九二）、ローズ・マコーレー（一八八九～一九五八）、ドロシー・ホイットロック（一九〇一～八二）
◆73 Lewis, letter to Dom Bede Griffiths dated May 17, 1952 (unpublished), Marion E. Wade Center, Wheaton College, Wheaton, Ill., and Bodleian Library, Oxford University. Used by permission
◆74 Kenneth Tynan in *The New Yorker*, August 14, 2000, p. 65
＊55 タイナン（一九二七～八〇）は終生ルイスを称賛し続け、彼を理想の父親像とした
＊56 岩20『文化の中の居心地悪さ』一二二頁
◆75 『栄光の重み』一八頁
◆76 以上、前掲個所

第8章 痛み

＊1 岩15『精神分析入門講義』四七五頁
＊2 岩4『夢解釈Ⅰ』二五七頁
＊3 前掲書 二五八頁
◆1 岩4『夢解釈Ⅰ』二五七頁。ハンニバルは、ローマの英雄である大スキピオに打ち破られる。
＊4 岩18『みずからを語る』六六～七頁
◆2 前掲書 六七頁
◆3 「ジョーンズ」三二五頁
◆4 岩13『精神分析運動の歴史のために』八一頁
◆5 「ジョーンズ」二六七頁（一九〇八年七月二三日付アブラハム宛）
◆6 Letter from Freud to L. Binswanger dated July 29, 1912
◆7 岩18『みずからを語る』一一一頁
◆8 岩10『ある五歳男児の恐怖症の分析』三九頁（原注15）
＊5 岩22『モーセという男と一神教』一一四頁
◆9 前掲個所
＊6 前掲書 一一五頁
＊7 以上、前掲個所
＊8 前掲書 一一五～六頁
＊9 前掲書 一一六頁
◆10 前掲個所
＊10 『フロイト家の日常生活』一〇〇頁では、睡眠薬の「ヴェロナール錠」となっている。
◆11 Yerushalmi, *Freud's Moses*, p. 54

＊11 岩22『「タイム・アンド・タイド」女性編集者宛書簡』二七三頁
◆12 前掲個所
＊12 P・ゲイ『フロイト2』四八八頁
＊13 「ジョーンズ」四三四頁
◆13 前掲個所
◆14 「シュール」下　七三頁
◆15 前掲書　七四頁
◆16 「ジョーンズ」四三八頁
◆17 *Pfister*, p. 123
◆18 岩21・35　二二〇頁
＊14 『喜び』二四頁
◆19 前掲書　二五頁
＊15 前掲個所
＊16 以上、前掲書　二六頁
◆20 前掲書　二八頁
◆21 *The Letters of C. S. Lewis*, p. 166
◆22 『喜び』二四九頁
◆23 前掲個所
◆24 前掲書　二五〇頁
◆25 前掲個所
◆26 Sayer, *Jack*, p. 132
◆27 『悲しみをみつめて』五頁
◆28 前掲個所
◆29 前掲書　五〜六頁
◆30 前掲書　六頁
◆31 前掲書　一四頁
＊17 前掲書　一五〜六頁
◆32 前掲書　一六頁
＊18 前掲書　七頁
＊19 前掲書　四八頁
＊20 前掲書　二七頁
◆33 前掲書　二七〜八頁
◆34 前掲書　七五頁
◆35 前掲書　五八頁
◆36 前掲書　八一頁
＊21 以上、前掲書　九頁
◆37 前掲書　九〜十頁
＊22 前掲書　十頁
＊23 前掲個所
＊24 前掲書　六一頁
＊25 前掲書　六二頁
◆38 前掲個所
◆39 前掲書　一三頁
◆40 以上、前掲書　六六頁
◆41 前掲書　八五〜六頁

＊26　前掲書　九六頁
◆42　前掲書　九六〜七頁
◆43　前掲書　七四頁
◆44　『痛み』一四二頁
＊27　岩19『ある宗教体験』二八四、五頁
◆45　「ジョーンズ」三七四頁
◆46　岩22『精神分析概説』二四四頁
＊28　前掲書　一七九〜八〇頁では、次のような説明が与えられている。「心的な区画……のうちでもっとも古いものをわれわれは、エスと名づける。エスの内容は、誕生の際に遺伝的にもたらされて、体質的に決定されているものすべてであり、したがって何よりも身体編成に由来する欲動であって、……欲動は、この場所に、われわれにはその形態が知られていない最初の心的表現を見出すのである。われわれを取り囲む現実の外界の影響下に、エスの一部分は特別な発達をする。もともとは刺激受容のための器官と刺激保護のため装備を備えた皮質層として、特別な編成が形成されたが、以後それは、エスと外界を仲介するようになる。われわれの心の生活のこのような領域に、われわれは自我の名を与える」
◆47　岩20『ある錯覚の未来』一五頁
＊29　岩20『文化の中の居心地悪さ』八二頁
◆48　岩20『ある錯覚の未来』一五〜六頁
◆49　岩21・35　二一九頁
◆50　前掲書　二一九〜二〇頁
◆51　『精髄』八五〜六頁
◆52　岩20『文化の中の居心地悪さ』一三二頁
＊30　『精髄』八五〜六頁
＊31　前掲書　八八頁
◆53　前掲個所
◆54　前掲書　八九頁
◆55　前掲書　七五〜六頁
◆56　『痛み』一九〜二〇頁
＊32　一九二四年一、二月、フロイトはプフィスター宛に二通の手紙を書いているが、その両方でプフィスターがフロイトの病気について触れないでくれていることに感謝している（「シュール」下　一〇一頁）
＊33　『悪魔』一頁
＊34　一九四七年九月八日号
＊35　『悪魔』三頁
＊36　八項目、三十三箇所の引用頁が並んでいる。
◆57　「ジョーンズ」一三〇頁
＊37　*Silberstein*, pp. 104–105
＊38　岩18『みずからを語る』七三頁には、同年、フロイトが大物学者に反目する様子が具体的に描かれている。
◆58　岩波文庫版（上）第一巻一七頁より引用。フロイト

が『失楽園』に言及した書簡の引用については「ジョーンズ」一三三頁を参照。

◆59 『フロイト＝ユング往復書簡・上』三四七頁（一九〇九年十一月十一日付）

◆60 Vitz, *Sigmund Freud's Christian Unconscious*, p. 149; and Bakan, *Sigmund Freud and the Jewish Mystical Tradition*

＊39 岩18『17世紀のある悪魔神経症』を指す。

◆61 前掲書　一九九頁

＊40 前掲書　二〇一頁

＊41 前掲書　二〇六頁

◆62 前掲個所

◆63 『痛み』二三頁

＊42 前掲書　二四頁

＊43 〈ルカによる福音書〉1章37節

◆64 『痛み』二六頁

◆65 前掲書　三一頁

◆66 前掲書　三五頁

◆67 前掲書　四三頁

◆68 前掲書　五一頁

＊44 前掲書　五四頁

◆69 前掲書　五三～四頁

＊45 『精髄』九一頁

＊46 前掲書　九一～二頁

◆70 『痛み』一一二～三頁

＊47 「堕落」は、エデンの園で人間が神から離れ、原罪を負うようになった状態。旧約聖書〈創世記〉3章を参照。「償い」と「贖い」については、第3章の訳注＊17を参照。

◆71 『痛み』八五、四頁

＊48 「この女はアブラハムの娘なのに、十八年もの間サタンに縛られていたのだ。安息日であっても、その束縛から解いてやるべきではないか」

◆72 *Greeves*, pp. 514-15

◆73 『痛み』一一八頁

＊49 前掲書　一二一頁

◆74 岩20『ある錯覚の未来』五五～六頁

◆75 *The Complete Correspondence of Sigmund Freud and Ernest Jones*, p. 646

　P・ゲイ『フロイト2』四五五頁には、この時マルタ・フロイトがジョーンズの妻に宛てた手紙が引用されている。

◆76 *The Complete Correspondence of Sigmund Freud and Ernest Jones*, p. 643

＊50 人文8『書簡集』三三四頁（一九二〇年一月二五日付）

◆77 「ジョーンズ」三九〇頁
＊51 『痛み』三〜四頁
＊52 前掲書 五〜六頁
◆78 前掲書 六頁
◆79 岩20『文化の中の居心地悪さ』九二頁

第9章 死

＊1 前半は〈詩編〉90編12節「残りの日々を数えるすべを教え、知恵ある心を私たちに与えてください」。後半は〈詩編〉90編1節「わが主よ、あなたは代々に我らの住まい」の裏返しの意味であり、原注◆62も同じ趣旨。
＊2 プラトン『饗宴／パイドン』（西洋古典叢書）京都大学学術出版会 一九〇頁（ステファヌス版の頁付けでは67E）
◆1 岩12『トーテムとタブー』九八頁
◆2 『フリース』二七九〜八〇頁（一八九七年十月三日付）
＊3 明らかに、シェイクスピア著『ヘンリー四世』（第一部、第五幕、第一場）を踏まえた言葉。王子ハルは、フアルスタッフに言う――「君は神に死という負債を負っている」。
◆3 岩4『夢解釈I』二六八〜九頁
◆4 Jones - vol. II, p. 368
◆5 岩14『戦争と死についての時評』一六五頁
◆6 前掲書 一六一頁
◆7 前掲書 一五一頁
＊4 前掲書 一六六頁
＊5 「シュール」上 三〇六頁
◆8 『フリース』七七頁（一八九四年六月二二日付）
◆9 岩18『みずからを語る』一一三〜四頁
◆10 *Silberstein*, p. 185
◆11 Freud, *Lou Andreas Salomé, Briefwechsel*, pp. 47–48 (translation F. Lee)
◆12 人文8『書簡集』三四七頁（アルトゥア・シュニッツラー宛 一九二二年五月一四日付）
＊6 『フロイト＝ユング往復書簡・上』二九二〜三頁
◆13 以上、前掲書 二九三頁
◆14 Jones - vol. II, p. 194.（一部は「ジョーンズ」三六二頁）
◆15 「ジョーンズ」五〇三頁（一九三六年十二月六日付のマリー・ボナパルト宛書簡）
◆16 『フリース』一八六頁（一八九六年四月十六日付）
＊7 「ジョーンズ」二〇七頁
◆17 Jones - vol. III, p. 279（関連記述は「ジョーンズ」二一〇頁）
＊8 岩20『英語版「夢解釈」第三版（改訂版）へのまえ

がき』二四七頁
◆18　岩4『夢解釈I』三三〇頁
◆19　『喜び』二一八頁
＊9　前掲書　二一九頁
＊10　P・ゲイ『フロイト2』四五三頁
＊11　岩4『夢解釈I』七頁
◆20　『フリース』二〇六頁（一八九六年十月二六日付）
◆21　『フリース』二〇七頁（一八九六年十一月二日付）
◆22　人文8『書簡集』三三五頁（アマーリエ・フロイト宛一九二〇年一月二六日付）
＊12　前掲個所
◆23　「シュール」下　四九頁
◆24　人文8『書簡集』三八九頁（一九二九年四月一二日付）
◆25　「ジョーンズ」三九〇頁
＊13　人文8『書簡集』三五一頁（一九二三年六月十一日付）
＊14　前掲書　三五一～二頁
◆26　「シュール」下　八二頁
◆27　前掲書　八四頁
＊15　「ジョーンズ」四三六頁
＊16　P・ゲイ『フロイト2』六六二～三頁
◆28　「ジョーンズ」四七五頁
◆29　『フリース』三六四～五頁（一八九九年二月六日付）
＊17　「シュール」下　二六六頁
◆30　前掲書　二五一頁
＊18　前掲個所
＊19　邦訳は『世界の詩11　ハイネ詩集』（彌生書房、一九六四刊）を参照
＊20　「シュール」下　二五二～四頁
＊21　バルザック『あら皮　欲望の哲学』（藤原書店、二〇〇〇刊）。原題は“La Peau de Chagrin”
◆31　前掲書　二二頁
＊22　前掲書　四七頁
＊23　前掲書　五四～五頁
＊24　前掲書　五五～六頁
＊25　前掲書　一二五、七頁
＊26　前掲書　三四二頁
＊27　前掲書　二九六頁
＊28　前掲書　三二〇頁
＊29　前掲書　三八〇～一頁
＊30　前掲書　三八二頁
◆32　「シュール」下　二六七頁
＊31　前掲書　二六七～八頁
＊32　『痛み』五頁
◆33　*Greeves*, p. 128

◆34 『悪魔』一一九～二〇頁
＊33 「堕落」については第8章＊47を参照
＊34 以上、『奇跡論　一つの予備的研究』二一八、九頁
＊35 以上、前掲書　二一九頁
◆35 前掲個所
＊36 『精髄』九七～八頁
＊37 前掲書　一〇〇頁
◆36 前掲個所
◆37 *The Letters of C. S. Lewis*, p. 308
◆38 *Greeves*, pp. 436–37
◆39 『喜び』二五一～二頁
◆40 *The Letters of C. S. Lewis*, p. 166
◆41 『栄光の重み』一九二～三頁
◆42 以上、『悪魔』五〇頁
◆43 *The Letters of C. S. Lewis*, p. 59
◆44 *The Letters of C. S. Lewis*, p. 137
◆45 『喜び』二七三頁
◆46 *The Letters of C. S. Lewis*, p. 293
＊38 『悲しみをみつめて』四五頁
＊39 前掲書　二三～四頁
◆47 前掲書　二四頁
◆48 前掲書　一九頁
◆49 前掲書　七二頁
◆50 *Letters to an American Lady*（以下*American Lady*), p. 65
◆51 *American Lady*, pp. 80–81
◆52 *American Lady*, pp. 111–2
◆53 *American Lady*, p. 114
◆54 *Greeves*, p. 566
◆55 *The Letters of C. S. Lewis*, p. 307
◆56 Sayer, *Jack*, pp. 407–408
＊40 ジョージ・ハーバート（一五九三～一六三三）、英国の聖職者・詩人。パトモア（一八二三～九六）、英国の詩人・随筆家。サー・ウォルター・スコット（一七七一～一八三二）、スコットランドの小説家・詩人。ジェイン・オースティン（一七七五～一八一七）、英国の小説家。ヘンリー・フィールディング（一七〇七～五四）、英国の作家。ディケンズ（一八一二～七〇）、英国の小説家。アントニー・トロロープ（一八一五～八二）、英国の小説家。
◆57 Green and Hooper, *C. S. Lewis*, p. 295
◆58 Sayer, *Jack*, p. 408
＊41 『危険な関係』（角川書店、二〇〇四刊）
◆59 『評論』四二六頁
◆60 David Cower in Pierre Choderlos de Laclos, *Les Liaisons Dangereuses*, Oxford: Oxford University Press, 1995, p. xxx

◆61 Como, *C. S. Lewis at the Breakfast Table*, p. 104

◆62 *American Lady*, pp. 80–81

◆63 Letter from Warren H. Lewis to Mrs. Frank J. Jones dated December 7, 1963 (unpublished), Marion E. Wade Center, Wheaton College, Wheaton, Ill, and Bodleian Library, Oxford University. Used by permission.

エピローグ

＊1 クレメント・フロイドは、ジグムントの息子エルンスト（一八九二〜一九七〇）の三男（一九二四〜二〇〇九）。彼は作家兼ジャーナリストで、七〇年代から八〇年代にかけては政界に進出し、アイル・オブ・イーリー地区の代表としてイギリス議会に議席を持つリベラル派議員でもあった。なお、エルンストの次男である画家のルシアン・フロイド（一九二二〜二〇一一）については、ジョーディ・グレッグ著『ルシアン・フロイドとの朝食』（みすず書房、二〇一六刊）に詳しい。

◆1 「ジョーンズ」四五七頁

＊2 フロイトは一九二六年一二月後半にはじめてアインシュタインに会った。フロイトはこう書き残している——「……私たちは二時間話し、相対性理論よりは精神分析について論じ合いました。今、彼は〔分析について〕読んでいる所ですが、もちろん納得はしていません。……」。

この二人は他にも、一九三二年に書簡を交わしている。国際連盟からの依頼により、アインシュタインが戦争を主題にした問いかけをフロイト宛に行なった。人間の破壊への衝動を示唆するアインシュタインに対し、フロイトは精神分析の衝動理論をもとに、戦争を克服する道として文化の発展を挙げている。詳しくは浅見昇吾編訳『ヒトはなぜ戦争をするのか？ アインシュタインとフロイトの往復書簡』（花風社、二〇〇〇刊）を参照。

＊3 新約聖書〈ルカによる福音書〉16章、あるいは〈ヨハネによる福音書〉11〜12章に登場する、死んだ後イエスによって復活させられたラザロを主題にした長詩。四行の聯《れん》二十八から構成される。ハイネ最晩年の一八五六年の作。参考までに、一部を以下に引用する。

（第一聯）

聖なる譬え話はやめてくれ、
信心深い仮説はやめてくれ
いまいましい問題を単刀直入
解くようにつとめてくれ。

（第二聯）
なぜ正しい者が十字架を負って
血を流しながら悲惨な道行きをし、
悪い奴がかえって勝利者として
意気揚揚、駿馬を駆《か》って横行するのか。

（第十六聯）
だが自分が死にそうな今、とつぜん
とっくに死んでしまった人々を思い出して悲しくなる、
とつぜん恋の焔が燃え上るのに似て
ぼくの胸の中は怪しく嵐のように波立ってくる。

（第二十七聯）
おお、なんと言うこのぼくのみじめさ！
彼女さえ語りはじめるとは、
彼女の眼から涙がほとばしるとは。
石さえこのぼくをあわれむとは。

（第二十八聯）
ぼくの見てしまったものが、ぼくを動転（どうてん）させる。
おお神よ、ぼくをあわれみ、ぼくに
心の安らぎをめぐみたまえ、そうして
このおそろしい悲劇を幕にしてください。

引用元は『世界の詩11　ハイネ詩集』（彌生書房、一九六四刊）。なお、人文8『書簡集』二六〇～一頁、フーゴー・ヘラー宛書簡（一九〇六年十一月十九日付）で、フロイト自ら「十冊の善い事」や、愛読書として『失楽園』と『ラザロ』を挙げている。

◆2　「ジョーンズ」三九〇頁（娘ゾフィーの死後、アイティンゴン宛の書簡）

＊4　イエスの弟子を迫害したサウロが劇的に回心してパウロと改名する経緯については、新約聖書〈使徒言行録〉9章1～22節（及び、同22章3～16節、26章9～18節）を参照。

＊5　プロローグ六頁にある、「私たちは何者か……なぜこの惑星の上にいるのか……私たちはどこへ行くのか……」の各々の問いを指す

＊6　「ジョーンズ」四三二頁

＊7　『喜び』二三頁

＊8　前掲書　三〇〇～一頁

＊9　キリスト教の伝道師の中には、教会や野外集会で語る以外に、一九二〇年代以降のラジオ放送や一九四〇年代以降のテレビ放送を積極的に利用する者が現れ、その

典型的な一人がビリー・グラハム（一九一八〜二〇一八）である。しかし、一九九〇年代半ば以降、米国では商業主義に傾くテレバンジェリストが現れ、社会問題となった。
＊10 新約聖書〈ヨハネによる福音書〉4章のサマリアの女の記事を指す
＊11 旧約聖書〈出エジプト記〉20章3節より文語訳で引用。聖書協会共同訳では「あなたには、私をおいてほかに神々があってはならない」。
◆3 『悲しみをみつめて』九一〜二頁
◆4 C・S・ルイス著『神と人間との対話 マルカムへの手紙』（新教出版社、一九七七刊）一二四頁

謝辞

以下の方々に謝意を表したい。

ヴァーノン・グラウンズ博士に。私が精神医学の領域に興味を持つように初めて勧め、また何年にもわたり、本書の著述に重点的に取り組めるように絶えず記事や本を送って下さった。

ヴェスター・ヒューズ氏に。二〇年以上前、私に本書を著すよう勧め、調査を始める手助けをしてくれた。ハワードとバーバラ・ダン・バット両氏は、この調査を継続して行えるようにしてくれた。そして、ケネスとナンシー・マッギー両氏の多年にわたる支援と励ましは、私には欠かせないものだった。

何百人もの学生諸君に。過去三〇年にわたって私のクラスを履修し、着想と教育の源となっていた。

ジェレミー・フライバーグ氏、キャシー・ストルーヴェ氏、サンドラ・リー氏、それにかつての学生諸君に。一五年以上にわたり、フロイトとルイスの著述のデータベースを収集する手助けをしてくれた。何人かは、未刊行の資料を見つけようと遠方まで旅行してくれた。

ピーター・ゴメス教授に。私がハーバード・ノーブル・レクチャーで講演を行うよう勧めてくれたが、この講演が本書が誕生する原形を作った。

ホイートン・カレッジ、ウェイド・センターのマージョリー・ミード氏に。未刊行の書簡を見つける手助けをしてくれた。

ヴィクトール・ブトロス、ダグラス・コー、ハーバート・ヘス、サリー・フレーゼ、ポール・クラッセン、ジェレミー・フライバーグの各氏、及びチェスター・ピアス、アーヴィング・ヴァイスナー両博士に。私の手稿に目を通して下さった。

ディーン・オーバーマン氏と他の多くの友人たちに。ここに至る迄励まし続けてくれた。これには、マーシャとロビン・ブラウン、レッシーとブリット・ニコルソン、ジーンとジム・ペーターセン、レベッカとアンディ・ワスインチュクの各氏も含まれる。

サイモン&シャスター社編集主任であるブルース・ニコルズ氏に。ノーブル・レクチャー講演を拡大して本にするように助言し、多くの有益な修正を施してくれた。それに、素晴らしい編集をしてくれた彼のスタッフにも。

医学博士フレデリック・リー氏に。私の元医学生にして現在の教師仲間であり、秀逸な科学研究員にして患者を気遣う医師であり、友人にして同僚でもある。その甚大なる助けなしには、本書が著されることはなかったかも知れない。

訳者あとがき

本書の原著である“The Question of God: C. S. Lewis and Sigmund Freud Debate God, Love, Sex, and the Meaning of Life”は、ニューヨークのフリープレス社（The Free Press）から二〇〇二年に刊行された。

その中心主題は「神の存在」であり、愛、性、苦しみなど人生で出会う様々なテーマについて、この二人が講演で語ったり著作で書いている内容を対比させながら各章が構成されている。第一章では両者の生い立ちがやや詳しく展開され、初期の父親との関係や、二人とも幼い頃に信仰から離れて無神論者になり、フロイトは生涯を通して神に敵対し、一方ルイスは三十代で神に立ち返る経緯が述べられる。著者は、この生い立ちを特に重要視し、その後の歩みについても、両者の伝記や彼らの著作に加えて書簡も大いに参照しながら、特に「無神論者」のレッテルが貼られているフロイトについて、果たして単純にそう言い切れるものかどうか、著者の見方を提示していく。

著者は、フロイトとルイスが一世代離れてはいるものの、同じテーマについて様々な深い論考を残しており、特に信仰の問題について生涯の初期に悩んだ体験を共有していることから、この両者を対比させることで、人生の根源的な問題を解き明かしていくことができる、との着想を得たようだ。

著者は、ハーバード大学の学生にこの両者を対比させた資料を与え、クラスでの討論を通して、若者たちにこうした深く根源的な主題を学ぶ機会を与えた。学部生から始まった彼のクラスは、その後ハーバード・メディカルスクールの院生にも広がり、三十年を超えるこのクラス討論の経験をもとに、著者は本書を上梓するに至った。

著者アーマンド・M・ニコライ・ジュニア博士（Dr. Armand M. Nicholi, Jr）は、ハーバード・メディカル・スクールの元教授で精神分析の専門家。マサチューセッツ州の病院で臨床も担当されていた。

著者が臨床や研究で対象としていたのは両親のいない子供や青年であり、彼らの感情の発達にどのような影響が及ぶかという問題を扱っていたようだ。著者は『ハーバード精神医学ガイド・第三版』(The Harvard Guide to Psychiatry 3rd edition, 1999）の編集者、共著者であり、また、クリスチャンの非営利ロビー団体である「家庭調査会議」の創立メンバーでもあった。

著者はハーバード大学とハーバード・メディカルスクールで、三十五年以上にわたってフロイトとルイスに関する科目を教えたが、特筆すべきは、第九章にあるように、フロイトの致命傷となった癌を診断した専門医F・ドイチェと、フロイトの最晩年の主治医であったM・シュールの両氏から直接、当時のフロイトの様子を聞ける立場にあったことである。単に文献で調べただけで書かれた著作ではないことが、本書の価値をさらに高めている。

著者は他にも十五年間、アメリカン・フットボール・チーム「ニューイングランド・パトリオット」の精神科医を務め、また米国の政府団体や企業、プロ運動家のコンサルタントとしても活躍し、二〇一七年六月二十二日に亡くなられた。

原著は二〇〇二年の刊行後、アメリカ国内で大いに話題となり、二〇〇四年にPBSテレビによるプログラムとして放映された。これは、ルイスとフロイトの幼少時代からの生涯を俳優が演じ、その合間にニコライ教授と学生の討論が再現される映像が挿入されるという構成になっている。詳しくは、次のウェブサイトを参照されたい。http://www.pbs.org/wgbh/questionofgod/

ここで、本書を引用している著作を紹介したい。フランシス・コリンズ著『ゲノムと聖書　科学者、〈神〉について考える』（NTT出版、二〇〇八刊）である。この原書は本書刊行四年後の二〇〇六年に出版され、当時米国国立ヒトゲノム研究所所長だった著者が、科学と無信仰／キリスト教信仰を取り巻く諸問題を取り扱っているが、第二章「せめぎあう二つの世界観」は次の四つの問題について展開される。

・神という概念は、人間の願いの投影に過ぎないのではないか
・宗教の名のもとになされた害悪はどうなのか
・神が愛に満ちているなら、なぜ世界に苦しみがあるのを許容するのか
・理性的な人間がどうやって奇跡を信じることができるのか

この章では元物理学者で英国国教会司祭のポーキングホーンや、ルイス、フロイトらの言葉が引用され、その中で本書が紹介される。わずか二〇ページほどで本書の核ともいうべき内容をカバーしており、併せて目を通されることをお勧めしたい。

訳者が本書に目を通してまず抱いた印象は、「無神論とキリスト教という二つの観点で論じられるアメリカとは異なり、仏教・神道や多神教的な信仰の混在するこの国で本書の指摘する内容が十分伝わるだろうか」「著者自身がキリスト教の信仰を持っているためルイスに重きを置いているが、フロイトの天才が切り開いた世界とその影響は極めて大きく、もう少し公平な取り扱い方ができなかったのだろうか」というものである。

ただ、ルイスとフロイトの言葉や考え方を広範囲に比較していくことで、そうした宗教的・文化的な相違を超えた「大元《おおもと》の論点」が目の前に幾つも提示され、読む者がこの両者の生涯をある程度「追体験」することで、自らの人生の歩みと比較する余地が与えられている。本書を訳しながら、本年

（二〇二〇年）九月初旬に亡くなったアルフォンス・デーケン氏がライフワークとした「死生学」の延長に本書が置かれていると気付くのに時間はかからなかった。

本書は、二人の偉人の著作を（一部とはいえ）網羅した一種のアンソロジーであり、読者は自然に、本書で引用されている著作の数々に目を通したい気持ちに駆られるだろうと思う。ルイス、フロイトとも著作の数が非常に多く、その中心は原注と訳注に引用箇所が示された文献であるが、それらを含め、両者をさらに知るための参考文献は他にも少なくない。この場を借りて、その一部をご紹介しようと思う。

まずルイスから。ルイスのキリスト教関係の著作は、新教出版社版「C・S・ルイス宗教著作集」（全八巻、別巻二冊）、すなわち『悪魔の手紙』『四つの愛』『痛みの問題』『キリスト教の精髄』『詩篇を考える』『悲しみをみつめて』『神と人間との対話』『栄光の重み』『偉大なる奇跡』『被告席に立つ神』、及び、すぐ書房版「C・S・ルイス著作集」（既刊三冊）、すなわち第一巻（『不意なる歓び』他）、第二巻（『奇跡論』他）、第四巻（『批評における一つの実験』他）である。

ルイスの自伝は、本訳書では『喜びのおとずれ　C・S・ルイス自叙伝』（冨山房、一九七七刊）を引用しているが、すぐ書房版『C・S・ルイス著作集・第一巻』（一九九六刊）収録の「不意なる歓び　わが若き日の形成」はその別訳であり、原著名（*Surprised by Joy*）を意識した邦訳書名となっている。なお『喜びのおとずれ』は、筑摩書房から文庫版が二〇〇五年に刊行されている。

A・N・ウィルソン著『C・S・ルイス評伝』（新教出版社、二〇〇八刊）は原著が一九九〇年の刊行。三十代前半までの記述で終わっているルイスの自伝の背景を教え、その後の生涯についてはキリスト教以外の著作も含めて解説してくれる。

ルイスの書簡集は、英語版では三巻本（*The collected letters of C. S. Lewis*）で刊行されているが、クライド・S・キルビー編『永遠の腕のもとに　アメリカの一女性に宛てた手紙』（新教出版社、二〇一〇刊）は *Letters to an American Lady* の邦訳。ルイスが文通相手に宛てた一四〇余の書簡を収録。

ルイスの交友関係に焦点を当てた文献は二冊。ハンフリー・カーペンター著『インクリングズ　ルイス、トールキン、ウィリアムズとその友人たち』（河出書房新社、二〇一一刊）はチャールズ・ウィリアムズの描写が詳しく、ルイスの著作の解説も兼ねている。

もう一冊は、コリン・ドゥーリエ著『トールキンとC・S・ルイス友情物語　ファンタジー誕生の軌跡』（柊風舎、二〇一一刊）。トールキンについての記述にとどまらず、ルイスについても他の邦訳では得られない背景知識が豊富で、目を開かされる。

R・W・ドーセット著『C・S・ルイスとともに　ジョイ・デイヴィッドマン・ルイスの生涯』（新教出版社、一九九四刊）には、ルイスの妻ジョイの生涯に加えて、彼女から見た晩年のルイスの姿の描写が貴重。

ルイスには二冊のアンソロジーがある。C・S・キルビー編『目覚めている精神の輝き　C・S・ルイスの言葉』（新教出版社、一九八二刊）では、ルイスの書簡集からの引用が豊富。

もう一冊は、ウォルター・フーパー編『影の国に別れを告げて　C・S・ルイスの一日一章』（新教出版社、一九九〇刊）。これはルイスの文章を三六五日に割り振ったもの。他の邦訳にないルイスの文章が多数引用されている。

次にフロイトを。まず、二〇巻を超える『フロイト全集』（岩波書店）の中で一般読者向けとしてお勧めできるのは、当時のベストセラー『日常生活の精神病理学』（第七巻）。「度忘れ」や「勘違い」などの背景を具体的に解説。

フロイト理論の分かりやすい理解には『精神分析入門講義』（第一五巻）をお勧めする。彼の跡継ぎとなった末娘のアンナも含め、学生たちやM・シュールなどフロイトを慕う者を対象にした、話し言葉による一連の講義録で、夢や転移についてはもちろん、精神分析の考え方も詳述。

フロイトの伝記では、本書は二冊を参照している。まずフロイトの同士、アーネスト・ジョーンズによる古典『フロイトの生涯』（紀伊國屋書店、一九六九刊）。末娘アンナが父親の伝記を著す許可を出しただけあって「フロイト寄り」の記述になってはいるものの、専門家かつ友人として身近にいた者でなければ書けない生き生きとした読物となっている。英語版ではまず三巻本で刊行され、大部であることから一巻本のダイジェスト版も編集。本文で五二〇ページ余の邦訳はその翻訳であるため、三巻本を引用した原注の対応箇所が見つからない場合が少なくない。原著は一九六一年刊。

ピーター・ゲイによる『フロイト1／2』（みすず書房、一九九七／二〇〇四刊）は、現時点でのフロイト伝の定番。七五〇ページの本文に、七〇ページの文献解題が付く。後者では、全十二章別に、記述時点での問題点について著者の意見がまとめられている。ユダヤ人政治・歴史学者として、ジョーンズの記述よりも中立的な立場を取っている。原著は一九八八年刊。

二〇一六年、これに新たな一冊が加わる。エリザベト・ルディネスコ著『ジークムント・フロイト伝　同時代のフロイト、現代のフロイト』（講談社、二〇一八刊）である。フランスでの精神分析の受容を含め、ゲイとは異なる視点でフロイトの業績を眺めている。

書簡集は三冊。まず人文書院版『フロイト著作集』第八巻。初期のマルタ・ベルナイス宛書簡が半分を占めるが、最晩年までの書簡を網羅している。

次に、ジェフリー・ムセイエフ・マッソン編『フロイト　フリースへの手紙　一八八七～一九〇四』（誠信書房、二〇〇一刊）は、当時のフロイトの私生活も描写されているが、彼が今後展開することになるアイディアの宝庫でもある。

W・マクガイアー/W・ザウアーレンダー編『フロイト=ユンク往復書簡 上/下』(誠信書房、一九八七刊/講談社学術文庫、二〇〇七刊)の価値は説明不要だが、編者による解説も有用。

さらに英語版であれば、フロイト自身の書簡集に加えて、E・ジョーンズ、S・フェレンツィ、K・アブラハム、O・プフィスター、E・ジルバーシュタイン、A・ツヴァイクなどに宛てた書簡/往復書簡集も入手できる。

マックス・シュール著『フロイト 生と死 上/下』(誠信書房、一九七九刊)は、内科医のシュールが一九三〇年以降フロイトの最後の主治医となり、同時代のジョーンズとは異なったフロイト像を提示してくれる。

P・ローゼン著『フロイトと後継者たち 上/下』(誠信書房、一九八七/八八刊)は、膨大な資料に加えて、フロイトの弟子、対立者、家族など百人以上にインタビューした労作。原著はジョーンズの伝記の十年後に出版されたが、その時点で、インタビューを受けた者の半数近くが世を去っていたという。

フロイトの私生活については次の二冊。M・フロイト著『父フロイトとその時代』(白水社、二〇〇七刊)はフロイトの長男マルティンによるフロイト家の記述。原著は一九五八年の刊行。前半には夏の休暇で過ごした様々な保養地での様子が生き生きと描かれ、後半は本人の兵役などを中心に、父親の英国への亡命で閉じられる。ここに描かれた「家庭人フロイト」の姿は、本書で受けるイメージとはかなり異なっている。

デトレフ・ベルテルセン著『フロイト家の日常生活』(平凡社、一九九一刊)は、晩年のフロイトと跡継ぎである末娘のアンナに五三年間仕えた家政婦パウラ・フィヒトルとのインタビューがベースだが、他の関係者から裏付けを取っている姿勢が好ましい。後半は、書名の「日常生活」にとどまらず、フロイト亡き後の精神分析界の動きを簡潔に知ることができる。アンナの生前は出版が許可されず、原著の刊行は一九八七年。

邦訳はないが、Goce Smilevski によるマケドニア語の著作の英訳版 Freud's Sister (Penguin, 2012) もお勧めしたい。表向きはフィクションだが、フロイトがウィーンに残した四名の妹（全員がナチ収容所で死去）の生活を中心に、当時のウィーンの街の様子、特に精神病院での状況が具体的に描写され、晩年のフロイトを取り巻いていた環境を示唆してくれる。

最後に、十川幸司著『フロイディアン・ステップ』（みすず書房、二〇一九刊）を。フロイトに私淑する精神分析医である著者が、フロイトの理論を的確に理解するため、彼の著作を読み込むためのステップを詳述し、その過程で、著者自身の臨床例も示される。精神分析というものを、現代の視点で眺めさせてくれる。


訳者は原著を、その刊行年である二〇〇二年に入手していたが、翻訳作業は二〇〇八年に着手。その後、別の翻訳書を優先することになり、計三冊の刊行が終了した二〇一三年になって本格的に再開。しかし同年末、本書の刊行を楽しみにしていた妻、明日香が亡くなり、当初予定していた北海道へのUターンを早めることになった。二〇一五年春に三十八年過ごした首都圏から札幌に引っ越し、結局二度目の再開は二〇一八年。そして「コロナ年」の本年、やっと作業を終えることができた。

読者は一読してお分かりと思うが、この翻訳に当たっては、訳すのは半分、残り半分は引用元を探し回る作業となった。当然、手持ちの文献では足らず、図書館のお世話になった。都内での作業では、母校である青山学院大学の図書館を存分に使わせて頂いた。学食の「表参道定食」が懐かしく思い出される。札幌に移ってからは北海道大学中央図書館を頻繁に利用。作業の後に何度も立ち寄った「クラーク食堂」とともに、改めて感謝の気持ちを述べたい。

北大の図書館は、昨年四月末から（コロナ禍で利用不可となる前の）今年三月末まで、自宅から片道三〇分の往復が日課となった時期もあり、特に初夏の頃、中央図書館前の緑と小川の美しさは格別で、来年夏に東京オリンピックが開催されることになれば、世界中のマラソン選手はあの光景に息を飲むことになるだろう。

これまで春秋社から刊行させて頂いた三冊すべてを担当して下さった編集部の高梨公明氏に、今回もお願いすることができた。二十年来のお付き合いになる。こうしたベテラン編集者と共に作業を進められる幸いを、心から感謝する次第である。

本書の刊行を誰よりも楽しみにしていた亡き妻明日香に、本書を捧げたい。

二〇二〇年十二月十六日

吉田幸弘

索　引

参考文献

人名・書名索引

※書名は、著者が掲載されている場合は、
著者の項に続けて字下げして掲載した。

■ア

■カ

■サ

■ タ

■ナ

■ハ

■ マ

■ヤ

■ラ

■ワ

参考文献（原著）

Abraham, H. C., and E. L. Freud (eds.). *A Psychoanalytic Dialogue: The Letters of Sigmund Freud and Karl Abraham,1907-1926.* Translated by B. Marsh and H. C. Abraham. New York: Basic Books, 1965.

Allport, G. W., and J. M. Ross. “Personal religious orientation and prejudice.” J *Pers Soc Psychol* 5, no. 4 (April 1967): 432–43.

American Psychiatric Association. *Diagnostic and Statistical Manual of Mental Disorders* (DSM-IV). 4th ed. Washington, D. C., 1994.

Bakan, D. *Sigmund Freud and the Jewish Mystical Tradition.* Princeton, N. J.: Van Nostrand, 1958.

Barondes, S. H. *Mood Genes: Hunting for Origins of Mania and Depression.* New York: Oxford University Press, 1999.

Binswanger, L. *Sigmund Freud: Reminiscences of a Friendship.* New York and London: Grune and Stratton, 1957.

Bonaparte, M., A. Freud, and E. Kris, (eds.). *The Origins of Psycho-Analysis.*Translated by Eric Mossbacher and James Strachey. New York: Basic Books, 1954.

Chesterton, G. K. *The Everlasting Man.* Garden City, N. Y.: Image Books, 1955.

Como, J. T. (ed..) C. S. *Lewis at the Breakfast Table and Other Reminiscences.* San Diego, Calif.: Harcourt Brace Jovanovich, 1979.

Davidman, Joy. “The Longest Way Round,” in *These Found the Way,* edited by D. W. Soper. Philadelphia: Westminster, 1951.

Erikson, Erik H. *Young Man Luther.* New York: Norton, 1958. Feuerbach, L. *The Essence of Christianity.* Translated by George Eliot. Buffalo, N. Y.: Prometheus Books, 1989.

Freud, E. “Some Early Unpublished Letters of Freud,” in *International Journal of Psychiatry* (1969): 419–27.

Freud, S. *The Complete Correspondence of Sigmund Freud and Ernest Jones,1908-1939.* Edited by R. Andrew Paskauskas. Cambridge, Mass.: Belknap Press of the Harvard University Press, 1993.

——. *The Complete Letters of Sigmund Freud to Wilhelm Fliess, 1887-1904.* Edited by J. M. Masson. Cambridge, Mass.: Belknap Press of the Harvard University Press, 1985.

——. *The Correspondence of Sigmund Freud and Sándor Ferenczi.* Edited by Eva Brabant, Ernst Falzeder, and Patrizia Giampieri-Deutsch. Cambridge, Mass.: Belknap Press of the Harvard University Press, 1993.

——. *The Freud/lung Letters.* Edited by William McGuire. Princeton, N. J.:

Princeton University Press, 1974.
——. *Letters of Sigmund Freud.* Edited by Ernst L. Freud. New York: Dover Publications, 1992.
——. *The Letters of Sigmund Freud and Arnold Zweig.* Edited by Ernst L. Freud. New York: Harcourt, Brace, 1970.
——. *The Letters of Sigmund Freud* to *Eduard Silberstein, 1871-1881.* Edited by Walter Boehlich. Cambridge, Mass.: Belknap Press of the Harvard University Press, 1990.
——. *Lou Andreas-Salomé, Briefwechsel.* Published by Ernst Pfeiffer. Frankfurt am Main: S. Fischer Verlag, 1966.
——. *Psychoanalysis and Faith: The Letters of Sigmund Freud and Oskar Pfister.* Edited by Heinrich Meng and Ernst L. Freud. New York: Basic Books, 1963.
——. *The Standard Edition of the Complete Psychological Works of* Sig*mund Freud.* Translated under the general editorship of James Strachey in collaboration with Anna Freud, assisted by Alix Strachey and Alan Tyson. 24 vols. London: The Hogarth Press, 1962.
Gallup, George, George Gallup, Jr., and D. Michael Lindsay. *Surveying the Religious Landscape: Trends* in *U.* S. *Beliefs.* Morehouse Publishing, 1999.
Gallup, George, and Timothy Jones. *The Next American Spirituality: Finding God* in *the Twenty-first Century.* Colorado Springs, Colo.: Cook Communications, 2000.
Gay, P. *Freud:* A *Life for Our Times.* New York: Doubleday, 1988.
——. A *Godless Jew: Freud, Atheism, and the Making of Psychoanalysis.* New Haven, Conn.: Yale University Press, 1987.
Gilman, S. L. *The Case of Sigmund Freud.* Baltimore: Johns Hopkins University Press, 1993.
Glover, D. E. C. S. *Lewis: The Art of Enchantment.* Athens, Ohio: Ohio Uni versity Press, 1981.
Green, R. L., and W. Hooper. *C. S. Lewis:* A *Biography.* New York: Harcourt Brace Jovanovich, 1974.
Griffin, W *Clive Staples Lewis: A Dramatic Life.* San Francisco: Harper and Row, 1986.
Hale, Nathan G. (ed.). *James Jackson Putnam and Psychoanalysis.* Translated by J. B. Heller. Cambridge, Mass.: Harvard University Press, 1971.
Jones, E. *The Life and Work of Sigmund Freud.* Vol. I: *The Formative Years and the Great Discoveries* (1856–1900); Vol. II: *Years of Maturity* (1901–1919); and Vol. III: *The Last Phase* (1919–1939). New York: Basic Books, 1957.
Kung, H. *Freud and the Problem of God.* New Haven, Conn.: Yale University

Press, 1979.
Lewis, C. S. *The Abolition of Man.* New York: Macmillan, 1947.
——. *All My Road Before Me: The Diary of* C. S. *Lewis,* 1922–1927. Edited by Walter Hooper. San Diego, Calif.: Harcourt Brace Jovanovich, 1991.
——. *The Four Loves.* New York: Harcourt, Brace, 1960.
——. *God in the Dock: Essays on Theology and Ethics.* Edited by Walter Hooper. Grand Rapids, Mich.: William B. Eerdmans Publishing Company, 1970.
——. *A Grief Observed.* New York: Bantam Books, 1961.
——. *Letters to an American Lady.* Edited by Clyde S. Kilby. Grand Rapids, Mich.: William B. Eerdmans Publishing Company, 1967.
——. *The Letters of C. S. Lewis.* Edited with a memoir by W H. Lewis.New York: Harcourt, Brace, 1966. (See also the revised and expanded edition by Walter Hooper; San Diego, Calif.: Harcourt, Brace, 1993).
——. *The Letters of C.* S. *Lewis to Arthur Greeves (1914-1963)*. Edited by Walter Hooper. New York: Collier Books, 1979.
——. *Letters,* C. S. *Lewis-Don Giovanni Calabria: A Study in Friendship.* Translated and edited by Martin Moynihan. Ann Arbor, Mich.: Servant Books, 1988.
——. *Letters to Malcolm: Chiefly on Prayer.* New York: Harcourt, Brace, 1964.
——. *Mere Christianity.* Westwood, N.J.: Barbour and Company, 1952.
——. *Miracles: A Preliminary Study.* New York: Macmillan, 1947.
——. *A Preface to Paradise Lost.* London: Oxford University Press, 1970.
——. *The Problem of Pain.* New York: Collier Books, 1962.
——. *The Screwtape Letters, with Screwtape Proposes a Toast.* Revised edition. New York: Collier Books, 1982.
——. *Surprised by Joy: The Shape of My Early Life.* San Diego, Calif.: Harcourt Brace Jovanovich, 1956.
——. *They Asked for a Paper: Papers and Addresses.* London: Geoffrey Bles, 1962.
——. *They Stand Together: The Letters of* C. S. *Lewis to Arthur Greeves (1914-1963)*. Edited by Walter Hooper. New York: Macmillan, 1979.
——. *The Weight of Glory and Other Addresses.* Grand Rapids, Mich.: William B. Eerdmans Publishing Company, 1949.
Newberg, Andrew B., Eugene d'Aquili, and Vince Rause. *Why God Won't* Go *Away: Brain Science and the Biology of Belief.* New York: Ballantine Books, 2001.
Nicholi, A. M. "A New Dimension of the Youth Culture." *Am J Psych* 131 (1974): 396–401.
Nicholi, A. M. (ed.) *The Haroard Guide to Psychiatry.* Cambridge, Mass.: Belknap Press of the Harvard University Press, 1999.

——. *The New Haroard Guide to Psychiatry.* Cambridge, Mass.: Belknap Press of the Harvard University Press, 1988.
Sayer, G. *Jack: A Life of C. S. Lewis.* Wheaton, Ill.: Crossway Books, 1994.
Schur, M. *Freud: Living and Dying.* New York: International Universities Press, 1972.
Vitz, P. C. *Sigmund Freud's Christian Unconscious.* New York: Guilford Press, 1988.
Wilson, A. N. C. S. *Lewis: A Biography.* New York: Norton, 1990.
Wilson, James Q. *The Moral Sense.* New York: Free Press, 1993.
Yerushalmi, Yosef Hayim. *Freud's Moses: Judaism Terminable and Interminable.* New Haven, Conn.: Yale University Press, 1991.

著　者

アーマンド・M・ニコライ・ジュニア（Armand M. Nicholi Jr.）

1928年生まれの米国の精神分析医。ハーバード大学医学部マサチューセッツ総合病院精神科の臨床教授を務める。フロイトの専門医F・ドイチェ、及びフロイト最晩年の主治医M・シュールと親交を持つ。『ハーバード大学精神医学ガイド』編集者および共著者。ハーバード大学の学部生、及びハーバード・メディカルスクールの院生を対象にフロイトとC・S・ルイスを題材にしたクラス討論を実施し、35年以上の経験をもとに本書を上梓。他に、クリスチャンの非営利ロビー団体「家庭調査会議」の創立メンバーであり、アメリカン・フットボール・チーム「ニューイングランド・パトリオット」の精神科医、また米国の政府団体や企業、プロ運動家のコンサルタントとしても活躍。2017年没。

訳　者

吉田幸弘（よしだ ゆきひろ）

1955年北海道小樽市生まれ。1980年、埼玉大学理学部卒業。1993年、青山学院大学国際政治経済学研究科国際ビジネス専攻修士課程修了。外資系企業等で、IT関連の業務に従事。音楽に見られる精神性と聖書との関連に興味を持つ。訳書に、P・カヴァノー『大作曲家の信仰と音楽』（教文館）、A・レスラー『メシアン創造のクレド　信仰・希望・愛』、J・ハーヴェイ『インスピレーション　音楽家の天啓』（以上、春秋社）、A・エーブル『大作曲家が語る音楽の創造と霊感』（出版館ブック・クラブ）がある。

フロイトかルイスか　神と人生をめぐる問い

発　行　2021年3月20日　初版第1刷

著　者　アーマンド・M・ニコライ・ジュニア
訳　者　吉田幸弘
発行者　神田　明
発行所　株式会社　春秋社
〒101-0021　東京都千代田区外神田2-18-6
電話　(03) 3255-9611(営業)・9614(編集)
振替　00180-6-24861
https://www.shunjusha.co.jp/
装　丁　本田　進
印刷所　株式会社　太平印刷社
製本所　ナショナル製本協同組合

定価はカバーに表示

ISBN 978-4-393-21618-7